Johannes Agnoli

1968 UND DIE FOLGEN

Johannes Agnoli

1968 UND DIE FOLGEN

Ça ira

Johannes Agnoli - *Gesammelte Schriften* Band 5

Bislang erschienen

Die Transformation der Demokratie
und andere Schriften zur Kritik der Politik (Band 1)

Der Staat des Kapitals
und weitere Schriften zur Kritik der Politik (Band 2)

Subversive Theorie. „Die Sache selbst“ und ihre Geschichte (Band 3)

Faschismus ohne Revision (Band 4)

in Vorbereitung:
Politik und Geschichte. Schriften zur Theorie (Band 6)

Außerdem erhältlich:
Geduld und Ironie. Johannes Agnoli zum 70. Geburtstag
Herausgegeben von Joachim Bruhn, Manfred Dahlmann und
Clemens Nachtmann (1995)

Die Deutsche Bibliothek – CIP-Einheitsaufnahme

Agnoli, Johannes:
1968 und die Folgen / Johannes Agnoli. - Freiburg i.Br. : Ça-Ira-Verl., 1998
(Gesammelte Schriften ; Bd. 5)
ISBN 3-924627-59-2

Postfach 273
79002 Freiburg

Umschlaggestaltung: Dietrich Roeschmann, Freiburg
Druck und Bindung: Litosei s.r.l., Rastignano di Bologna
ISBN: 3-924627-59-2

Inhalt

Vorbemerkung in teils polemischer Absicht

Eingangs, und zum Behuf eines geeigneteren Verständnisses der neu vorgelegten Texte soll einiges klargestellt werden.

Wer die Revolte von „1968" mitgemacht, mitgetragen, mitgenossen hat und nicht nur in der Form der Sympathie dabei war, sieht keinen Grund, sich von ihr zu distanzieren. Nicht nur alle Abwertung, alle Anschwärzung, alle Verleumdung, die inzwischen zum dreißigjährigen Jubiläum üblich geworden sind, lassen ihn vollkommen kalt. Die Revolte (übrigens eine europäische, und keine bloß deutsche, oder Berliner, oder Frankfurter) stellte einen gesellschaftlich-geschichtlich notwendigen Bruch in einer verfault gewordenen Lage dar.

Für einige der damals Beteiligten scheint freilich die Sache anders verlaufen zu sein. Sie halten es für notwendig, sich in das Spiel der als Kritik getarnten Verleumdung einzuschalten.

Dazu hat Oskar Negt das richtige Wort gefunden in seinem Buch über „Achtundsechzig" – einem sehr schönen und sehr guten Werk, obzwar zu umfangreich geraten (das sage ich vielleicht aus Neid darüber, daß ich kein dickes Buch geschrieben habe). Also Oskar Negt: „Dieses Buch ist im Zorn und gegen das Vergessen geschrieben. Zornig bin ich, weil ich in der intellektuellen Landschaft der deutschen Gesellschaft... immer mehr öffentliche Auftritte von Personen wahrnehme, die sich selbst als '68er bezeichnen, um mit glaubwürdiger Geste alles abwerten zu können, wofür sie sich einst haben schlagen lassen."

Dieser Zorn ist auch mein Zorn. Er richtet sich gewiß nicht gegen die Abwerter von rechts, noch gegen die diversen Kraushaar und Schmid, die Kritik (natürlich „objektive"), Abwertung und Verleumdung all dessen, was von links kommt und vor allem in der '68er-Revolte gipfelte, beruflich ausüben. Wohl aber gegen die Distanzierer, die heute sich ereifern in der Behauptung, sie seien „im Grunde" schon damals verfassungstreue Bürger gewesen, Verfassungspatrioten, die eher zufällig in den Strom der Ereignisse geraten seien. „Im Grunde"? Mitnichten. Einige von ihnen, vor allem ehemalige Mitglieder der berühmt-berüchtigten Novembergesellschaft zu Berlin, gehörten durchaus zu den radikalsten Elementen und hielten am Prinzip der „lügenhaften Publizität" konstitutioneller Regelungen (Kant, *Streit der Fakultäten*) fest.

Nicht, daß eine Meinungsänderung unstatthaft sei, zumal sie damals selber *relativ* jung waren. Ich kann wohl kaum etwas dagegen sagen, wenn ich an meine eigene Entwicklung denke. Dazu Biographisches, da die Biographie als heutige Mode zur DDR-Erbschaft gehört. Ich war immerhin im Alter von 17 Jahren als Gymnasiast in Belluno nientepopodimeno che Provinzialleiter der Oberschuljugend in der Gioventù Italiana del Littorio, der faschistischen Jugendorganisation. Nur war mein Weg der Änderung durch allerlei Ereignisse gekennzeichnet. Kriegsdienst, Kriegsgefangenschaft, Fabrikarbeit: keine „verlorenen Jugend" übrigens, sondern spannend und gewinnträchtig (die dreieinhalb Jahre Kriegsgefangenschaft in Ägypten gehören zu den wichtigsten und besten Jahren meines Lebens). Dabei käme ich nie auf die Idee, zu behaupten, ich sei damals, in Belluno, „im Grunde" immer ein radikaler Demokrat, gar ein Liberaldemokrat und allemal ein Antifaschist gewesen.

Das Verblüffende an der Änderung der ehemaligen '68er und jetzigen Abwerter liegt für mich darin, daß sie sich „im Grunde" im Wohlstand, ohne Not und aus reiner Opportunität gewendet haben: die westlichen Wendehälse. Noch schlimmer allerdings als diese Abwerter sind die selbsternannten Nachlaßverwalter, vor allem der bekannteste B. R., der – damals eher eine Randfigur – sich nunmehr zu Berlin zum Hauptanführer der Bewegung („mit Dutschke") heraufspielt, um in erbärmlicher Weise die Revolte selbst auf das Geringe herunterzuspielen, das er selber war.

Nun zurück zu Negts Buch. Ich gebe nur zu bedenken, daß Negt – durchaus zu Recht – die Revolte aus Frankfurter Sicht schildert und beurteilt. In die Einzelheiten des Unterschieds zwischen Berlin und Frankfurt gehe ich in einem der vorgelegten Texte ein. Hier nur emblematisches. Negts Einschätzung der Rolle von Jürgen Habermas ist typisch Frankfurterisch. Wir in Berlin betrachteten diesen großen deutschen Philosophen keineswegs als Mentor der Studentenbewegung, sondern eher als Gegner. Zur Frankfurter Schule eine

Bemerkung: Ich gehörte nie zu ihr und habe sie häufig kritisiert. Heute aber muß sie in Schutz genommen werden, müssen ihre Bedeutsamkeit und ihre Größe, auch ihre Wahrhaftigkeit erneut bekräftigt werden, angesichts des Schicksals, das dem Frankfurter Institut für Sozialforschung widerfahren ist. Aus der Werkstätte der negativen Dialektik und der, wenn auch nur theoretischen, gesellschaftlichen Negation wurde inzwischen ein Laden politisch-hagiographischer Waren. Dem Institutsdirektor Helmut Dubiel bescheinige ich allerdings, daß er in einem Punkt in der Adorno-Tradition steht. In einem bedeutsamen Aufsatz, dessen Titel ich vergessen habe, entwarf er eine neue Ästhetik die weit über die Kantsche hinausgeht. Hatte Kant das widersprüchliche Verhältnis vom Schönen und Erhabenen begrifflich geklärt, so stiftet Dubiels neue Ästhetik das Identitätsverhältnis vom Schönen und Ärgerlichen.

Ein zweiter Punkt bezieht sich auf Negts Urteil über die RAF. Nicht etwa, daß ich in der Kritik an den – sagen wir's ruhig – Missetaten der RAF anders dächte als Negt. Es gilt aber, das Verhältnis der RAF allgemein zur Revolte, genauer zur Außerparlamentarischen Opposition (ApO) klarer zu stellen. Die RAF war ein Kind der ApO, genauso wie in Italien die Roten Brigaden aus der Revolte der Jugend und der Arbeiter entstanden. Darüber gibt es für mich keinen Zweifel. Meine Kritik an der RAF bezieht sich auf ihre zerstörerischen, selbstzerstörerischen Irrtümer in der Beurteilung der allgemeinen Lage und in der Anwendung ihrer Methode des angeblichen bewaffneten Kampfes. Nach der Ermordung des Chefs des Bundeskriminalamtes Bubak wies der Mescalero in seinem berühmten Artikel auf das Wesentliche hin: Der Weg zur Emanzipation kann nicht mit Leichen gepflastert sein. An diese einfache Weisheit und Wahrheit hielt sich die RAF nicht; sie zog offensichtlich vor, sich an Rainer Maria Rilkes unheilvollem Gedicht zu orientieren: Fern von dem Schauenden sei jeglicher Hauch des Bedauerns (...) Töten ist eine Gestalt unseres wandernden Trauerns. (Sonette an Orfeus, zweiter Teil XI) Töten ist vielmehr einfach Zerstörung von Leben.

Hinzu kommt die Absurdität und die Sinnlosigkeit von Tötungen, bei denen die RAF meinte das Herz des Staates zu treffen. Buback und Schleyer wurden getötet – aber weder löste sich das Bundeskriminalamt auf, noch änderte der Bundesverband der Deutscher Industrie seine Politik. Nachfolger rückten schnell an die Stelle der Getöteten. Das ist die Macht der Institutionen: morto un Papa, se ne fa un altro.

Abermals hat Ulrike Hoffmann die italienischen Texte ins Deutsche übertragen. Ihre Sprache, ihr Stil sind gewiß nicht meine. Dabei aber zeigt sich etwas Interessantes. Der eigene Text kommt einem als fremd entgegen, als ob ein anderer geschrieben hätte. Dadurch ist es leichter, zu erkennen, was man da dahergeredet hat: Bedeutsames und Belangloses, Richtiges und Irriges.

Die Sprache also: Der Leser wird feststellen, daß ich mich damals am Prinzip der political correctness, das es damals ohnehin noch nicht gab, nicht hielt. Heute übrigens genausowenig. Ich mache diese postmoderne Fassung der Sprachregelung unseliger Herkunft nicht mit. Wahrscheinlich werde ich dabei von der politischen Kultur Italiens beeinflußt. Dort gilt die „P.C."-Sprachregelung als Domäne der Rechten. Von den linken Intellektuellen bis zu den Liberalen, von Umberto Eco bis Alberto Albasino sieht man in ihr eher den heuchlerischen Versuch, gesellschaftliche Mißstände semantisch zu übertünchen.

Gewiß haben wir in der Revolte Fehler gemacht: zu Hauf. Fehler in der Erarbeitung möglicher Strategien, in der Analyse der gesellschaftlichen Wirklichkeit – hin bis zur Formulierung der Probleme. Für einige dieser Fehler legen die hier neu gedruckten Texte selbst Zeugnis ab.

Dennoch war die Revolte nicht nur notwendig, sondern überdies, obzwar kein Erfolg, geschichtlich wirksam. Revolten kennen im allgemeinen nur das Scheitern, sonst wären sie Revolutionen. Die gescheiterte Revolte indessen greift in die Geschichte ein, sie setzt Zeichen, die teils verschwinden, um später wieder aufzutauchen, sie verändern doch die Welt.

1968 hat ganz Europa verändert. Diese Revolte bietet uns keine gültige Antwort einer völlig anders gewordenen Welt. Sie hinterläßt uns aber die richtigen Fragen. Und das ist gut so, denn es ist wieder soweit: „Ein Gespenst geht um in Europa", und in der ganzen Welt.

Johannes Agnoli
San Quirico di Moriano im Sommer 1998

Autoritärer Staat und Faschismus

Vortrag vor der Politischen Universität Frankfurt im Mai 1968

Genossen und Studenten der Karl-Marx-Universität, ich überbringe euch – wie die alte Formel lautet – die Kampfesgrüße von den Genossen des Karl-Liebknecht-Institutes in Berlin.

Kommen wir gleich zum Thema:

In der Diskussion über die mögliche Faschisierung der BRD schreibt man der Verabschiedung der Notstandsgesetze zentrale Bedeutung zu. Die Auffassung aber, daß die Notstandsgesetze einen Bruch in der Kontinuität der politischen Entwicklung und der Verfassung in Westdeutschland darstellen, mag agitatorisch richtig sein, trifft die Sache selbst nicht. Die Notstandsgesetze setzen keine neuen Akzente, sie enthüllen vielmehr die politische Qualität der Verfassungsentwicklung eines Staates, der als Organisation einer kapitalistisch produzierenden Gesellschaft immer die Tendenz hat, in besonderen geschichtlichen Situationen zu repressiven Maßnahmen zu greifen.

Sie kennen das Wort: Kapitalismus führt zum Faschismus, dessen Generalisierung wir zwar einerseits akzeptieren, sie andererseits aber historisch spezifizieren müssen.

Ebenso wie die ungleichmäßige Entwicklung des Kapitalismus zu verschiedenen historischen Erscheinungsformen des Faschismus geführt hat, so spezifiziert sich heute das Verhältnis des Kapitalismus zum Faschismus je nach dem Entwicklungsstand der kapitalistischen Organisation der Produktion und des Marktes. Erst diese geschichtliche Spezifizierung bildet die unerläßliche Grundlage, um die Frage nach dem faschistischen Charakter des bürgerlichen Staates heute konkret beantworten zu können, und ist deshalb für die Strategie der sozialistischen Revolution zentral. Das ist von Bedeutung für die praktische Einschätzung der traditionellen Arbeiterorganisationen und ihrer Rolle in der staatlichen Organisation der Kapitalverwertung. Abstrakt kann man ruhig davon ausgehen, daß der Faschismus sich auszeichnet durch die Zerschlagung der Gewerkschaftsbewegung; das ist historisch nachgewiesen. Aber selbst innerhalb des historischen Faschismus in Italien zum Beispiel läßt sich eine Differenzierung in dieser Perspektive der Zerschlagung, der Arbeiterorganisationen konstatieren, eine Differenzierung, die erstens zusammenhängt mit dem Kampfcharakter – der Kampffähigkeit und Kampfbereitschaft – der Arbeiterorganisationen selbst und zweitens dem Vorgehen der Regierung. Es gehört durchaus zur faschistischen Doktrin der staatlichen Macht, „Dottrina del Potere", daß der faschistische Staat nicht unbedingt unmittelbar terroristisch vorgeht.

In diesem Kontext von Staatsmacht, staatlichen Formen der Gewaltanwendung und Consensus, das heißt Zustimmung der Bevölkerung, ist inhaltlich nicht die Frage entscheidend, ob der Faschismus Arbeiterorganisationen zerschlägt, sondern die Spezifizierung, daß der Faschismus lediglich daran interessiert ist, Kampforganisationen der Arbeiterschaft zu zerschlagen. Das Interesse des Kapitalismus liegt primär in der Integration der Arbeiterschaft in den Produktionsapparat und in die bürgerliche Organisation der Gesellschaft, das heißt in der Manipulation der Arbeiterschaft – wie es in Italien im Korporativismus durchexperimentiert wurde. Man kann also sagen, daß die Zerschlagung von Arbeitergewerkschaften nur ein Mittel ist, um die Integration zu erreichen, daß der Terror nicht kontinuierlich zu sein braucht, auch wenn er immer potentiell im Hintergrund bleibt, und vor allem, daß der Terror nicht ausgeübt wird, sofern sich die Organisationen selber, von sich aus friedlich in das System der „symmetrischen Regelung" (von Kapital und Arbeit) einfinden.

Jetzt klingt das natürlich so, als ob ich hier mit dem Hinweis auf die „soziale Symmetrie" unter der Hand die Assoziation von Faschismus und den Regierungspraktiken der großen Koalition erwecken wollte; weit gefehlt! Das Programm der sozialen Symmetrie, genauer gesagt, der Regulierung des Verhältnisses von Arbeit und Kapital ist in einer Rede Mussolinis vor dem intersyndikalischen Zentralausschuß (1928) enthalten. Dieser Plan unterscheidet sich im wesentlichen nicht von ähnlichen Plänen der modernen kapitalistischen Gesellschaft. Er sieht vor, daß Arbeitskämpfe, das heißt Emanzipationskämpfe, dadurch aufgefangen werden sollen (und nicht terroristisch bekämpft werden sollen), daß ein Verhältnis der Partnerschaft zwischen Kapital und Arbeit erreicht wird. Dazu ein Zitat vom italienischen Korporationsminister Bottai bei der erwähnten Sitzung des intersyndikalischen Zentralausschusses 1928: „Es genügt nicht, Streiks unter Strafe zu stellen, besser und wichtiger ist es, die Arbeiter dazu zu bringen, daß sie selbst die gewaltsame Durchsetzung ihrer Forderungen moralisch ablehnen. Wenn wir das erreichen, kann sich der Korporativismus (und das ist die spezifisch faschistische Form der Regelung sozialer Verhältnisse) entfalten ohne Intervention staatlicher Kontroll- und Disziplinarorgane.

Anders gesagt und auf die heutige Situation bezogen: es wäre oberflächlich, die Politik eines Staates als nichtfaschistisch zu bezeichnen, nur weil die Gewerkschaften sich „frei" entfalten können. Maßstab ist vielmehr, wie sich dieser Staat den Gewerkschaften gegenüber verhält, die sich nicht als Integrationsapparate betätigen. Wenn die IG Bau, Steine, Erden zum Beispiel von sich aus eine korporative Ordnung der Klassenbeziehungen anstrebt, braucht der bürgerliche Staat der IG Bau gegenüber nicht eine Politik der Disziplinierung zu entwickeln. Das heißt also, wenn die Vertretung der organisierten Arbeiterschaft sich freiwillig in diesen Plan der sozialen Symmetrie einfindet, wenn sie sich freiwillig dazu bereit erklärt, zwar für die „sozialen Belange der Arbeiterschaft" Sorge zu tragen, zugleich aber die Organisation der Arbeit und die Programmierung der Produktion dem Kapital, den Unternehmen, zu überlassen, ist der Staat selbst im faschistischen Verständnis des Wortes keineswegs genötigt, Terror manifest zu produzieren und manifest zu zeigen. Soviel um zu zeigen, wie wichtig es ist, in den Beziehungen zwischen Faschismus allgemein und dem bürgerlichen Staat geschichtlich zu spezifizieren, und inwiefern wir gerade durch diese geschichtliche Spezifizierung und durch eine detaillierte Analyse dessen, was alles Faschismus sein kann, am ehesten in der Lage sind, die Gefahrenquellen zu erkennen, die in unserem offiziell nicht faschistisch genannten Staat auftauchen. Dabei habe ich selber große Bedenken, die Bundesrepublik Deutschland beim jetzigen Stand ihrer Entwicklung als einen faschistischen Staat zu bezeichnen. Vielmehr ist zu analysieren, was sich in ihr als tendentiell faschistisch, was sich als schon faschistisch erweist.

Eine der Fehlerquellen für die Faschismusreflexion und die Beschäftigung mit neofaschistischen Strömungen scheint mir in Deutschland darin zu liegen, daß man gewöhnlich in Terror und Gewaltanwendung das Wesensmerkmal des Faschismus sieht, und so allmählich Terror und Gewalt zur einzigen Betätigungsform des Faschismus verabsolutiert wurde. Diese Fixierung der deutschen Öffentlichkeit, aber auch der deutschen Wissenschaft auf den Nazismus als auf die eigentliche Form des Faschismus, die angesichts der deutschen Sozialgeschichte völlig verständlich ist, kann dazu führen, daß man aus dem Faschismus – als historisches Phänomen und als virtuelle Entwicklung der bürgerlichen Gesellschaft auf einen neuen Faschismus hin – genau die Komponenten, die etwa auf die Bundesrepublik zutreffen, ausklammert. Das heißt versteht man unter Faschismus weitgehend Gaskammern, Konzentrationslager, so steht die BRD als chemisch rein von Faschismus da, weil es bekanntlich in der Bundesrepublik keine Gaskammern, keine Konzentrationslager gibt. Selbst die Notstandsgesetze sehen, wie man weiß, die Errichtung von Gaskammern nicht vor. (Zwischenruf: „Noch nicht!“) Nein, gerade in diesem „noch nicht“ scheint mir die geschichtliche Gefahr, der Mangel an geschichtlicher Spezifizierung zu liegen. Wenn wir sagen: noch nicht, dann begeben wir uns eben in die Falle, die uns begrifflich gestellt wird, denn dann sagen wir: Deutschland ist noch nicht faschistisch, weil es immer noch keine Gaskammern gibt.

Gerade die Differenzierung zwischen dem Faschismus, wie er sein kann, und dem Nazismus scheint mir aber auch wichtig, um das spezifische Verhältnis von Faschismus und Parlamentarismus adäquat zu analysieren. Im allgemeinen, sowohl in der historischen Perspektive als auch in der begrifflichen Analyse scheinen sich Parlamentarismus und Faschismus auszuschließen. Historisch braucht aber nur daran erinnert zu werden, daß innerhalb des italienischen Faschismus, sowohl doktrinär in der Nachfolge Vilfredo Paretos als auch praktisch in der ganzen Diskussion um die Konstitutionalisierung des Faschismus 1925/26, die Frage der parlamentarischen Form des Faschismus eine sehr große Rolle gespielt hat. Man kann es, abgekürzt, folgendermaßen formulieren: Die Möglichkeit eines parlamentarischen Faschismus, und das heißt die Möglichkeit eines antidemokratisch gewordenen Parlamentarismus, ist darin begründet, ob es gelingt, das Parlament soweit zu entmachten, daß die eigentlichen Entscheidungsgremien in, wie Pareto sagt, „nichtöffentlich tagende Eliten" verlegt und die Entscheidungen von Masseneinflüssen freigehalten werden. Gelingt dieser entscheidende Schritt, und für Pareto ist das der eigentliche Kern eines modernen bürgerlichen Staates, so muß allerdings für die demokratisch freigesetzten Impulse der Bevölkerung immer ein Auffangorgan vorhanden sein, und dieses Auffangorgan ist das Parlament. Es ist interessant, wie der italienische Faschismus hier, ganz anders als etwa der deutsche Faschismus, das Problem der Volksrepräsentation durchaus ernst genommen hat und versucht hat, dieses Problem zu lösen. In der Realisierung des korporativen Kammersystems treffen wir folgerichtig auf alle jene Formen des Repräsentationsgedankens, die charakteristisch sind für das parlamentarische Denken im bürgerlichen Staat. Ich nenne nur eine dieser Formen, die wirklich die entscheidende ist, weil darin der Kern des bürgerlichen Repräsentationsgedankens liegt, daß nämlich der Korporationsabgeordnete nicht etwa den speziellen Interessen der eigenen Korporation verpflichtet sei, sondern nur dem Wohl der Nation und seinem Gewissen. Das ist im Grunde die Doktrin des „freien Mandats". Das eigentliche Problem des Übergangs vom alten liberalen, liberal-demokratischen, parlamentarischen Staat zum faschistischen Staat bestand nicht etwa in dem Bruch der politischen Form – Abschaffung des Parlaments oder – siehe Deutschland – Verwandlung des Reichstags in eine Akklamationskammer usw., sondern bestand darin, in diesem Bruch spezifische Qualitäten aufrechtzuerhalten. Verkürzt gesagt: das dialektische Verhältnis von Bruch und Kontinuität bestand darin, daß der liberale Staat als bürgerlicher Staat zwar faschistisch wurde, seine bürgerlichen Qualitäten aber nicht verlor.

Rein politikwissenschaftlich gesehen, bedeutet das die durchaus mit zum Teil terroristischen oder aber manipulativen Mitteln erzielte Aussperrung der Massen aus den Entscheidungszentren des Staates und der Gesellschaft. Man könnte also annehmen, daß ein qualitativ entscheidender Bruch besteht zwischen der parlamentarischen Form des liberalen Staates und dieser faschistischen Form, weil für die parlamentarische Form gerade die Vermittlung von Bevölkerung und Staatsgewalt durch das parlamentarische System selbst und vor allem durch das Wahlsystem konstitutiv ist. Hier muß man aber wohl etwas differenzieren. Bei der Analyse der Entwicklung sowohl in England als auch in Deutschland stoßen wir auf ein erstaunliches Phänomen: parallel mit der Ausweitung des Wahlrechts, einer Ausweitung, die zum Teil durch Kämpfe der Arbeiterschaft erzwungen und errungen wurde, das heißt parallel mit dem Prozeß, der die Vertreter der Arbeiterschaft ins Parlament brachte, vollzog sich ein Prozeß der zunehmenden Entmachtung des Parlaments. In England war das Parlament bis 1830 voll souverän. Heute ist das Parlament in England so weit entmachtet, daß ein so aufrechter Politologe wie Ernst Fränkel sagen kann: Nach dem englischen Modell läge es im Sinne des parlamentarischen Regierungssystems, daß die Regierung das Parlament kontrolliert. Diese Kontrolle des Parlaments durch die Exekutive steht am Ende einer Entwicklung, die ihren Anfang mit dem Einbruch der Vertreter der abhängigen Massen in das Parlament nimmt. In den Artikeln 112 und 113 des Grundgesetzes der BRD ist im Grunde nichts weiter enthalten als gerade die Einschränkung der Souveränität des Parlaments in dem Punkt, an dem das Problem der Souveränität der Volksvertretung vor 200 Jahren sich entzündet hat, nämlich die Einschränkung des Etatrechts des Parlaments. Sie wissen, daß nach Artikel 112 und 113 des Grundgesetzes der Bundesminister der Finanzen resp. die Bundesregierung ein Vetorecht gegenüber den steuerlichen Ein- und Ausgabemaßnahmen des Parlaments besitzt, sofern das Parlament, der Bundestag, die von der Regierung vorgelegten Etatpläne nicht billigt, sondern verändert.

Hier genau scheint mir das Spezifische des bürgerlichen Staates zu liegen: unabhängig von seiner Regierungsform ,ob parlamentarisch-demokratisch oder autoritär-faschistisch, muß die Zugangsmöglichkeit der Massen zu den Zentren der Macht so weitgehend eingeschränkt sein, daß die bürgerliche Qualität des Staates konfliktlos aufrechterhalten werden kann. Und das heißt, daß wir im Übergang vom liberalen zum faschistischen Staat und in der Umkehrung des Verhältnisses, in der späteren Neuaufrichtung der parlamentarischen Demokratie – im Übergang vom faschistischen zum neoliberalen Staat – konstatieren können, daß dieser Staat seine bürgerliche Qualität in allen Phasen beibehält. Bürgerlich heißt nicht in einem moralisch-kulturellen Sinne bourgeois, sondern bezeichnet soziale Inhalte. Gemeint ist ein Staat, zu dessen Fundament eine spezifische Weise der Produktion und eine spezifische Weise der politischen Organisation gehört.

Ideologisch hat der Faschismus zunächst den Bruch mit dem Kapitalismus immer wieder betont. Wie sie wissen, hatte der Faschismus in Deutschland, weniger in Italien, ideologisch sehr starke antiplutokratische Akzente gesetzt. Aber es war nicht nur ein ideologischer Bruch, es hat sich auch etwas in der kapitalistischen Produktion verändert. Wenn wir Italien und Deutschland beispielhaft untersuchen, so merken wir, daß wir es mit einer staatlichen Wirtschaftspolitik zu tun hatten, die in der Produktion eine ausgeprägte Begünstigung der Monopolbildung und in der Distribution der Kartellabsprachen und Marktaufteilungen zeigte. Wichtig ist, daß dies sich nachfaschistisch fortgesetzt hat.

Es ist in der Tat so – um es an einem konkreten Beispiel zu zeigen –, daß in einigen Wirtschaftszweigen die Organisationsformen und Organisationsverbände, die der Faschismus in Italien geschaffen hat, und zwar zu dem präzisen Zweck, das Kapital zu organisieren, den Markt aufzuteilen, kranke Industriebetriebe aufzuputschen oder abzustoßen, daß diese Organisationsverbände und Organisationsformen nicht abgestorben sind im Übergang zum neuen Staat, sondern aufrechterhalten und potenziert worden sind. Hier sehen wir den direkten Zusammenhang von faschistischer Organisation und kapitalistischer Produktionsweise. Bei allen ideologischen Angriffen auf die Plutokratie: der Kapitalismus galt den Faschisten als ein Naturgesetz: „Es ist eine feststehende Tatsache, daß die Koexistenz zweier gesellschaftlicher Klassen, des Kapitals und des Proletariats, der Arbeitgeber und der Arbeiter, der Fabrikherren und der Abhängigen, das Wesensmerkmal der modernen Gesellschaft und daher unaufhebbar ist. Ebenso unaufhebbarer Tatbestand ist das System des unterschiedlichen Entgelts für Kapital und Arbeit, das im proportional unterschiedlichen Beitrag beider Teile zum Produktionsprozeß gründet“ (Bottai). Interessant ist dieser Satz insofern, als Sie heute in Publikationen des Deutschen Industrie-Instituts Formulierungen gegen die erweiterte Mitbestimmung finden können, die sich mit denen Bottais fast decken. Damit ist nicht gesagt (und das sollte man hervorheben), daß das Deutsche Industrie-Institut faschistische Gedanken produziert. Es ist vielmehr gesagt, daß der Faschismus kapitalistische Interessen reproduziert hat. Und insofern hatte ein italienischer faschistischer Nationalökonom recht mit der Feststellung, daß die faschistisch organisierte korporative Wirtschaft eine Fortsetzung der liberalen Wirtschaft in einer Periode zunehmender industrieller, finanzieller und organisatorischer Konzentration sei. Der Staat geht von einer liberalen zu einer faschistischen Regierungsform über, bleibt aber bürgerlich, die Wirtschaft geht von der liberalen zur korporativen Phase über, bleibt aber kapitalistisch. Und damit ist auch, wenngleich etwas verkürzt, gesagt, ob der Kapitalismus zum Faschismus führt. Wir können also nicht sagen, daß die kapitalistisch produzierende und bürgerlich organisierte Gesellschaft eo ipso faschistisch sei, denn eine Gesellschaft ist nie faschistisch, die Gesellschaft ist bürgerlich und kapitalistisch. Die Frage ist aber, inwiefern diese kapitalistische Gesellschaft lediglich kapitalistisch bleiben will und nicht angesichts der Entwicklung der Produktivkräfte und der von ihr selbst freigesetzten Widersprüche und Emanzipationskräfte zu bewältigen gezwungen ist, Methoden anzuwenden, die teils terroristisch, teils manipulativ in etwa das reproduzieren, was der Faschismus, als ein Versuch der staatlichen Organisation des Kapitals, schon ausprobiert hat. Dazu gehört die korporative Lösung, das heißt also der Versuch, Sozialkonflikte durch Partnerschaften zu lösen. Dazu gehören aber genauso gut Kartellierung, Kartellschutz und die staatliche Sicherung der Gewinnmechanismen.

Wir können also abschließend sagen, daß in der spezifischen Form der Entmachtung der Massen in einer industriell voll entwickelten Gesellschaft, das heißt in einer Gesellschaft, die in ihrer eigenen Dynamik selbst Emanzipation ermöglicht; in der Regelung sozialer Konflikte ausschließlich zugunsten der Aufrechterhaltung von Herrschaftsinteressen und Ausbeutungsmethoden; in der organisatorischen Sicherung des Kapitals und des Marktes, das heißt in der staatlichen Profitsicherung und in dem jederzeit möglichen Einsatz von staatlichem Terror gegen die Emanzipationskräfte, sich nicht eine besondere Regierungsform offenbart, sondern das wahre Gesicht des bürgerlichen Staates, der die ihm historisch jeweils gemäße Form der Regierung zur Niederhaltung der Massen annimmt.

Aus der Diskussion

Hans Jürgen Krahl: Ich hätte nur einige Probleme aufgrund des Referats vom Genossen Agnoli. Sie beziehen sich vor allen Dingen, was die theoretische Definition und die praktische Form des Faschismus anbelangt, auf das Verhältnis von Terror und Manipulation und von daher auf das Verhältnis des Staates zur Ökonomie. Du hast davon gesprochen, daß der Faschismus nicht unbedingt einen manifesten Terror zu produzieren braucht, daß es auch so etwas geben könnte wie eine manipulativ bewirkte korporativistische Integration der Arbeiterorganisationen. Ich möchte hier einmal kurz aufrollen von der klassischen marxistischen Analyse des autoritären Staates und des Faschismus her, wie sie sich andeutet in den Theorien von Marx und Engels in der Analyse der bonapartistischen Zwangsgewalt; Engels sagt, daß der Staat in der Regel Staat der ökonomisch herrschenden Klasse ist, daß es aber ausnahmsweise Perioden gibt, in denen der Staat sich gegenüber beiden Klassen momentan verselbständige und eine scheinbare Vermittlerfunktion – wohlgemerkt: scheinbare Vermittlerfunktion – übernimmt. Er zählt als Beleg auf: die absolute Monarchie des 17. und 18. Jahrhunderts, den bonapartistischen Staat und den Bismarck-Staat in Deutschland, Lenin fügt in „Staat und Revolution" die Kerenskiregierung hinzu. Wenn man diese Beispiele auf das Verhältnis von Politik und Ökonomie untersucht, in dem sie stehen, so handelt es sich allesamt um historische Perioden, die die Struktur der kapitalistischen Krise betreffen, wo nämlich der Staat gezwungen ist, in den wirtschaftlichen Verwertungsprozeß einzugreifen und politische Gewalt direkte ökonomische Potenz gewinnt. Der Staatsinterventionismus ist mit dem Monopolkapitalismus permanent geworden, und man kann folgern: permanent geworden ist dann auch die Tendenz des Staates, sich gegenüber beiden Klassen zu verselbständigen. Das bedeutet nicht, daß damit der Staat neutral wird. In der klassischen Analyse heißt das, daß die bürgerliche Klasse die Krise dadurch zu lösen versucht, daß sie auf ihre politische Machtstellung zugunsten ihrer sozio-ökonomischen Verfügungsgewalt verzichtet und die politische Verfügungsgewalt delegiert an einen von einer Massenbewegung getragenen Diktator, eben an eine sich verabsolutierende Staatsgewalt. Von daher erklärt sich die komplementäre Tendenz im Monopolkapitalismus, daß die klassischen politischen Organisationsformen der Bourgeoisie, nämlich Parteien und Parlament, sei's heute ins Instrumentarium der Exekutive integriert, sei's zerschlagen werden. Letzteres geschieht auf terroristische, ersteres auf manipulative Weise. Ähnliches scheint auch im autoritären Staat mit den Organisationsformen der Arbeiterklassen sich zu vollziehen. Diese können entweder auf manipulativem Wege integriert werden, denn was Du als korporativistische Integration bezeichnet hast, wurde durch ein sehr charakteristisches Zitat aus dem italienischen Faschismus belegt, nämlich dieses, daß die Arbeiterklasse von einer moralischen Ablehnung aller Formen von Gewalt überzeugt werden müsse, die allesamt keine geeigneten Mittel zur Durchsetzung ihrer Forderungen seien. Diese manipulative und korporativistische Integration verwirklicht sich in dem Maße, in dem die überkommenen Arbeiterorganisationen auf den Streik als Kampfmittel zunehmend verzichten und diesen dadurch stillschweigend illegitimisieren. Es gibt zunächst einmal eine phänomenologische Differenz in diesem so skizzierten Prozeß zwischen Faschismus und dem, was wir heute als autoritäre Staatsgewalt bezeichnen. Nämlich in dem Verhältnis, in dem Terror und Manipulation zueinander stehen. Ich würde rein phänomenologisch sagen, daß unter Manipulation heute sublimierter Terror zu verstehen ist, oder anders gesagt: Manipulation heute, in dem Augenblick, da die Staatsgewalt permanent in den Wirtschaftsprozeß eingreifen muß, da der Rechtsstaat zersetzt wird – Franz Neumann weist zu Recht darauf hin, daß der Faschismus statt der Berufung auf Rechtssätze der Berufung auf irrationale Generalklauseln bedarf –, daß also in dem Augenblick, da der Rechtsstaat sozialstaatlich zersetzt wird, Manipulation die „Verinnerlichung" des Terrors zu leisten hat. Die Tatsache, daß außerökonomische, politische Staatsgewalt in den Verwertungsprozeß, um die Organisierung der Arbeiterklasse zu verhindern, eingreifen muß, diese Verinnerlichung des Terrors – solange sie gelingt – gewährleistet, daß er nicht als manifest faktischer Terror praktisch angewandt wird. In jeder Krise werden natürlich diese Verinnerlichungsmechanismen problematisiert, und es besteht von daher die Tendenz, wieder zu brutalem Terror zu greifen, und ich meine, daß gerade die Wirtschaftskrise 66/67, wie sie sich Anfang der 60er Jahre schon andeutete, eine Verunsicherung zum Beispiel in den Manipulationsinhalten gebracht hat; es bedurfte einer Umschaltung der Manipulation, vor allem im Hinblick auf den Antikommunismus, die heute noch nicht ganz gelungen ist, eine Umschaltungsphase, die wesentlich dazu beigetragen hat, daß die außerparlamentarische Opposition zunächst mal ein antiautoritäres Bewußtsein entwickeln und formulieren konnte. Ich will abschließend sagen, es scheint mir doch, daß der autoritäre Staat vom manifest faschistischen dadurch sich unterscheidet, daß er noch so stabil ist, mit der Manipulation die Verinnerlichung des Terrors leisten zu können, dessen ökonomische Funktion es ist, die Organisierung der Arbeiterklasse zu verhindern, und daß jede Krisensituation diese Manipulation problematisiert, daß aber auch durch die Auflösung des Rechtsstaates die Möglichkeit sich ergeben hat, das System ohne politisch-rechtlichen Legitimationsbruch in den Faschismus zu transformieren, ein Prozeß zu dem die Notstandsgesetze ein Mittel sind.

Agnoli: Genau diesen Punkt versuche ich immer im Gespräch innerhalb und außerhalb des SDS zu klären, daß die Bundesrepublik in ihrer jetzigen politischen Organisation und noch mehr durch die im Grunde vollkommen illegitim zustandegekommenen Notstandsgesetze den Faschismus überflüssig macht, den Faschismus im Sinne des offenen terroristischen Systems. Nur, was ich historisch bezweifeln muß, aufgrund des vorliegenden Materials, ist, ob der Faschismus in allen Ländern und in allen Zeiten wirklich offen terroristisch ist, wie wir immer wieder hierzulande hören, oder ob das Eigentümliche, das Widersprüchliche gerade darin besteht, daß selbst der Faschismus streckenweise Formen produziert hat, in denen sich nur die Manipulation als notwendig erwiesen hat. Das Spezifische am Faschismus ist, das füge ich hier hinzu, nicht etwa die Permanenz des offenen Terrors, sondern die Permanenz eines sofort ad hoc aktualisierbaren Terrors. Ein geschichtliches Beispiel, um das zu klären. Das Kennzeichen des italienischen Faschismus in der ersten Periode waren die Startrupps, die Schlägerkolonnen usw. Mit der Konstitutionalisierung des Faschismus in Italien 1926 hat dieser offen organisierte, staatlich zugelassene, polizeilich unterstützte Terror aufgehört zu bestehen. Aber als 1932, das sind immerhin acht Jahre nach der Konstitutionalisierung des Faschismus in Italien, in

Carrara Arbeiterunruhen ausbrachen, haben die Industriellen von Carrara sofort wieder die alten Schlägerkolonnen remobilisiert und auf die Arbeiter losgelassen, bei voller Unterstützung des Staates und der Polizei. Das scheint mir das Spezifikum zu sein, das die Bundesrepublik nicht kennt. Die Frage ist nur, ob die Bundesrepublik das nicht kennt, weil hier tatsächlich der erzieherisch manipulative Prozeß der Entmachtung der Arbeiterschaft weitgehend gelungen ist. Das heißt ich weiß nicht, wie die Gesellschaft in der Bundesrepublik reagieren würde, wenn tatsächlich sich die Notwendigkeit erweisen würde, mit Unterstützung des Staates Schlägerkolonnen in Bewegung zu setzen, was heute wieder durch den Artikel 20, Abs. 4 des Grundgesetzes, das sogenannte Widerstandsrecht, möglich ist. Dieses Widerstandsrecht ist nämlich die Legalisierung einer spezifischen faschistischen Methode, wenn wir es genau historisch betrachten.

Zu den theoretischen Ausführungen, die Krahl gemacht hat, muß ich einige Korrekturen anmelden. Im großen historischen Sinne stimmt es, daß der Staat permanent in den Wirtschaftsprozeß eingreift, und es ist auch richtig, daß der Staat manchmal gegen die Interessen der wirtschaftlich Mächtigen, also des Kapitals, eingreift, das trifft für den Faschismus oder ganz allgemein für den modernen bürgerlichen Staat zu.

Nehmen wir aber das Österreich von Dollfuß oder das Italien von Mussolini, so sehen wir, daß die Macht des Staates, in die Wirtschaft einzugreifen, von diesem zurückdelegiert wird: das Entscheidungszentrum dieses staatlichen Eingriffs findet sich nach wie vor bei den Organisationen des Kapitals. 1933 erließ die italienische Regierung das wichtigste faschistische Organisationsgesetz der Wirtschaft. Ein Gesetz, das die Neugründung von Betrieben oder die Ausweitung von alten Betrieben genehmigungspflichtig machte. Das heißt, die Regierung hatte das absolute Recht, die Betriebsgründung und die Betriebsausweitung zu bestimmen. Das klingt nach dem von Dir erwähnten Eingriff des Staates in die Wirtschaft. Aber es steht empirisch fest, daß die italienische Regierung all diese Eingriffe nur aufgrund von sogenannten Beratungen vornahm, aufgrund von Vorentscheidungen der Confederazione Nazionale dell'Industria – mit einer Begründung übrigens, die an sich sehr einsichtig ist: zuständig als Gutachter für die Regierungsgenehmigung waren die Korporationen, das heißt der Dreierverband von Arbeitersyndikaten, Unternehmersyndikaten und Staat. Der Staat aber delegierte seine Stimmen an die Arbeiter und Unternehmersyndikate, und die ohnehin integrierten Arbeitersyndikate übergaben den Unternehmersyndikaten die weitere Beratung mit dem Argument, daß sie ja für die Organisation der Produktion zuständig seien. Auf diese Weise vermittelte sich der staatliche Eingriff in eine besondere Form des Zugriffs der Wirtschaft durch den Staat.

Wenn ich sage, daß der Faschismus sich erweist als das wahre Gesicht des bürgerlichen Staates, so meine ich genau das, daß der bürgerliche Staat ohne Faschismus auskommt bis zu einem gewissen Punkt. Bis zu dem Punkt nämlich, an dem die eigentliche Organisation dieser Gesellschaft, das ist eine Organisation, die die kapitalistische Produktionsweise ermöglicht, in Frage gestellt wird. Anders gesagt: in dem Moment, in dem das Repräsentativsystem des bürgerlichen Staates eine andere Vertretung erlaubt als nur die Vertretung der Herrschaft, in dem Moment sucht sich die herrschende Klasse eine andere Form der Repräsentation, nämlich eine offen terroristische, eine militär-diktatoriale usw. Vielleicht ist auch das ein Widerspruch, aber mir scheint, daß die Widersprüchlichkeit der Ausführung in diesem Fall adäquat ist der Widersprüchlichkeit des Phänomens. Die Bundesrepublik Deutschland ist kein faschistischer Staat, aber die Kerntendenz der Abwehr gegen Emanzipation in der Bundesrepublik, im bürgerlichen Staat, ist faschistisch. Das heißt konkreter formuliert und auch historischer: Der Umschlag in den offenen Faschismus ist dem bürgerlichen Staat immanent.

Meines Erachtens liegt ein wesentliches Problem darin, daß die Emanzipationskräfte sich so organisieren müssen, daß in Zeiten des Umschlags zum Faschismus dieser verunmöglicht wird. Das Scheitern der Emanzipation in Italien 1922 lag darin, daß das Proletariat, wie die Fabrikbesetzung 1920 gezeigt hat, durchaus kampfbereit war, aber in der Zeit unmittelbar nach 1920 nicht in der Lage war, den Faschismus zu verhindern. Auf die heutige Zeit übertragen genügt es nicht, daß wir Emanzipation fordern. Es kann durchaus sein, daß die schlechten Propheten recht haben mit ihrem Gerede, daß, wenn wir Emanzipation produzieren, wir zugleich den Faschismus mitproduzieren. Wir müssen nicht nur Emanzipation, sondern auch

Widerstandsformen entwickeln und organisieren, die zugleich faschistische Methoden unmöglich machen, die der Kapitalismus braucht, um uns zurückzuschlagen.

Frage: Ich möchte folgende Frage stellen: Inwieweit ist die Losung „Kapitalismus führt zum Faschismus - Kapitalismus muß weg" als eine richtige Aktionslosung zu betrachten. Meines Erachtens ist das nicht die richtige Aktionslosung, weil es nämlich dazu führt, daß die Massen glauben, der Kapitalismus könnte sofort verschwinden.

Agnoli: Wenn ich die Frage richtig verstanden habe, so dürfte sie doch wohl darauf hinauslaufen, daß man in Losungen nicht den direkten Angriff auf den Kapitalismus proklamieren sollte, sondern eher zur Verteidigung des Grundgesetzes zum Beispiel und der parlamentarischen Demokratie aufrufen sollte.

Dazu muß ich eins sagen: Agitatorisch mag das richtig sein, und agitatorisch bin ich durchaus bereit, zu sagen, wir müssen die Grundrechte usw. verteidigen. Aber mit dem Zusatz, daß wir für die weitere Entwicklung des Kampfes uns darüber im klaren sein müssen, daß der Boden des Grundgesetzes genau der Kapitalismus ist. Das heißt daß wir zunächst mit der Rekonstruktion des Grundgesetzes, wenn die Gesellschaft nicht verändert wird, genau die Anfangsbedingungen konstruieren, die zur heutigen Situation geführt haben. Denn wenn wir bloß das Grundgesetz wieder in Kraft setzen wie 1949, aber keine gesellschaftliche Veränderung vornehmen, so werden wir nach zehn Jahren genauso weit sein, wie wir heute sind. Das Grundgesetz funktioniert keineswegs automatisch. Ich möchte nicht das Wort von Lassalle strapazieren, daß Verfassungsfragen Machtfragen seien, aber auf jeden Fall wird uns das Ausmaß der Grundrechte ja nicht vom Grundgesetz garantiert, wie wir immer lesen, sondern es wird uns großzügigerweise von den Herrschenden gewährt, und zwar in dem Umfang, den die Herrschenden selbst bestimmen. Und zweitens dürfen wir eines nicht vergessen: wenn wir von der Verteidigung des Grundgesetzes sprechen, so ist das ganz schön und gut, aber das Grundgesetz besteht nicht aus Artikel 1 bis 19, das heißt aus dem Katalog der Grundrechte, das Grundgesetz besteht auch aus den nachfolgenden Artikeln. Und diese nachfolgenden Artikel organisieren den Staat bürgerlich als Herrschaftsstaat. Ich darf daran erinnern, daß das Grundgesetz das in einem Maße tut, das selbst anderen westlichen Gesellschaften fremd ist. Es kennt keinen Volksentscheid, kein Referendum und keine Volksinitiative bei der Gesetzgebung. Das Grundgesetz kennt nicht etwa das Ausmaß der Parlamentsregierung wie das Frankreich der IV. Republik oder Belgien oder Italien heute oder Dänemark. Wir haben im Grundgesetz ein fixiertes System der reinen Kabinettsregierung, das dürfen Sie nicht vergessen: Die sogenannte Kanzlerdemokratie ist eine Kabinettsregierung. Das bedeutet im Grunde, daß das Grundgesetz, richtig analysiert auf seine sozialen Inhalte und Implikationen hin, interessanterweise ausgesprochen antiparlamentarisch und auf jeden Fall massenfeindlich ist.

Krahl: Ich möchte dasselbe Problem auf einer spezielleren Ebene nochmal stellen und zwar möchte ich zunächst davon ausgehen, daß die Außerparlamentarische Opposition, was die Klassenfrage anbelangt, theoretisch und praktisch in einem bestimmten Dilemma steckt. Wir haben damit begonnen, daß wir zunächst vulgärmarcusianisch uns gesagt haben, allein den Randgruppen käme die Artikulation der historischen Subjektivität zu, die die Arbeiterklasse auf Grund ihres integrierten Status verloren habe. Und jetzt haben wir als letzte Parole ausgegeben: Klassenkampf statt Sozialpartnerschaft. Die klassentheoretische Klärung allerdings ist kaum reflektiert erfolgt, vielmehr ist die Strategie mehr oder weniger blinder Reflex unserer Praxis gewesen. Von der Beantwortung der klassentheoretischen Fragestellung hängen aber sowohl die Organisationsfrage wie der Revolutionsbegriff ab, und da würde ich zweierlei sagen: Zunächst einmal, wenn man davon ausgeht, daß die Klassen die Funktion haben, in ihrer an sich seienden Verfassung ökonomische Machtstrukturen zu politischen und staatlichen Herrschaftsverhältnissen zu vermitteln, dann hat sich doch in der objektiven Verfassung der bürgerlichen Klasse etwas geändert, wenn der Staat autoritär und schließlich faschistischer Staat wird. Einfach deshalb, weil bestimmte politische Organisationsformen des Bürgertums, die politischen Organisationsformen von Parlament und Parteien verkehrt worden sind, zerschlagen oder integriert werden. Das andere ist aber: Wenn man davon ausgeht, daß in einem veränderten Verhältnis von Politik und Ökonomie sich auch die an sich seiende Lage der Klasse verändern muß, dann muß man fragen, wie hat sich mit dem Monopolkapitalismus die an sich seiende Verfassung der Arbeiterklasse geändert? Wenn wir nicht lediglich auf das zum Dogma gewordene Schema von Klasse an sich und Klasse für sich zurückgreifen wollen? Ich würde nun so sagen: eines muß man, glaube ich, lernen, daß dadurch, daß Manipulation die ökonomische Funktion hat, die Isolierung der Individuen weit über den Produktionsprozeß hinaus in alle gesellschaftlichen Bereiche zu tragen, so etwas wie eine totale Zerstörung des Verkehrs stattfindet. Die Arbeiterklasse an sich bestimmt sich bei Marx gewissermaßen als diese diffuse Klassenlage isolierter, das heißt eben nicht organisierter Individuen. Und ich meine, daß dadurch, daß diese Isolierung, die einstmals durch abstrakte Arbeit in der Produktionssphäre geleistet wurde, soweit hinausgetragen worden ist durch die Vernichtung der freien Konkurrenz in alle Bereiche der Gesellschaft, Manipulation die Entwicklung einer klassenbewußten Subjektivität und deren objektivierender Organisation oftmals zu boykottieren droht. In dieser Hinsicht sind die Vorgänge in Frankreich aufschlußreich. Sie zeigen die Anfälligkeit des Systems dem Kampfmittel des politisch-ökonomischen Generalstreiks gegenüber – die Barrikadenkämpfe der Studenten dagegen haben die Funktion gehabt, den revolutionären Anspruch explizit zu stellen – und sie demonstrieren zum anderen die Verfestigung des falschen Klassenbewußtseins, wie es von der KPF und der CGT repräsentiert wird, die eine den politisch-staatlichen Herrschaftsverhältnissen angemessene proletarische Objektivierung sabotiert haben.

Agnoli: Um noch einmal auf die Frage nach der Art und der Möglichkeit der Arbeiteragitation zurückzukommen: Es ist sehr richtig, daß wir ein großes Stück Arbeit zu leisten haben, bis wir die Massen politisch mobilisiert, bis wir den Massen ein politisches Bewußtsein vermittelt haben. Diese Einsicht kann und darf aber nicht bedeuten, daß wir uns entweder resigniert zurückziehen und den Gewerkschaften, die ein Eigeninteresse an der Verhinderung dieser Bewußtwerdung haben, das Feld überlassen oder aber andererseits unsere Rolle überschätzen und uns von vornherein als die Gruppe verstehen, die auch später, nach der Mobilisierung der Massen, nach ihrer Aufklärung und Bewußtwerdung notwendigerweise immer noch die revolutionäre Avantgarde stellen wird. Ich halte die These von Marcuse für falsch, daß Randgruppen der Gesellschaft, Subkulturen, die Gesellschaft revolutionieren werden. Unbedingt richtig ist, daß in bestimmten historischen Situationen der Prozeß eingeleitet werden kann von Randgruppen der Gesellschaft, und in dieser Position scheint mir heute die Studentenschaft, die politischen Gruppen der Studentenschaft, sich zu befinden.

Nur muß eben der Zustand der Randgruppe überwunden, aufgehoben werden, und da wären wir bei dem Problem, das nicht nur hier, sondern in Berlin und überall diskutiert wird. Es ist für mich zwar nicht deprimierend, aber etwas bedrückend zu hören, daß ihr mit der gleichen Intensität dieselben Probleme diskutiert, denn wir haben in Berlin immer geglaubt, unsere Probleme hingen zusammen mit dem besonders reaktionären Charakter der Manipulation in Berlin. Obwohl man auch in Berlin nicht ohne Überraschung bleibt. Da erweist sich zuweilen gerade die lückenlose, integrale Manipulation als eine Kruste, die man durchbrechen muß, um ganz unerwarteten, neuen sozialen Inhalten zum Ausdruck zu verhelfen. Es stimmt, daß Arbeiter oft Studenten verprügeln. Wenn man aber zufälligerweise mit einzelnen Arbeitern sich in der Kneipe unterhält, so erklären sie sich zwar als Antikommunisten, schicken uns in den Osten, sprechen sich aber gleichzeitig aus für die Verstaatlichung der Produktionsmittel und für die Abschaffung der Kapitalisten. Da merkt man, daß sie im Grunde tatsächlich nur teilmanipuliert sind, sie haben noch unverschüttete Reste politischen Bewußtseins, die, wie Frankreich gezeigt hat, wieder reaktiviert werden können, und es kommt darauf an, sich zu unterhalten über die Möglichkeit, diese Kruste aufzubrechen.

Mai 1968

Zur ApO

Ein neues Gespenst scheint in Deutschland umzugehen und von Deutschland aus andere europäische Länder unsicher zu machen. Es trägt – genau so wie sein älterer Bruder von 1848 – rote Fahnen, wird häufig und meist zu recht mit ihm gleichgestellt – ist aber weniger faßbar. Die Außerparlamentarische Opposition (ApO) hat keine öffentlich verkündete und für alle verbindliche Theorie. Sie kennt keine genauen Adressaten, ist mehr gemeinsame Methode vieler Gruppen und Verbände als eine Organisation.

Nur eines weiß die Öffentlichkeit über sie: Sie ist eine kleine radikale Minderheit, die auf den gleichen Widerstand der Bevölkerung stößt wie seinerzeit das andere Gespenst. Sie stellt alles in Frage, will alles verändern, wird von einer unbotmäßigen Jugend getragen – und scheut keine Mittel, kennt keine Grenzen der Sitte und des Anstands, fällt mit einem Wort gänzlich aus der konstituierten Ordnung. Vor allem aber steht sie im Geruch, auch aus der konstitutionellen und der legalen Ordnung herauszufallen. Einige Zeitungen, zum Beispiel *Die Welt*, nennen sie kurzerhand antidemokratisch. Andere Zeitungen, die *Berliner Morgenpost* zum Beispiel und Vertreter des Staates, wie der Regierende Bürgermeister Westberlins, teilen mit, sie sei einfach kriminell. Sie selbst indessen meint, sie wolle die Menschen aus dem Zustand einer unverschuldeten Unmündigkeit befreien; sie versuche, humanere Formen des Zusammenlebens zu finden und ist der Meinung, dazu die bestehende Ordnung und die herrschenden Gruppen, Parteien und Presseoligopole bekämpfen zu müssen.

Und das ist der springende Punkt. Denn in Deutschland haben solche Kampfansagen seit jeher, und nicht nur erst in einer parlamentarismusfreudigen Epoche, Mißtrauen hervorgerufen. Hierzulande gilt als unumstößliche Wahrheit: Herrschaft ist notwendig und für Veränderungen, Verbesserungen, Reformen und selbst für die Revolution ist nur derjenige zuständig, dessen Zuständigkeit von vornherein feststeht und der in der Zuständigkeit sitzt. War nicht die Industrielle Revolution auch und in erster Linie das Werk der Könige, Fürsten und Kaiser? War es denn die SPD oder Bismarck, die dem Volk die Sozialgesetzgebung beschert hat? Hat nicht der etablierte Bundestag die letzte Rentenerhöhung, die Regierung die soziale Symmetrie beschlossen? Und hat nicht Adenauer das deutsche Ansehen in der Weit wieder hergestellt?

Wenn das Gute und die Herrschaft zusammenfallen, hat es die Opposition schwer, sich verständlich zu machen. Die ApO hat es in Deutschland schwer, weil der normale deutsche Bürger seine eigene Herrlichkeit und Macht findet, indem er sich mit der herrschenden Ordnung identifiziert.

Die Identifikation mit der Macht ist aber keineswegs „typisch deutsch". Die neopositivistische Ideologie würde eher von einem schichtspezifischen Verhalten sprechen, das an Besonderheiten der Nationalgesellschaften nicht gebunden ist. Es trifft durchaus zu, daß in allen kapitalistisch produzierenden Ländern das Verhalten zum bürgerlichen Staat und zu dessen Verfassungsnormen im großen und ganzen von der Zugehörigkeit zu einer sozialen Klasse bestimmt wird. Sie hängt – genauer gefaßt – davon ab, in welchem Verhältnis zum Staat, noch mehr in welchem Verhältnis innerhalb des Staatsapparats eine Klasse und ihre Vertreter stehen. Die letzten Unruhen in Frankreich haben deutlich gezeigt, wieweit der französische Bourgeois sich und seine Interessen im gaullistischen Regime wiedererkennt.

Es gibt aber auch historisch bedingte Unterschiede, die den Klassenrahmen sprengen. In Italien zum Beispiel führt das kritisch-polemische Verhalten der Bevölkerung gegen jede Regierung („piove, governo ladro!" – „Die Regierung besteht nur aus Dieben, und noch nicht einmal Wetter können sie richtig machen") zu einer, wenn auch diffusen Solidarität selbst bürgerlicher Gruppen mit den Revolten von unten. In Deutschland trägt die traditionelle Verbundenheit weiter Bevölkerungskreise mit den jeweils Herrschenden (Schönes Wetter – Kaiserwetter oder Führerwetter) zu einer Erhärtung der abstrakten Identifikation mit dem Staat bei. Eine parlamentarische Verfassung vorausgesetzt, fühlt die Mehrzahl der italienischen Bevölkerung außerparlamentarisch. Im parlamentarisch regierten Deutschland wird das Außerparlamentarische mit Mißtrauen bedacht. Eine Protestbewegung wird diskriminiert und zum Teil kriminalisiert, ohne daß man sich viele Gedanken über ihren politischen und sozialen Inhalt machen würde – und das noch lange bevor der Staat selbst eine solche Bewegung legislativ trifft und außerhalb der Gesetze stellt.

Keine Ausnahme bildete in dieser Hinsicht die Weimarer Zeit. Denn für den weitaus größten Teil des deutschen Bürgertums konnte die Identifikation mit der ersten deutschen parlamentarischen Republik nicht gelingen, weil die Revolution die ideelle Einheit von Volk und Kaiserreich nicht gebrochen hatte.

Im Grunde galt nicht die Protestbewegung der Nazisten und der anderen Rechten als außergesetzlich und antikonstitutionell, sondern so paradox dies auch erscheinen mag, die verfassungstreuen Parteien, die Träger der unerwünschten Staatsform und Vertreter des unerwünschten Regierungssystems erschienen der traditionsgebundenen Bevölkerung in etwa der Rolle, die heute die ApO spielt. Sie waren nicht nur Außenseiter, sondern zugleich Zerstörer der (nämlich alten) Ruhe und Ordnung. Nicht von ungefähr nannten der biedere deutschnationale Kaufmann, der mächtige Industriebaron und die Bildungsbürger den Weimarer Staat einen – marxistischen Staat.

Heute hat sich diese Lage völlig verändert. Wenn Ordnungsbürger (ganz gleich, welcher Klasse sie angehören) von der Notwendigkeit sprechen, die Autorität zu stärken, wenn sie gegen die Studenten, die Rockers und die Intellektuellen energisches Ein- und Durchgreifen fordern, wenn sie schließlich den Staat schützen wollen und nach einem stärkeren Staatsschutz rufen, so denken sie zwar immer noch an den alten Obrigkeitsstaat – schlimmstenfalls sogar an den jüngeren autoritären Staat. Sie verbinden diese Vorstellung aber mit der Wirklichkeit des in Bonn etablierten Kräftesystems und mit der Ideologie der im Grundgesetz enthaltenen Normen. Die Identifikation zwischen Bevölkerung und Parlamentarismus – die Voraussetzung für das schwere Leben der ApO – fügt sich mühelos in die althergebrachte Ordnungstradition – so mühelos übrigens, daß selbst die SPD es eine Zeitlang schwer hatte, die völlig harmlose und völlig integrative, systembejahende Rolle der bloß parlamentarischen Opposition zu spielen. Ihr parlamentarisches Nein wurde in seinem Charakter als konstitutionelles Ja nie so recht verstanden, weil das in vielen Wahlen erprobte und dokumentierte Bekenntnis der westdeutschen Bevölkerung zur Verfassung weitgehend nur das Einverständnis mit der Herrschaft bedeutete. Diese Zwangslage trug mit zur Bildung der Großen Koalition bei. Und die SPD ist – von ihrem Gruppeninteresse aus betrachtet – durchaus gut beraten, wenn sie die Große Koalition fortzusetzen versucht. Sie muß es so lange tun, bis sie sozusagen selbstredend als Regierungspartei anerkannt und das heißt als naturwüchsiger Träger von politischer Herrschaft erkannt wird. Daß dadurch ebenso die mögliche, natürliche Fortsetzung gesellschaftlicher revolutionärer Tendenzen im Parlament endgültig zerstört wird, sei nur nebenbei bemerkt, zugleich aber als einer der wesentlichen Gründe für die Notwendigkeit der ApO festgehalten.

Die Identifikation mit der Macht, durch das Verhalten der Parteien potenziert und in der politischen Situation eines neuen, plural gegliederten Autoritätsstaats gesteigert, ist auch aus einem Grund sozio-ökonomischer Natur wichtig. Diesem Grund wollen wir kurz nachgehen, denn aus ihm erklärt sich jenes spezifische Ziel einer radikalen Umgestaltung gesellschaftlicher Verhältnisse, das aus der außerparlamentarischen Bewegung nicht nur eine oppositionelle macht, sondern ihr die Qualität der Linken verleiht. Bekanntlich gibt es genügend rechte Gruppen, Kreise, gesprengte oder sich neu formierende Bestände des Faschismus, die nicht einmal taktisch mit der ApO gemeinsame Sache machen. Es gibt eine ökonomische Rechte, die Grund genug hat, mit der jetzigen Wirtschaftspolitik unzufrieden zu sein, aber ebenso scharf sich gegen alle fundamentale Veränderung wie gegen alle Formen der Revolte wendet. Das alte Interpretationsschema der Weimarer Zeit, wonach die extreme Rechte sich mit der radikalen Linken gegen die parlamentarische Demokratie verbindet, war schon für die damalige Zeit mehr als fragwürdig und ist heute völlig sinnlos geworden. Die extreme Rechte zeigt sich durchaus systemkonform: Ton und Stil der Angriffe der *Deutschen Nachrichten* auf den SDS unterscheiden sich nicht einmal in Nuancen von dem, was der Westberliner in der *Morgenpost*, der Westdeutsche in der *Bild-Zeitung*, der Nürnberger im *Bayern-Kurier* liest. Als links versteht sich die oppositionelle Bewegung nicht nur, weil sie antiautoritär in einem abstrakten Sinne ist, und also bloß gegen verfestigte Autoritätsstrukturen sich wendet, sondern vor allem, weil sie die Organisationsformen unserer Gesellschaft ökonomisch, politisch, kulturell negiert und keinen Kapitalismus mehr will.

Da verliert der Konflikt mit der Ordnung den ideologischen Charakter eines Kampfes gegen Werte und Verhaltensweisen und wird real. Die ApO sieht sich nicht mehr dem historischen Zusammenfallen von Bürgerbewußtsein und Staatsmacht gegenüber. Sie verstößt vielmehr gegen das unmittelbare Interesse der Herrschaftsgruppen der Produktionssphäre (schlicht gesagt des Kapitals) an der Aufrechterhaltung eines politischen Systems, das ihnen die Konservieren der eigenen gesellschaftlichen Stellung garantiert. Auch hier haben wir heute es in Deutschland mit einer neuen Situation zu tun. Besagte Herrschaftsgruppen verstehen dabei im Gegensatz zu ihrer Einstellung in der Weimarer Zeit den Staat als durchaus parlamentarisch – vorbehaltlich seiner Modernisierung und seiner Anpassung an die technologischen Erfordernisse der heutigen Welt.

Daß aber in der Bundesrepublik diese Modernisierung und Transformation auf dem besten Wege zur Vollendung ist, macht aus der Kampfansage gegen den Kapitalismus zugleich eine Absage an einen derart angepaßten Parlamentarismus. Anders als der Konkurrenzkapitalismus der früheren Epoche des freien Markts, hat nämlich der moderne Oligopolkapitalismus auch soziale Befriedigungselemente übernommen, die er durch staatlich-parlamentarische Vermittlung verwirklicht: Er delegiert an den Staat Verteilungsaufgaben, die früher dem freien Warenverkehr auf dem Markt überlassen waren. Daher überwindet er die frühere staatliche Organisation, die in liberaler Fassung sich nicht um die Ökonomie kümmerte und zumindest formell von der unmittelbaren Wirklichkeit gesellschaftlicher Verhältnisse getrennt war. Heute ist der Staat ein Instrument geworden, das mehr oder weniger direkt den Verwertungsprozeß des Kapitals organisiert. Diese Veränderung nutzt bestehende Verfassungsinstitute aus und eliminiert insofern die Konventionalformen einer bürgerlich verstandenen Politik nicht. Sie führt aber zu tiefgehenden Verschiebungen im realen Mechanismus der politischen Macht. Die Planung der Privatwirtschaft, die Aufteilung des Marktes und die Sicherung des Absatzes verlangen nach Entscheidungszentren, die im Grunde auch außerparlamentarisch sind und sich jenseits der im strengen Sinne konstitutionell vorgesehenen Organe etablieren. Zugleich aber funktioniert gerade diese staatliche Organisation des Kapitals für das Volk nach wie vor innerhalb der verfassungsmäßigen Ordnung. Die Erfahrung der am meisten fortgeschrittenen kapitalistischen Gesellschaften zeigt, wieweit es gelungen ist, sogenannte Volksvertretungen als Herrschaftsmittel zu verwenden. Auch wenn grundlegende politische und wirtschaftliche Entscheidungen nicht mehr vom Parlament getroffen werden, kann man sich gerade des Parlaments und seiner historischen Besonderheiten (zum Beispiel des allgemeinen Wahlrechts) bedienen, um die effektiven Machtzentren ohne nennenswerte soziale Störungen arbeiten zu lassen.

Die Wendung des parlamentarisch-bürokratischen Staats liberaler Prägung zu einem parlamentarisch-technokratischen Staat autoritärer Prägung unterstreicht nur im Selbstverständnis der ApO die Notwendigkeit, den Kampf global aufzunehmen – gegen wirtschaftliche Strukturen ebenso wie gegen politische Institutionen. Ohne diesen globalen Kampf ist die Emanzipation in einer Gesellschaft nicht möglich, die sich gegen die durch die eigene technische Entwicklung freigesetzten Kräfte schützen will.

Gegen diesen Widerspruch der Gesellschaft versucht die außerparlamentarisch tätige Linke in erster Linie vorzugehen. Die Technik schafft die objektiven Bedingungen der Emanzipation in einer Welt, in der gerade die Technik (und ihre Anwendung) sich in den Händen anti-emanzipatorischer Kräfte befindet. In der Zukunftsperspektive einer gesellschaftspolitischen Zielsetzung, die im allgemeinen Demokratisierung genannt wird, genauer gesagt die Befreiung der Abhängigen anstrebt, weil die Abhängigen inzwischen mündig sein können, ist es verständlich und konsequent, daß die breite Basis dieser Bewegung von denjenigen gebildet wird, die im Bewußtsein dieser Möglichkeit sich schon jetzt gegen ihre spätere Unterdrückung wehrt: von der Jugend.

Nur wird gerade diese Perspektive am wenigsten von der Öffentlichkeit wahrgenommen. Angesichts der außerparlamentarischen Aktionen und Provokationen spricht man lieber von jugendlichem Übermut, jugendlicher Verantwortungslosigkeit, im Extremfall von jugendlichem Terror. Unter der Hand der Kommunikationsmittel verwandelt sich die ganze ApO in eine Spielart der Jugendkriminalität moderner Industriegesellschaften.

Daß die „Wortführer" der ApO gezielt und bewußt auf die Jugend setzen, ist wahrlich kein Geheimnis. Politisiert und mobilisiert sollen Schüler und Studenten werden und nicht Studienräte und Professoren, Lehrlinge und nicht schon abgerichtete Berufstätige, junge Arbeiter und nicht die solide Gruppe der qualifizierten Facharbeiter. Diese Politisierung der Jugend aber nimmt einen Charakter an, der früheren Jugendbewegungen unbekannt war.

Auch in dieser Hinsicht müssen Mißverständnisse ausgeräumt werden. Sprechen die Zeitungen von Jugendbewegung, so denkt der Leser in der historischen Retrospektive an die vielbesungene ewige Revolte der Jugend, an das bekannte, wenn auch nicht immer existente Generationenproblem. Von diesem sagt man, daß es sich sowohl von selbst löse, denn die Jüngeren werden ja einmal älter; daß es sich immer wieder von neuem stelle, da bekanntlich die Jugend immer wieder nachwachse. Genau diese Art, die Jugend nur als Vorstadium des Älterwerdens zu betrachten, Jugendliche als abstrakte Wesen ohne eigene Zukunft sich vorzustellen, entspricht der Wirklichkeit nicht mehr. Da unsere Gesellschaft sich immer mehr dynamisiert, erfährt sie eine Verlängerung in die Zukunft, die aus dem Lernenden schon jetzt eine eigene soziale Gruppe macht. Diese Verschiebung wird angezeigt durch das Desinteresse der Unternehmer für ältere, wenn auch hochqualifizierte Arbeitskräfte, durch die Investitionen in der wissenschaftlichen Ausbildung eines betriebseigenen Nachwuchses sowie in dem verzweifelten Bemühen der Großorganisationen, mehr jugendliche Mitglieder zu gewinnen. Sie demonstriert praktisch die eigenständige gesellschaftliche Qualität einer Altersgruppe, der man früher mit den bloßen Mitteln der Pädagogik oder des Jugendstrafrechts beikommen wollte.

Interessant und ironisch zugleich ist es, daß dieser Prozeß der Verselbständigung gerade dort begann, wo sonst Integration stattfindet – und mit dem Zweck begann, die Jugend rechtzeitig für gesellschaftliche Integration geeignet und für ökonomische Verwertung brauchbar zu machen: auf dem Konsumgütermarkt, auf dem Tummelplatz des privatwirtschaftlichen Profitinteresses. Dialektisch wurde aus dem Objekt der Konsumwerbung und aus der manipulierbaren Marktgröße etwas Unvorhergesehenes. Politische Ereignisse, die der marktkonformen Jugend nach allen soziologischen Voraussagen gleichgültig hätten sein sollen, bewirkten die Umkehrung zum Subjekt gesellschaftlicher Prozesse, das auch Subjekt der Politik werden sollte. Die Jugend begann, die Wirklichkeit in der Sicht der eigenen Zukunft zu sehen, abstrakt übermittelte Freiheitsparolen in der Praxis des Experiments zu begreifen und konkret für die eigene Zukunft zu verwirklichen.

Warum gerade die Studenten hier einen Anfang machten, hat Peter Brückner überzeugend gezeigt. Subjekt werden bedeutet, sich Vorgänge und Zustände bewußt zu machen und bewußt zu verhindern. Dazu reicht es in einer Leistungs- und Konsumgesellschaft wie der unsrigen nicht aus, daß der Einzelne konkret, aber punktuell unter Leistungs- und Konsumzwängen leidet. Gerade diese Zwänge machen jede kleinste Zeitspanne für fremde Zwecke verfügbar und lassen keinem die Zeit, sich Gedanken über seinen Zustand zu machen. Die Misere des Arbeitsprozesses, die man tristesse ouvrière (Arbeitertraurigkeit) nennt, läßt eher Abwehrmechanismen sich entwickeln, die verhindern sollen, daß sich Traurigkeit durch das Bewußtsein ihrer ständigen Präsenz steigert. Günstiger als das konkrete punktuelle Leiden ist die Privilegienstellung des Studenten, der im Leerlauf des universitären Wissenschaftsbetriebes zwar die Antiquiertheit und den unerträglich autoritären Charakter der Lehr- und Lernmethoden unmittelbar, ebenso konkret-punktuell kennenlernt, zugleich aber Zeit und Möglichkeit hat, diesen Zustand zu einem konkret-allgemeinen zu machen, gesellschaftlich zu vermitteln. Das heißt: er ist in der Lage, die Verbindung der eigenen Misere mit der allgemeinen Weise zu sehen, wie bei uns ökonomisch die Arbeit organisiert, die Produktion gelenkt, die Verteilung gesteuert – und wie politisch geherrscht wird. Der Student weiß paradoxerweise besser als diejenigen, die im industriellen Produktionsprozeß stehen, wie schlecht es mit diesem Produktionsprozeß bestellt ist. Er weiß zunächst besser als der Arbeiter, wie schlecht es den Arbeitern geht.

Die Paradoxie ist in Wirklichkeit keine. Sie ist es so wenig, daß nicht nur im konfliktfreudigen Frankreich Parolen und Analysen der Studenten von den Arbeitern aufgegriffen und praktisch gemacht wurden. Nicht nur im streikfreudigen Italien verband sich die permanente Streikbewegung in der Industrie rasch mit der Protestbewegung an den Universitäten – wie man weiß, meist hinter dem Rücken der parlamentarisch tätigen Arbeiterparteien. Selbst in Westdeutschland, dem Land der Marcusischen Arbeiterintegration, begannen Studentendemonstrationen und -argumentationen Verständnis zu finden – hier allerdings gegen den offenen Widerstand der Gewerkschaften und der SPD – fast ausschließlich eben in der jungen Arbeiterschaft, deren Sozialisation und Eingewöhnung noch nicht vollzogen ist.

Aber es gibt dafür nicht nur psychologische Gründe. Die Paradoxie ist auch deshalb keine, weil in der zunehmenden Technisierung des Alltags und in der zunehmenden Verwissenschaftlichung der Produktion sich objektiv eine komplexe Einheit zwischen Wissenschaft und Industrie, zwischen Universität und Betrieb herstellt. Die staatlich organisierte Verwertung des Kapitals geht einher mit einer staatlich dirigierten Arbeit der technisch-wissenschaftlichen Vorbereitung und Forschung. Dadurch nähert sich die Lage des Studenten der Lage der Arbeiter an. Die Produktionsbedingungen der wissenschaftlichen Forschung werden immer mehr Formen und Inhalte der Arbeiterwelt übernehmen. Das gilt in verschärftem Maße für die neueren, fortgeschrittenen, das heißt an die technologischen Forderungen angepaßten Universitäten. Die Übereinstimmung zwischen Forschung, Studium und industriellem Produktionsprozeß ist in ihnen deshalb noch augenfälliger.

Genauer besehen, ziehen die Studenten nur nach, wenn sie im Bereich ihrer Arbeit spezifische Formen des Klassenkampfes entdekken. Gegenüber diesem objektiven Sachverhalt ist es sekundär, daß die Studenten aus bürgerlich-kleinbürgerlichen Familien stammen und in einer statischen Sicht keine Klasseneinheit mit der Arbeiterschaft bilden können. Nicht die „zoologische" Herkunft bestimmt die gesellschaftliche Stellung in der Herrschaftshierarchie und die Klassenzugehörigkeit, sondern die Stellung im Produktionsprozeß – und die dadurch bedingte Einschränkung in der Bedürfnisbefriedigung und in der Selbsttätigkeit. Der Versuch also, die ApO von den Universitäten ausgehend in die Arbeiterschaft hineinzutragen, oft dargestellt und ironisiert als die vergebliche Suche nach dem revolutionären Subjekt, wird bestimmt nicht scheitern an der angeblichen Grundverschiedenheit von Studium und Arbeit, noch an der verschiedenen Herkunft junger Arbeiter und Studenten. Beide stehen unter dem gleichen Druck; beide sind genötigt, unter Einengung ihrer Entfaltungs- und Selbstverwirklichungsmöglichkeiten zu leben. Gewiß ist die Annäherung auf der Ebene des Bewußtseins sehr schwierig

– zum Beispiel die subjektive Solidarisierung, die auf dem Programm des SDS steht und auch die Diskussion über die politischen Kampfmethoden der ApO bestimmt. Sie wird aber von der objektiven Situation begünstigt.

Insofern ist die Alarmstimmung der Herrschenden verständlich. Insofern ist ihr Versuch legitim, diese in Bewegung geratenen Kräfte rechtzeitig zu isolieren und auseinanderzutreiben. In diesem Punkt ist Fritz Berg besser informiert als die neo-positivistischen Sozio- und Ideologen. Fritz Berg weiß genau, warum er die Investitionen in Berlin von der Bedingung abhängig macht, daß Senat und Presse das Zusammenfinden von Studenten und Arbeitern verhindern. Die sogenannte Jugendrevolte erweist sich in einem geradezu schulbuchmäßigen Sinn als die Revolte zukünftiger Produktivkräfte gegen eine Produktionsweise und ein politisches Entscheidungssystem, welche sowohl die freiere Entwicklung der Einzelnen wie die rationalere Organisation der gesellschaftlichen Arbeit verhindern.

Die Desintegration der bestehenden Ordnung und das Experiment neuer Organisationsformen heißt die doppelte Aufgabe, die sich zumindest der bewußtere Teil der ApO stellt. Das verlangt auch eine doppelte Methode des Kampfes. Die Desintegration macht den Klassenantagonismus wieder sichtbar; das Experiment macht die Emanzipation schon jetzt praktisch. Die doppelte Aufgabe ist bestimmt nicht leicht. Wer bloß reformieren will, sich zu diesem Zweck der vorhandenen politischen, verfassungsmäßigen Organe bedient, braucht keine praktischen Experimente zu machen. Er begnügt sich in der Tat mit Plänen, Vorschlagen und Versprechungen. Die bewußt desintegrierende ApO muß eigene Integrationsformen entwickeln, also freie Organisationsformen praktizieren. Sie sollen den abhängigen Massen zeigen, daß die Abhängigkeit kein unabwendbares Schicksal ist, daß auch ohne Herrschaft produziert werden kann und daß Kinder auch ohne Paternalismus erziehbar und sozialisierbar sind. Die Demonstration – wenn man so will – die Straßenschlacht oder das Lächerlichmachen der Autoritäten ist nur die eine Seite. Die andere Seite findet sich in den antiautoritären Kinderläden, in der fraglos schwierigen Arbeit der Basis-Gruppen oder endlich in dem ebenso schwierigen Versuch eines neuen Verhältnisses der Geschlechter. Und man findet sie auch in dem inzwischen berühmtesten Experiment:

in der Reorganisierung der wissenschaftlichen Arbeit am Otto-Suhr-Institut (OSI) der Freien Universität Berlin. Frei von Bedenklichkeiten ist dieses nicht. Der Berliner Senat und die Mehrzahl der OSI-Ordinarien möchten vermutlich durch eine weitgehende, revolutionär scheinende Reform teils die studentische Bewegung beruhigen, teils durch Steigerung der Arbeitslust die Effizienz des Studiums erhöhen. Die linken Studenten hingegen probieren die reformerisch sich gebende Revolution. Sie wollen experimentell überprüfen, wie man herrschaftsfreie Arbeit organisiert und den im industriellen Prozeß unmittelbar stehenden Menschen zeigen, daß herrschaftsfreie Arbeit erstens möglich, zweitens effektiver ist. Dem Modell der Leistungsgesellschaft, das eine Produktionssteigerung nur durch Ausschöpfung der letzten menschlichen Kraftreserven und gleichzeitige Minderung der Lust am Leben für möglich hält, wird die Produktivitätssteigerung durch Selbstbestimmung der Produzenten und Befriedigung unmittelbarer Tätigkeitsbedürfnisse entgegengestellt. Daß die Vorlesungsstreiks und die Institutsbesetzungen nicht nur dazu dienen, studentischen Forderungen Nachdruck zu verleihen, sondern der Arbeiterschaft die ihr eigentümliche Weise des sozialen Kampfes in Erinnerung bringen sollen, sei nur nebenbei bemerkt.

Und doch kranken all diese Versuche an einem Mangel, der zugleich ein Verfassungsmangel ist – ein mit Verfassungsmitteln unabstellbarer, weil in der Struktur der Gesellschaft begründet, vom bürgerlichen Staat lediglich rechtlich reproduziert. Das politische System bietet einer fundamentalen Opposition, die den Antagonismus praktisch machen und die Freiheit experimentell vorwegnehmen will, keine günstigen Arbeitsbedingungen – wenn man von dem höhnisch gemeinten Vorschlag absieht, revolutionäre Ideen durch eine eigens dazu gegründete Tageszeitung zu propagieren.

Das letztere ist besonders wichtig. In einer Gesellschaft, in der allgemeiner Konsensus über Spielregeln herrscht, bei einer Bevölkerung, die sich gegen Außenseiter sperrt, wird die Außenseiterrolle der Oppositionellen dadurch zu einem permanenten Zustand, daß diese keine Öffentlichkeit haben.

Öffentlichkeit schaffen ist denn auch die sozusagen methodische Hauptparole der Außerparlamentarischen Opposition. Auch hier ist ein doppeltes gemeint. Erstens geht es wieder um die Praktizierung offener und jedem zugänglicher Formen der Willensbildung. Das *arcanum imperii*, das die Entscheidungen der staatlichen wie der gesellschaftlichen Führungsgruppen kennzeichnet (von den Arbeitskreisen des Bundestages über die geschlossenen Entscheidungsgremien der Ministerialbürokratie bis zu den Sitzungen der akademischen Senate; von den informellen Treffen von Partei- und Fraktionsführungsstäben über die Produktions- und Marktbeschlüsse der Betriebsleitungen bis zu den Geheimnissen eines schulischen Prüfungsausschusses) soll endlich aufgebrochen werden. Wie das Gegenmodell aussieht, kennt man zur Genüge aus der Praxis des SDS selbst, die schlimmste und nicht genehmigte Aktion in Vollversammlungen offen zu diskutieren und zur Entscheidung zu stellen.

Das andere aber heißt: Wir können nur dann wirksam werden, wenn wir uns Öffentlichkeit verschaffen. Hier gilt es, die gefährlichste Waffe des Gegners, nämlich das Verschweigen zu durchbrechen. Die Folgen dieser Haltung liegen auf der Hand. Aktionen und Experimente schaffen eine punktuelle Öffentlichkeit für die Beteiligten und die Zuschauer, aber noch keine allgemeine Öffentlichkeit. Sie greifen nur dann verändernd in den gesamtgesellschaftlichen Prozeß ein, wenn sie von der Gesamtgesellschaft zur Kenntnis genommen werden. Alle Desintegrationsstrategie wäre sinnlos, der Angriff auf die Autorität eines Rektors oder eines Betriebsleiters bliebe ein Spiel, und gerade die angestrebte Bewußtmachung von Konflikten bliebe aus, wenn die unmittelbare Beteiligung einiger weniger sich nicht ausweiten ließe zu der zunächst passiven, nur konsumierenden Präsenz von Millionen Zeitungslesern und Fernsehzuschauern. In dieser Sicht erscheint die Provokation als die unumgängliche Begleiterscheinung der Aktion, weil genau aufgrund des diffusen Konsumverhaltens – und natürlich auch um die Aktion zu diskreditieren – nur die Provokation öffentlich interessant ist. Hierzu ein kurzes Beispiel: Nicht-repressiv arbeitende Kinderläden werden bekannt erst durch die Vermittlung eingeschlagener Fensterscheiben des Familienministeriums oder durch ein – verfassungsbrechendes – go-in einiger Dutzende Kinder, Mütter und Väter in die Sitzung eines Abgeordnetenhauses. Und ein anderes Beispiel: Die größte „Feier" anläßlich des 50. Jahrestages der Oktoberrevolution, die – sagen wir – im Währungsbereich der Deutschen Mark stattfand, die Berliner

Kundgebung in der Hasenheide, blieb ohne jede Presseresonanz und ohne öffentliche Wirksamkeit, weil man anschließend vergaß, eine Straßenkreuzung zu besetzen. Erst durch die Vermittlung der praktischen Rebellion gegen die Straßenverkehrsordnung wäre etwas von den theoretischen Reflexionen über Bedeutung und Aktualität, über Fehler und Erfolge der russischen Revolution öffentlich geworden, die bei der Veranschaulichung zur Sprache kamen.

Unumstritten bleibt, daß Provokation, daß Ausschreitungen ambivalent sind. Sie schaffen Öffentlichkeit, können aber zugleich Sympathien verscherzen. Sie machen Konflikte bewußt, bieten aber auch die Handhabe, diese Konflikte schnell auf die Gegnerschaft der Mehrheit der Bevölkerung zur provozierenden Minderheit umzufunktionieren. Ein Teufelskreis der Unwirksamkeit? Es ist sehr die Frage, ob dieser Teufelskreis durch geduldige Informationsarbeit in kleinen Gruppen eher gesprengt wird als durch offene Auseinandersetzungen staatlicher Institutionen und gesellschaftlicher Machtzentren. Methodisch versucht die ApO, beides zu verbinden. Die offene Auseinandersetzung gewinnt auf dem Weg der geduldigen Informationsarbeit neuen Zulauf – und nur durch Informationen vorbereitete Gruppen der Bevölkerung können die Diffamierungskampagnen der Presse auffangen und neutralisieren. Die Ausschreitung selbst allerdings kann nicht abstrakt – aus legalistischen oder taktischen Motiven – abgelehnt und etwa durch die sattsam bekannte Sympathiewerbung ersetzt werden. Die Auffassung, eine derartige offene Unbotmäßigkeit und eine derart konkret praktizierte Gegengewalt stoße allemal auf Widerstand und Widerwillen der ganzen Bevölkerung, gilt ohnehin nur für die Situation des sozialen Friedens in einer hochkonjunkturellen Periode der Wirtschaft. Zeigt sich der soziale Friede als illusorisch, die Vollbeschäftigung als gefährdet, die Stabilität der Währung und die Ausgeglichenheit der Bilanz als Wunschvorstellungen, zeigt sich also das magische Dreieck des Spätkapitalismus als bloße Magie, so wächst auch das Verständnis für das provokative Verhalten.

Es wächst aber – wie viele Vorfälle der letzten Zeit zeigten (man denke nicht nur an Frankreich, man denke auch an den hessischen Chemiearbeiterstreik) – auch das Verständnis für angewandte, und nicht nur theoretisch einkalkulierte Gegengewalt. Und damit wären wir bei dem spektakulärsten Problem der ApO angelangt. Bei einer Vollversammlung in der Freien Universität Berlin meinte Helmut Gollwitzer, Gewaltanwendung sei für Sozialisten zwingend ein Problem. Nur für die Faschisten sei die Gewalt kein Problem. Die Unterscheidung ist fraglos richtig. Nur müssen auch ihre Implikationen mitgedacht werden.

Nichts wäre den Faschisten willkommener als eine Problematisierung der Gewalt, die jede wirksame Form des Widerstands unmöglich machen und der faschistischen Gewalt freie Bahn und ein leichtes Spiel verschaffen würde. Die Anwendung von Gewalt gegen Menschen ist in der Tat für einen jeden, der für Emanzipation des Menschen kämpft, nicht nur ein Problem, sondern einer der härtesten Widersprüche seiner Praxis. Vor fünfzig Jahren aber wurde schon zuviel über das Problem der Gewalt diskutiert: die Freikorps hatten sich schon längst in Bewegung gesetzt. Und man muß ernsthaft überlegen, ob nicht das legalistische und friedfertige Verhalten sowohl unmittelbar vor der Machtergreifung Hitlers wie während des Dritten Reiches sich mitschuldig machte an der ungehinderten Entfaltung der nazistischen Mordmaschinerie. Wer auf Gewaltanwendung von vornherein verzichtet, rettet vorsorglich sein Gewissen vor möglichen Konflikten, ohne jedoch das Problem der Gewalt gesellschaftlich zu lösen. Auf den Begriff gebracht heißt dies: Was die Problematisierung der Gewalt bei den Linken zum eigentlichen Problem macht, ist genau der Umstand, daß für ihre Gegner Gewalt kein Problem ist. Es kommt aber noch eine besonders fragwürdige, eine geradezu landesspezifische Seite hinzu.

Ein ausländischer Beobachter könnte angesichts der intensiven Gewaltdiskussion innerhalb der Oppositionsbewegung und angesichts der einhelligen Ablehnung außerparlamentarischer Gewalttaten seitens der Bevölkerung etwas verblüfft – und zugleich erfreut sein: Gilt doch das „Deutsche Volk“ im Ausland als Spezies, die in reichlichem Maße Gewalttätigkeit als Mittel der Politik anzuwenden pflegt. Liegt nun eine tiefgehende Sinneswandlung vor, beweist die, wie ein CDU-Vertreter sagte, „tiefe Abscheu vor der heimtückischen Tat” einer jungen Frau, die Kiesingers personale Würde mittels einer Ohrfeige verletzte, nicht, daß die Trommeln der Heimatvertriebenen mehr Schein und Schall denn Sein und Gefahr darstellen? Liest man aus gegebenem Anlaß unsere Zeitungen, so drängt sich manchmal der Schluß auf, daß nur die ApO nichts von der Vergangenheit gelernt hat, daß nur die ApO schlagen, zerschlagen und zusammenschlagen will.

Vermutlich deshalb werden die Gegner der ApO – auch wenn sie keine Freunde der Großen Koalition oder der Produktions- und Informations-Oligopole sind – nie müde, die sogenannten radikalen linken Kerntrupps mit dem Hinweis auf den schon erwähnten Faschismus vor der Gewalt zu warnen. Schon die Tatsache allerdings, daß die faschistische Gewalt gezielt zugunsten der Herrschaft und nie gegen die Herrschaft angewendet wird, zeigt, wie notwendig eine Differenzierung in der deutschen Situation ist – und daß das viele Reden gegen die Gewalt am Ende gar nicht so erfreulich ist. Denn im Bewußtsein der Öffentlichkeit in Deutschland wie in den Forderungen der Politiker, mögen sie nun Kiesinger oder Brandt, Schütz oder von Thadden, Hoppe oder Jäger heißen, verbietet sich die Methode der Gewalt nur für die Außerparlamentarische Opposition, für den demokratischen Protest, auf alle Fälle für sozialistische Umwälzungsversuche. Sie versteht sich aber von selbst für die Polizei, für die Richter, die unverhältnismäßig hohe Strafen willkürlich verhängen – oder für Ordnungsbürger, die neuerdings die Anweisung zur Gewalt sogar als Verfassungstext unter dem Arm tragen dürfen. Es ist schlicht die Infamie der konstituierten Ordnung zu nennen, daß sie mit der Feuerwaffe in der Hand ihre Gegner zur Gewaltlosigkeit auffordert.

Der ausländische Beobachter irrt sich also: Nicht die Gewaltanwendung gegen Personen und Sachen überhaupt wird in Deutschland als unmenschlich oder kriminell angesehen, sondern nur diejenige Gewalt, die sich gegen die Gewalt im privaten, gesellschaftlichen oder staatlichen Bereich, gegen die Gewalt einer nach wie vor brutalen Gesellschaft wendet. Daher auch das unbewußte Doppelspiel des Mannes auf der Straße; er bezeichnet die studentischen Steinwürfe als Verbrechen und schlägt als Sühne vor, die Studenten allesamt ins KZ zu schicken und zu vergasen.

Fraglos ist die Diskussion über die Zulässigkeit der Gewaltanwendung innerhalb der Außerparlamentarischen Opposition wichtig. Hier beginnt sich die ApO strategisch in zwei Richtungen zu scheiden. Für den größten Teil ihrer Vertreter wird die Gewaltanwendung nicht als Frage der Strategie betrachtet, sondern als Frage der jeweiligen taktischen Einschätzung ihrer Wirksamkeit für oder gegen Solidarisierungsprozesse. Davon war schon die Rede. Für die andere Richtung stellt die Gewaltlosigkeit die verbindliche strategische Richtlinie dar, von der nicht abgewichen werden darf. Sie knüpft Emanzipation und Gewaltlosigkeit untrennbar zusammen und interpretiert die Geschichte der Revolution als die Geschichte eines permanenten Scheiterns, das durch die permanente Reproduktion der Gewaltsamkeit bedingt wird. Wer revolutionäre Gewalt anwendet, könne sich auch nach der Revolution nicht mehr von ihr trennen. Der ersten Richtung scheint dies jedoch nicht nur eine Abstraktion zu sein, sondern zugleich eine Rechtfertigung für den Rückzug ins Private. Häufig geht die Theorie der Gewaltlosigkeit in die Passivität des kritischen Verhaltens gegenüber den Aktionen der anderen über. Und in der Tat sind bisher von den Vertretern der Gewaltlosigkeit keine konkreten alternativen Aktionsvorschläge gekommen und auch keine Praxis, keine aus der eigenen Position hervorgegangene, gesellschaftlich wirksame Provokation.

Die Scheidung an der Frage der Gewalt ist allerdings nicht das Wichtigste. Tiefer ist die Trennung der Oppositionellen an der Einschätzung der Funktion bürgerlich-konventioneller, von der Verfassung vorgesehener Formen der Politik. Eine aufklärerisch orientierte ApO, der es primär auf die radikale Demokratisierung des Verfassungsstaates ankommt, wird notwendigerweise zu einer anderen Strategie kommen, als eine Opposition, die von einer kritisch materialistischen Theorie ausgeht. Die letztere wird den Parlamentarismus nicht an seinen möglicherweise realisierbaren Gehalt messen, sondern nach seiner praktischen Transformation zu einem Instrument der ökonomischen und sozialen Herrschaft einschätzen. Und diese Trennung ist deshalb so wesentlich, weil sie sozusagen am Fundament der Außerparlamentarischen Opposition selbst stattfindet. Die konkrete Frage lautet, ob in der langfristigen Perspektive des revolutionären Prozesses eine andere Strategie als die der Verweigerung der Mitarbeit in konstituierten Organen überhaupt möglich ist, auch wenn diese Mitarbeit – etwa als oppositionelle Fraktion des Bundestages – kurzfristig Erfolge verspricht: eine erhöhte

Publizität zum Beispiel, oder eine unmittelbare Präsenz gerade in den nicht öffentlich tagenden Entscheidungsgremien, oder gar eine erhöhte Respektabilität und Honorigkeit, die das Odium des Außenseiters abbaut.

Es geht konkret darum, ob die demokratischen und sozialistischen Kräfte, die demnächst sich zu einer Wahlpartei formieren wollen, noch zur außerparlamentarischen Opposition gehören. Denn diese Opposition findet ihre spezifische Qualität, ihr Unterscheidungsmerkmal nicht im zeitweiligen Ausgeschlossensein von der parlamentarischen Tätigkeit und von der Regierungsmöglichkeit. Sie ist ApO nicht, insofern sie sozialistisch opponiert, sondern weil sie außerparlamentarisch die radikale sozialistische Veränderung anstrebt. Daher zielt sie nicht auf einen Einbau in den konstitutionell vorgesehenen Apparat der politischen Herrschaft und damit auf die Chance einer Revolution von oben, einer durch normale legislative Arbeit herbeigeführten Umwälzung. Vielmehr sieht sie ihre eigene emanzipatorische Funktion darin, jenseits des vorhandenen Apparats eigene Entscheidungs- und Handlungszentren zu entwickeln, die von unten her wirken. Eine außerparlamentarische Opposition, die ins Parlament will, verliert ihre eigene Qualität und wird eine systemadäquate Kraft, die vielleicht durch die 5%-Klausel, nicht aber durch eine theoretisch begründete Strategie sich genötigt sieht, außerparlamentarische Opposition zu betreiben.

Das hat Folgen auch für die Aufgabe, die sich von nun an der ApO stellen wird: für die Organisationsfrage. Die Aktualität dieser Frage zeigt sich an zwei auseinanderlaufenden Erscheinungen. Während auf der einen Seite die Revolution müde geworden ist, eine Ruhepause einzulegen scheint, bedingt durch die physische Erschöpfung der Protagonisten, ist sie gleichzeitig allgemeiner geworden. Vor zwei Jahren gab es nur den SDS und den Berliner Republikanischen Club als Träger einer konsequenten Kampfansage gegen die etablierte Herrschaft. Heute bilden sich selbst bei einem katholischen Kirchentag oppositionelle Gruppierungen, deren Radikalität sehr in die Nähe der Fundamentalopposition gerät. Die Desintegration entwickelt sich beinahe von selbst als Antwort auf Formierung und Konzertierung der Gesellschaft. Im Musterland der parlamentarisch-demokratischen Verfassung, im gelobten Land der freiheitlich-demokratischen Grundordnung; ist keine einzige politische, wissenschaftliche, gewerkschaftliche Tagung mehr vor den Feinden der Ordnung der „Demokratie" und des Parlamentarismus – sprich also vor den Feinden der Herrschaft – sicher. Wie soll das zusammenfassende Organisationsprinzip all dieser disparaten Kräfte und Gruppen sein?

An der Organisationsfrage zeigt sich die gleiche Widersprüchlichkeit, die in der widersprüchlichen Einstellung zum Parlamentarismus liegt. Beides ist miteinander verbunden. Die nicht-parlamentarische Strategie fordert einen eigenen Organisations- und Disziplintypus, der die gezielte Störaktion einzelner, dezentralisierter Gruppen ebenso ermöglicht wie die langfristige Bewußtmachung und Aktivierung der Massen. Beide Ziele zu vereinigen, wird nicht gerade leicht sein. Eines steht aber organisationstheoretisch fest: Keines der beiden Ziele läßt sich verwirklichen mit einem Verbandstypus, der strategisch an der Erhöhung parlamentarischer Präsenz (schlicht: an einer Erhöhung der Bundestagsmandate) sich orientiert und damit – ob man will oder nicht – in den Sog der Entwicklung zur Wahlpartei geraten wird. Beteiligung am Parlamentarismus verlangt eine bestimmte soziale Verhaltens- und politische Aktionsweise. Die Parlamentspartei will nicht desintegrieren, sondern legislative Arbeit machen. Es liegt nicht in ihrem Interesse noch in der Verbesserung ihrer Funktionalität, Massen durch Bewußtmachung ihrer Situation aktiv zu radikalisieren. Vielmehr muß sie eine passive Radikalisierung zu erreichen versuchen; das heißt: sie wird aus ihr eine passive Wahlkonsumentenmasse machen, die sich für radikale Kandidaten entscheidet. Ihre ganze Organisation wird zwingend den Charakter des Apparats annehmen, in den sie sich einbauen will. Sie muß für die Einheitlichkeit des Images ebenso sorgen wie für die Einheitlichkeit des Auftretens bei Wahlversammlungen und im Parlament. Das Wichtigste aber ist, daß sich das Verhältnis zwischen der Organisationsführung und den Mitgliedern auf die Erfordernisse der periodischen Wiederholung der Wahlen einpendelt: einheitliche Mobilisierung der Mitglieder für den Wahlkampf – und zwar nach den von der Führung festgelegten pragmatischen Richtlinien. Eines Tages ist es dann soweit: Aktion und Provokation werden abgesagt, weil Wahlen vor der Türe stehen; der Generalstreik wird abgebrochen, weil der Präsident der Republik die Kammer aufgelöst und Neuwahlen ausgeschrieben hat. Die permanente Mobilisierung zunächst des Einzelnen, langfristig der Massen, setzt hingegen eine Organisationsform voraus, in der die spontane Aktivität freigesetzt wird und in der das Verhältnis zwischen avantgardistischen Kadern und dezentralisiert spontanen Gruppen sich zugunsten der Letzteren verschiebt. Theoretisch bedeutet dies: eine zu einer Wahlpartei gewordene, konstitutionell festgelegte ApO entwickelt sich nach rechts zum Bürokratismus hin, eine ApO, die strategisch außerparlamentarisch bleibt, entwickelt sich nach links.

Das ist nicht nur für den Erfolg der revolutionären Strategie wichtig. Noch wichtiger ist dieses Organisationsprinzip für den Erfolg der Revolution selbst. Wenn Revolution Emanzipation der Massen bedeutet, so gilt es (wir haben es schon gesehen) in der Organisierung des revolutionären Prozesses die Freiheit prospektiv zu verwirklichen, das heißt aber ein möglichst hohes Maß an Abweichung und Ungehorsam in die gesellschaftlich notwendige Disziplin einzubeziehen. Innerhalb der ApO hat wohl Peter Brückner am klarsten die Notwendigkeit der dialektischen Verbindung von Disziplin und Ungehorsam, sei es für die Organisation der Umwälzung, sei es für die Organisation der emanzipierten Gesellschaft, gesehen. Außerhalb der ApO wird man die Frage wohl nicht einmal verstehen können, weil die Negation negativ aufgefaßt wird, der Ungehorsam als Verbrechen, die Disziplin nicht als notwendiges Moment des Produktionsprozesses, sondern als Grundelement der gesellschaftlichen Anpassung.

September 1968

Die Schnelligkeit des realen Prozesses
Vorläufige Skizze eines Versuchs über Adornos historisches Ende

Ist das Zeitalter der Interpretation der Welt vorüber und gilt es sie zu verändern, dann nimmt die Philosophie Abschied. (Adorno)

I.

In der Debatte über die Regierungserklärung des ersten sozialdemokratischen Kanzlers der BRD am 29. Oktober 1969 deutete Rainer Barzel an, die CDU, ohnehin „die Herausforderung des moralischen Rigorismus" der jungen Generation bejahend, betrachte sich als parlamentarische Vertreterin der „kritischen Vernunft". Man könnte diese Äußerung als weltgeschichtlichen Wendepunkt in der sonst provinziellen Wirklichkeit der westdeutschen Politik erfreut zur Kenntnis nehmen, ließen sich Barzels Worte mit dem konkreten, ökonomischen, sozialen, kulturellen Inhalten einer sich als kritisch bezeichnenden Vernunft in Verbindung bringen. Die Entwicklung einer kritischen Vernunft, deren Verdichtung und Praktizierung als kritische, negative Theorie der Gesellschaft, waren bislang eine Sache nicht der parlamentarischen Opposition, sondern der gesellschaftlichen Negation, also eine Sache der Linken. Und sie waren jahrelang Sache – und Verdienst – Theodor W. Adornos. Daß Barzel von kritischer Vernunft spricht und sich selber meint, grenzt insofern an Leichenfledderei. Daß er aber die Leichenfledderei in die Pragmatik einer konterrevolutionären Politik einbringen kann, zeigt Widersprüche in der Sache selbst auf.

Die Widersprüche lassen sich nicht abstrakt aus dem Denksystem selbst ableiten. Wichtiger ist das Verhältnis des Denksystems zur eigenen, von ihm intendierten und mit bedingten Wirklichkeit. Das gilt vor allem, wenn das Denksystem als Wissenschaft sich nicht für die empirische Bestandsaufnahme und die nachträgliche Rechtfertigung des Bestehenden interessiert, sondern dessen Überwindung anstrebt und die Realität negiert, um sie voranzutreiben. Der hintergründige Anspruch einer solchen Wissenschaft liegt in der Identifikation mit dem realen Prozeß selbst. Da aber dieser Prozeß nicht flach verläuft, sondern stetige Veränderung mit einschließt, begründet sich der Anspruch erst durch die Fähigkeit, in der Negation des Vorhandenen ebenso stetig den realen Prozeß zu antizipieren.

Inwiefern sich die negierende Antizipation in der unmittelbaren Praxis an der Basis der Gesellschaft (in der Produktionssphäre) äußert oder zunächst in anderen Bereichen tätig wird, läßt sich nur geschichtlich, dem realen Prozeß und seinen Bedingungen entsprechend, entscheiden. Hier klären sich Stelle und Stellenwert der Intellektuellen. Die geschichtliche Erfahrung der revolutionären Praxis zeigt, daß es immer Übergänge zwischen intellektueller Antizipation und konkreter Emanzipation gibt – und daß freilich die Übergänge zur Voraussetzung haben, daß die theoretische Arbeit nicht langsamer wird als die Entwicklung der gesellschaftlichen Wirklichkeit selbst.

II.

Nur in der Rückschau wird begreiflich, warum die kritische Theorie in der gesellschaftlichen Reproduktion der Nachkriegszeit eine organisatorische Funktion innerhalb der Linken ausüben konnte. Die Reproduktion fiel mit der kapitalistischen Rekonstruktionsperiode zusammen, so daß die Spannung zwischen den produktiven Kräften und den wiederhergestellten Verhältnissen sich objektiv durch den konjunkturellen Aufschwung auffangen, subjektiv durch die manipulativ-moralisierende Verpflichtung der Massen auf die Wiederaufbauarbeit verschleiern ließ. Die kritische Theorie durchschaute diese Beziehung und war also ihrer Zeit voraus. Die Umstände zwangen sie aber, den Klassenkampf dort wieder in Gang zu bringen, wo er sich allem Anschein nach zurückgezogen hatte: in dem akademisch-kulturellen Bereich der Ausbildung linker Kadergruppen gegen rechte Eliten. Organisatorische Arbeit hieß zunächst – und richtig – Organisation der Kultur. Und die Widrigkeit der politischen Atmosphäre zwang sie auch dazu, behutsam vorzugehen und Vorsicht zu üben.

Wohlgemerkt: retrospektiv und sozusagen im Licht der entfachten Verfolgung der demonstrativen Praxis läßt sich heute feststellen, daß die Vorsicht im durchaus vorhandenen kämpferischen Impuls politisch und geschichtsmäßig übertrieben war. Unmittelbare Gefährdung der kritischen Theorie fand in der Rekonstruktionsperiode nicht statt: so sehr auch Teile der Presse gleich von Anfang an Protest gegen die mutmaßlichen intellektuellen Störfaktoren der nationalen Einigkeit anmeldeten, die Zwangsmittel des bürgerlichen Staats richteten sich doch fast ausschließlich gegen die vermuteten Störer der kapitalistischen Reproduktion – gegen die organisierten Kommunisten. Die Anspannung aller produktiven Kräfte ließ die philosophisch sich gebende Auseinandersetzung als etwas Sekundäres, Belangloses erscheinen. Zu konkreten Warnrufen kam es am ehesten noch im wissenschaftlichen Sektor selbst. Nicht, daß da an revolutionäre Folgen der Adornoschen Dialektik gedacht worden wäre. Man befürchtete vielmehr, daß die „Frankfurter Schule" der optimalen Entfaltung der „wahren" positivistischen Wissenschaft im Wege stünde und, hintergründig, auch die optimale Einbeziehung der jungen intellektuellen Produktivkraft in einen wirtschaftskonformen, technologisch angepaßten Forschungsbetrieb behinderte. Aber, und beim damaligen Stand der gesellschaftlichen Bewußtlosigkeit verständlich: niemand im Herrschaftsapparat des Kapitals oder im Kontrollapparat des öffentlichen Lebens kam auf den Gedanken, daß Adornos Engagement für die Dialektik und gegen die neopositivistische Ideologie etwas zu tun hätte mit der Zeugung des berühmten Maulwurfs, der laut Marx und nach vielfacher geschichtlicher Kenntnis zunächst philosophisch gräbt. Dies um so mehr, als die kritische Theorie sich sprachlich und gegenständlich leicht ästhetisierend gab; und überdies aus der gebotenen Vorsicht sehr bald ein Prinzip der eigenen Konstitution machte.

Das bedeutet: die theoretische Antizipation der Praxis konnte in ihrer umwälzenden Qualität nicht zum Vorschein kommen, weil – sei es als Tarnung, sei es als Selbstverständnis – die Kritik sich nicht zur Praxis drängen wollte. Politische Praktiken waren keineswegs ausgeschlossen. Sie bleiben allerdings – auch dies gehört zur geschichtlichen Vorsicht – im Rahmen einer Verteidigungsstrategie gegen immer drückender werdende ökonomische Expansion und staatliche Involution. Vermutlich beginnt schon hier der Widerspruch, und die Realität läuft dem kritischen Bewußtsein davon. Jedenfalls ist es fraglich, ob Adorno persönlich die eigene antizipatorische Komponente mitreflektierte und beim Fortschreiten des realen Prozesses, das heißt beim wieder manifest werdenden Grundwiderspruch zwischen Produktivkräften und Produktionsverhältnissen den Anfangsanspruch fortschreitend immer wieder von neuem einlöste: negierend seiner Zeit voraus zu sein. Seine spätere Empörung gegen die polemische Zuordnung der „Gewaltaktionen" zu seiner wissenschaftlichen und Lehrtätigkeit mag darauf hinweisen, daß seine Kritik nicht als Maulwurf gemeint war, nicht als Waffe, die sich im Steinwurf und in den roten Fahnen fortsetzt. Und es mag durchaus sein, daß seine Empörung auch eine andere Berechtigung hatte. Der Umschlag der Reflexion in Aktion zerstörte in der Tat die Vorsicht der kritischen Theorie auch dort, wo sie im Forschungsbetrieb eine konkrete strategische Funktion ausübte: Die Wirksamkeit des akademischen Kampfes gegen die servants of power (J. H. Baritz) schien durch die Militanz der Studenten kompromittiert zu sein; die Chance einer linken Besetzung der wissenschaftlichen Bastionen des Kapitals schien weitgehend zerstört. Daß die Realität schneller wurde als die Kritik, hat soziale und ökonomische Ursachen, die mit den Mitteln der kritischen Theorie nicht ganz zu fassen sind, und zwar genau aus dem soeben angegebenen Grund: Adornos Denken schloß die selbstkritische Infragestellung des eigenen kategorialen Apparats mit ein (sonst wäre es nicht dialektisch gewesen), zugleich aber den konkreten Praxisbezug auf den kritisierten Kapitalismus aus (womit es seine materialistisch-dialektische Eigenschaft schließlich doch abstreifte). Das zeigte sich bei Adorno, und es zeigt sich bei vielen seiner Schüler im widersprüchlichen Verhältnis zum bürgerlichen Staat, den die kritische Theorie zumindest in den liberal-rechtsstaatlichen Teilen aus Gründen des hilflosen Antifaschismus (Haug) bejahen möchte, ohne zu bedenken, inwiefern gerade die Liberalität und die vormalige Rechtsstaatlichkeit solcher Teile durch die Symbiose Kapital/Staatsapparat hinfällig geworden sind oder Betrugsfunktionen übernommen haben. Die kritische Theorie hatte das Kapital zwar keineswegs vergessen, auch wenn ihre Vorliebe mehr dem kulturellen oder dem allgemeinen Unbehagen bei den Folgeerscheinungen einer rigorosen und rücksichtslosen Kapitalverwertung galt. Politisch und praktisch aber kaprizierte sie sich immer mehr auf staatliche Mißstände und Mißbräuche, die als Verfälschung von „an sich" guten öffentlich-rechtlichen Instituten betrachtet und bekämpft wurden. Statt zu antizipieren, begann sie zu lamentieren. Wie immer, wenn der reale Prozeß die Reflexion überholt, ging das nicht ohne Rückfall ins restaurative Wunschdenken zurück – zum Beispiel in die Tendenz, reine parlamentarisch wahre, tolerante Demokratie wiederherzustellen. Der Godesberger Parteitag der SPD, der Ausschluß des SDS, die Spiegel-Affäre, Erhards völlig bedeutungslose Ausfälle gegen Dichter und Denker, die Große Koalition: All diese vordergründigen Vorfälle wurden als Etappen des Abbaus der Demokratie, als schreckliche Ereignisse denunziert und mit einer gespenstisch anmutenden Flut von Protestresolutionen beantwortet. Dahinter indessen spielte sich Wichtigeres ab: Die Zirkulationsstörungen des Kapitals machten die brutale Eigenschaft der herrschenden Produktionsweise klar und entwikkelten deren historische Tendenz, aus dem normalen Stabilitätsbedürfnis zu faschistischen Formen der sozialen Organisation zu treiben.

Hier, wo der Beginn des Widerstandes und also die Vermittlung zur Praxis hätte stattfinden sollen: an der Stelle, an der „die Jugend" sofort eingriff, weil sie als unmittelbar von Rezession und Repression betroffene Produktivkraft – und eben dank der kritischen Vorbereitung – schnell Bewußtheit entwickelte, blieb Adorno hoffnungslos zurück. Den Widersprüchlichkeiten der kulturellen Sphäre und damit verbunden – des eigenen Demokratieverständnisses verhaftet, scheiterte er an dem Ausbruch der realen Widersprüche. Er sah wohl das Verhältnis Protestaktion-Polizeireaktion richtig; hörte wohl die Schüsse auf Ohnesorg und Dutschke. Er registrierte dabei aber nur die von ihm selbst entdeckte Krisensituation, die Anzeichen und die Ansätze des Polizeistaats, die Unmoral der politischen Führungsgruppen, die Moralität der Auflehnung. Er kehrte den eigenen Materialismus idealistisch um und verwechselte ideelle Größen mit der Realität. Die fortschreitende Realität: das waren an diesem Schnittpunkt die explodierenden Kräfte, die – zunächst als studierende, durch Universitätsstruktur und Ordinarienherrlichkeit eingezwängte Jugend, sehr rasch aber als arbeitende, durch den kapitalistischen Betrieb unterdrückte Jugend – die Schranken der unerträglichen Verhältnisse wieder bewußt erreicht hatten und nunmehr begannen, die kritische Negation zu verwirklichen. Mit dieser Verwirklichung hatte Adorno sehr viel zu tun. Fraglos trug er entscheidend zur Mobilisierung der Produktivkraft Zukunft bei, die tatsächlich zunächst als idealistisches Potential in Bewegung gesetzt worden war. Darin liegt denn auch seine – ganz und gar verdienstvolle – Verantwortung für die gewalttätigen Demonstrationen, das heißt Beweisführungen einer sich anbahnenden revolutionären Periode. Und gleichzeitig hat Adorno in der historischen Perspektive nichts mit der Verwirklichung der Negation zu tun. Denn er hatte in der jungen Generation, die durch seine Schule ging und aus seiner Schule kam, lediglich die politische Hoffnung gesehen, die den autoritären Tendenzen in Staat und Gesellschaft unter Umständen und in besonderer, nämlich besonnener Form hätte Widerstand entgegensetzen können; aber nie und nirgends galt sie in seinem Kalkül und in seiner Perspektive als Produktivkraft, die sich gegen den sozialen und ökonomischen Zwang zur Selbstkasteiung zur Wehr setzt und gegen die ökonomische Beschneidung der eigenen Leistungsfähigkeit und die Konsumverdummung materiell aufsteht.

III.

Damit ist auch der Schnittpunkt der inzwischen vollzogenen Instrumentalisierung einer vormals kritischen Negation gegeben. Dadurch, daß der Adornismus die Gewaltsamkeit des Aufstands gegen ein gewalttätiges System in die zu kritisierenden Mißstände einbezog, verlor er seine praktische Qualität; gab nicht nur den Anspruch auf, die Wirklichkeit zu verändern, sondern wurde zu einem Bestandteil der Gesellschaft, aus der er ausbrechen wollte. Ihm blieb nichts anderes als der Versuch übrig, den realen Prozeß in das reine und rein zu erhaltende Freiheitsphilosophem positiv zurückzuholen. Und ihm blieb im Verlauf der eigenen Involution gar nicht erspart, die Negation nur noch positiv, nur noch gegen die praktische Kritik zu üben und der losgelassenen Verfolgungsmeute die ersehnte Kampfparole zur freien Verfügung zu stellen: die „kritisch-theoretische" Parole des „Linksfaschismus". Es wäre gewiß unbillig, Adorno und die ganze kritische Theorie für Habermas' ignoranten Einfall verantwortlich zu machen. Es besteht dennoch ein Identifikationsverdacht, zumal der nach polizeilicher Ruhe und Ordnung rufende Adorno sich offensichtlich mit der Befürchtung identifizierte, „linksfaschistische" Gefährdung des Bestehenden läge vor. Auf jeden Fall identifiziert sich die ganze kritische Theorie mit den Thesen vom scheinrevolutionären und somit verwerflichen Charakter der Jugendrevolte. Die Thesen selbst sind nicht von Belang. Ins Gewicht fällt vielmehr die sich dahinter verbergende Methode, die – mit Analogieschlüssen arbeitend, undialektisch materielle Inhalte abstreifend – die Totalität plötzlich vergißt, nur Segmente einer Bewegung herausgreift und empirisch verifizierbare historische Formen und Typen formallogisch generalisiert. Am Ende der Laufbahn rächt sich die kritische Theorie solchermaßen am davongelaufenen realen Prozeß und begibt sich grimmig in die Nähe jenes Positivismus, der den realen Prozeß mit logischer Stringenz leugnet.[1]

Das ist das eine. Das andere wird erst in der politischen Vermittlung deutlich und betrifft die engere Instrumentalisierung, den politischen Gebrauch der kritisch-theoretisch vorgetragenen Absage an die revolutionäre Praxis. Als brauchbar erweist sich nicht die bloße abstrakte Ablehnung, wenngleich man sich gern auch ihrer bedient (etwa in der Betonung, selbst Adorno, selbst Habermas, selbst die linken Wissenschaftler seien gegen den Demonstrantenterror). Schlimmer ist, daß der wissenschaftliche Anspruch der kritischen Theorie – die Dialektik als Gesamtrationalität – jederzeit in die Defensivstrategie des Kapitalismus eingebracht werden kann – und schon längst eingebracht worden ist. Die sogenannte Irrationalität, Emotionalität, Blindheit („blinder Aktivismus" als Bezeichnung für eine Tätigkeit, die sich das Bewußtmachen der Wirklichkeit durch die Provokation ihres latenten Antagonismus vornimmt) der revolutionären Bewegung, also ihre angebliche Inkonsistenz wird anhand der kritisch gelieferten Argumente „bewiesen", diese Beweise freudig in das Arsenal der präventiven Konterrevolution aufgenommen. Darin überholt auch methodologisch die Realität den kritischen Ansatz, indem dieser ironisch-dialektisch gezwungen wird, affirmativ zu sein. Der Vorwurf gegen die positivistisch gefaßte Rationalität, sie sei für alle „Wertsysteme" verfügbar, konkret: für alle ökonomischen und sozialen Interessen dienstbar zu machen, gilt derart am Ende auch für eine Theorie, die – als kritische Kontemplation – die eigene Indifferenz gegenüber der Praxis genau in der Form der freimütigen Distanz zu dem von ihr eingeleiteten Prozeß bestätigt. Unversehens etabliert sie sich förmlich als bequemes, günstig funktionierendes linkes Gewissen der spätkapitalistisch organisierten Gesellschaft. Sicherlich bleibt ihr die Indezenz der Verfügbarkeit erspart, die den Positivismus auszeichnet. Ihre Instrumentalisierung hat stets einen lokal-prekären Gebrauchswert. Und sie behält insofern eine spezifische Negation der unmittelbaren Organisationsinteressen des Kapitals, als ihr die Eigenschaft des Prinzips „Sozialtechnik" abgeht, dessen sich moderne sozialdemokratisch-reformistische Gesellschaftsplanung ebenso bedienen kann wie modern „umgestaltete" faschistische Gesellschaftsformierung. Verfügbar bleibt sie für die Unterdrückung emanzipatorischer Bewegungen, in der sie als negative Stütze der umfassenden Jasagerei verwertet wird.

IV

Durch das Davonlaufen der realen Kräfte wird der Abstand der vormaligen Lehrer zur Avantgarde doppelt widersprüchlich. Doppelt – und doppelzüngig – in der ambitionierten Charaktermaske des beteiligten Wohlwollens. Dieses setzt selbst die Grenzen des Statthaften fest und postuliert es als Reduktion der Tätigkeit auf die interpretatorische Totalerkenntnis einer totalen gesellschaftlichen Misere. Die kritische Theorie versteht die Praxis nur noch als Aufklärung, und das heißt nach eigenem Eingeständnis als Betrug. Widersprüchlich, weil der Betrugscharakter nicht in der Absicht besteht, sondern im internen Bruch: all das, was an Vermittlungen und Kategorien im Lauf der Jahrzehnte produziert wurde, kann nur noch als Bauelement zur Rekonstruktion der aus den Fugen geratenen Ordnung benutzt werden. Im Grunde eine Ironie: Die bürgerliche Gesellschaft möchte gern die unbotmäßig gewordene Jugend in die Schule zurückschicken, die die Unbotmäßigkeit propagierte. Denn die Lehrer, die zur Transzendierung des Bestehenden aufriefen, raten jetzt dringend zur Immanenztreue. Die kritische Theorie ist gegenüber dem von ihr freigesetzten Potential zu einem Verhältnis geworden, das sich, obzwar mühsam, in die Produktionsverhältnisse des Spätkapitalismus eingefügt hat.

Wiederum vollendet sich da ein Teil der Geschichte der bürgerlichen Gesellschaft: Der gallische Hahn hat sich in die Eule der Minerva zurückverwandelt. Eine Gestalt ist im Leben wieder alt geworden, die grau in grau nicht mehr verjüngen, sondern nur noch nachdenken kann. Die hinterlassene Schule setzt den ängstlichen Rückzug vor der Realität fort – immer unter dem alten Namen, hinter dem die Mutation vor sich gegangen ist.

Insofern berichtete vor einiger Zeit die Presse falsch: Ein Professor namens Adorno habe bei der Besetzung der kritischen Theorie seitens der praktischen Kritik sich an die Obrigkeit gewandt. Wer da nach der Polizei rief, war nicht mehr Adorno, sondern schon sein Nachfolger.

1969

1 Vgl. dazu: Th. W. Adorno, *Soziologie und empirische Forschung*, in: *Wesen und Wirklichkeit des Menschen. Festschrift für H. Plessner*, Göttingen 1957, S. 245 ff.

Zur Parlamentarismus-Diskussion in der Bundesrepublik

Thesen für die Tagung Sektion „Theorie" der Deutschen Vereinigung für Politische Wissenschaft, im Oktober 1968 in Erlangen.

I.

Ein „Forschungsbericht" über den Stand der Parlamentarismus-Diskussion in der Bundesrepublik Deutschland, der der Sektion „Theorie" vorgelegt werden soll (und nicht etwa der Sektion „Innenpolitik"), muß sich vorbehaltlich einer Klärung des Begriffes Theorie und seiner politologisch gesellschaftswissenschaftlichen Implikationen – wohl mit der Diskussion über „Wesen und Wert" (wie Kelsen sagen würde), das heißt, über Struktur und Funktion des parlamentarischen Regierungssystems beschäftigen. Leider muß der Referent gleich eingangs feststellen, daß es in dieser Hinsicht zwar viel zu erforschen, aber sehr wenig zu berichten gibt!

Kennzeichnend dafür ist die knappe Seitenzahl, die Kurt Kluxen in seinem Parlamentarismusband[1] (einem idealtypischen Abriß der Parlamentarismus-Diskussion) der „Theorie des Parlamentarismus" einräumt. Ebenso kennzeichnend ist der historische Charakter und die Dürftigkeit der dort abgedruckten Beiträge („...und die ganze Wahrheit ... besagt, daß repräsentatives self-government ein hohes und edles Bemühen ist", E. Barker, bei Kluxen S. 63); und nicht minder interessant endlich, daß so wichtige theoretische Arbeiten wie die von Leibholz, Friesenhahn und Schumpeter als spezielle Abhandlungen, und nicht als theoretische Parlamentarismus-Analysen erscheinen.

Dürftigkeit zeichnete aber auch die Parlamentarismus-Diskussion auf der Heidelberger Tagung der Vereinigung aus. All diesen Bemühungen gemeinsam ist die deutliche Scheu vor einer Theorie, die, als Theorie, welche einzelne Ergebnisse in einem gesamtgesellschaftlichen Bezugsrahmen auswertet, zweierlei leisten sollte:

Erstens, eine genaue Fassung der Funktion der einzelnen Organe eines bürgerlich verfaßten Staates und der Funktion des Staates in der bürgerlichen Gesellschaft liefern[2] – wobei die Strukturen dieser Organe nicht anhand verfassungsrechtlicher oder geschäftsordnungsmäßiger Maßstäbe aufgezeigt werden sollten, sondern eben im Blick auf ihre Funktion.

Zweitens, und gerade in dieser Perspektive der gesellschaftlichen Funktion die übliche Orientierung am „Unterschied zwischen Verfassungsrecht und Verfassungswirklichkeit" als belanglos ansehen und statt dessen zwischen Verfassungsregeln und Entscheidungsmechanismus, zwischen Verfassungsstruktur und Herrschaftsstruktur unterscheiden und sich mit dem wichtigeren, konkreten Teil dieser Begriffs- und Sachverhaltspaare beschäftigen.

II

Die Scheu vor der Theorie hat teils ideologische, teils methodologische Gründe. In den Kontext der Ideologie gehört auch die sozialpsychologisch verständliche Wendung der älteren Politologie zur Affirmation der konstituierten Ordnung. Es handelt sich um einen eigentümlichen Gewissenskonflikt (deutlich bei Ernst Fraenkel, in geringerem Maße bei Löwenthal zu beobachten): um die Befürchtung, die kritische Haltung der Wissenschaft in der Weimarer Zeit gegenüber den Problemen des Parlamentarismus, die damals geäußerten Zweifel, das Fehlen des vorbehaltlosen Bekenntnisses zum Verfassungsstaat und zu dessen Organen habe zum Untergang der ersten deutschen parlamentarischen Demokratie beigetragen. Bei den jüngeren Politologen könnte das Desinteresse am Grundsatzproblem mit dem Desinteresse an Strukturveränderungen des politischen Systems zusammenhängen. Wichtiger ist – für die Ergebnisse – die fraglos politisch als sinnvoll erscheinende, weil konservative, beinahe durchgängige Identifikation der Wissenschaft mit ihrem institutionell vorgegebenen Gegenstand der „freiheitlich-demokratischen Grundordnung", das ist konkret: mit dem konstituierten (und konstitutionellen) Herrschaftsapparat. Nicht etwa, daß dadurch Problematisierung gänzlich ausgeschlossen wäre. Nur wird die Affirmation und die affirmative Wissenschaft sich sehr selten um gesamtgesellschaftliche Analysen kümmern, da die Beschäftigung mit politischen Praktiken sich vorwiegend an geglaubten Normen orientiert oder an Normen, an denen man auf Grund der politischen Opportunität festhält. Sie wird sich vielmehr die größere Effizienz des Apparates zum Gegenstand machen, sei es in normativer Absicht (etwa Wilhelm Hennis' moralisierende Reformanalysen), sei es in technologischer Perspektive (Verbesserung der Arbeitsmethode der Verfassungsorgane und technologisch adäquate Formen der Interorganbeziehungen etwa bei Friedrich, Lohmar, Altmann, zum Teil auch in EricVoegelins politischer Theologie, die wiederum erstaunlich modern-technokratisch ist).

Daß aber die wissenschaftliche Arbeit (die recht umfangreiche, wenn man auch die Referate der Studenten, die Diplomarbeiten, die Dissertationen dazurechnet) keinen theoretischen Charakter hat; daß viel über Parlamente, Regierungen, Gesetzgebungsarbeit, Einflüsse etc. geforscht und geschrieben wird, wenig über Parlamentarismus; daß sich aus der Fülle der Monographien keine konkret-allgemeinen Folgerungen ziehen lassen, scheint mir methodologische Gründe zu haben. Eine Diskussion darüber impliziert freilich eine Diskussion über den logischen Empirismus, über Dialektik – und am Ende darüber, ob Theorie sinnvoll ist.

Empirische Analyse – deren Wert für wissenschaftliche Arbeit gar nicht bestritten wird, deren Stellenwert allerdings genauer untersucht werden müßte, hat immer Verfahren, Tatbestände, Mechanismen und Institutionen als Gegenstand. Daher auch ihre reichen Beiträge zur Strukturklärung, vor allem hinsichtlich des Funktionierens einzelner staatlicher Institutionen und Organe. Eine Klärung der Funktion solcher Organe im politischen Entscheidungsprozeß (und das ist m.E. die wesentliche Basis einer Theorie des Parlamentarismus) kann sie nicht leisten. Sie will es vermutlich auch nicht, weil Funktionsanalyse zuweilen zur Negation führt. Gemeint ist hier die gesellschaftlich-materiale, nicht die formal-institutionelle Funktion. Eine Ausnahme bildet hier Otto Kirchheimer, der allerdings den Parlamentarismus in seiner jetzigen Form keineswegs umfassend betrachtet.

Gerade die mangelnde theoretische Perspektive der politologischen „Empirie“ und der „empirisch gesicherten Befunde“ bewirkt sozusagen als Nebeneffekt den wissenschaftlichen Leerlauf in den vielfältigen Untersuchungen; anders gesagt: den Charakter des Wissenschaftsbetriebs: Politologen schreiben für Politologen. Nebenbei muß in diesem Zusammenhang auch die Diskrepanz zwischen den reichen Verbalismus der empirischen Methodologie und dem beinahe grob sinnlichen Empirismus der Monographien erwähnt werden – auch eine Folge, eine methodologisch vermittelte, der fehlenden Parlamentarismusdiskussion.

III.

Ideologie und Methodologie widerspiegeln objektive Verhältnisse. Das Zurücktreten der theoretischen Diskussion zu Gunsten empirisch begründeter Reformvorschläge, und einer auf erhöhte Effizienz abzielende Forschungsarbeit hat Ursachen, die die Wissenschaft transzendieren. Hier findet sich auch der wesentliche Unterschied zur Lage der politischen Reflexion (und der Staatswissenschaften) der Weimarer Zeit.

Von einem Sekundärbereich ausgehend: Affirmation (und Absage an kritische Forschung über das „System“) in der Wissenschaft reproduziert die Zustimmung zu konstituierter Ordnung, wie sie in der öffentlichen Meinung auftritt. Im Primärbereich, an der Basis der Gesellschaft: Es scheint in Westdeutschland zu einer „Versöhnung“ zwischen Kapitalismus und bürgerlich verfaßtem Staat gekommen zu sein, die die westdeutsche Gesellschaft auf das Niveau anderer bürgerlicher Gesellschaften gehoben hat. Das scheint allerdings nicht ohne Forderungen des Kapitals an den Staat (dies als abgekürzte Formel) gegangen zu sein. Die sogenannte Verlagerung der Entscheidungsbefugnisse vom Parlament auf das Kabinett im englischen Regierungssystem ist in der Politologie bekannt. Nicht immer bekannt ist indessen, daß solche Verlagerung sehr genau zusammenstimmt mit dem Prozeß einer zunehmend staatlich gesicherten Verwertung des Kapitals. Diese Verwertung – immer weniger marktautomatisch, immer mehr technologisch bedingt und geplant – macht eine Form der staatlichen Vermittlung notwendig, die den herkömmlichen Verfassungsrahmen des parlamentarischen Regierungssystems sprengt. Die Reform des Parlamentarismus geht in dieser Richtung – in Richtung einer ideologisch und institutionell tragbaren Verbindung von Parlamentarismus und Technokratie. Aber auch hier wirkt sich das Verhältnis in theoriefeindlicher Weise aus: Die technokratische Wendung scheint mit der ideologisch-wissenschaftlichen Aufrechterhaltung parlamentarischer Fiktionen verbunden zu sein – das heißt: Sie verlangt erst recht, daß über den Parlamentarismus nicht diskutiert wird. Dies ist übrigens in Westdeutschland der Fall, weniger in Frankreich.

Eine Parlamentarismus-Diskussion findet sich am ehesten noch in jenen Randbezirken der Sozialwissenschaften, die unter dem Namen „kritische Theorie" bekannt sind. Es handelt sich um kritische Ansätze, die – eine praxisbezogene Parlamentarismus-Theorie intendierend – zugleich auf eine Revision der herkömmlichen Parlamentarismus-Vorstellungen des Marxismus aus sind: also Revision der Marxschen, noch mehr der Engelsschen Ansichten über die „demokratische Republik" und deren klassenkampfgünstigen politischen Charakter; aber ebenso Revision der parlamentarismusfreundlichen Anleitungen des Leninismus. Damit verbunden ist eine Differenzierung in der Diskussion, die auch politische Aspekte hat. Die „institutionalisierte" marxistische Parlamentarismus-Theorie kennt jedenfalls noch keine neue Funktionsanalyse und bleibt immer noch bei den alten Schemata eines „sowohl guten wie schlechten" parlamentarischen Systems stecken („Imperialismus heute"; „Die Macht der Hundert"). Bezeichnenderweise stimmt der tradierte Marxismus allmählich mit der Methodologie der politologischen Affirmation überein und will z.B. den kapitalistischen Charakter des Bundestages an den empirisch-quantitativ meßbaren Daten seiner sozialen Zusammensetzung; an der Zusammenarbeit von Parlamentsausschüssen und Lobbys; an dem ebenso quantitativ feststellbaren Übergewicht der Exekutive usw. verifizieren. Nebenher zeigt diese Diskussion eine neue Form des Auseinanderfallens der Theorie und Praxis in der marxistisch orientierten Emanzipationsbewegung: Auf der einen Seite parlamentarisieren sich die westlichen kommunistischen Parteien zusehends; auf der anderen Seite entdeckt die kritische Theorie des

Parlamentarismus die außerparlamentarische Strategie. Eine Annäherung scheint sich in der Folge der CSSR-Ereignisse anzubahnen. Die Orientierung an der tradierten Strategie bewirkte ein affirmatives Verhalten, das nunmehr erschüttert wurde. Daher die nach dem heutigen Stand der Parlamentarismus-Diskussion in der deutschen Politologie gänzlich unerwartete Wendung: daß gerade die sowjetische Intervention gegen den „Reformkommunismus" in der kommunistischen Bewegung des Westens keineswegs zu einer Stärkung der Parlamentsorientierung geführt hat, sondern dazu, daß wieder „auf die Revolution gesetzt" wird.

Der Referent will damit auf den (in gewisser Hinsicht, die nicht die seine ist) unerfreulichen Sachverhalt hinweisen, daß die kritische Parlamentarismus-Theorie dabei ist, einen Zugang zur politischen Praxis zu finden.

Anmerkungen

1 Kurt Kluxen (Hg.): Parlamentarismus, Köln/Berlin 1967.

2 Ad exemplum: K. Loewensteins Definitionen der „echten parlamentarischen Regierung" (bei Kluxen unter „Theorie des Parlamentarismus" figurierend auf S. 66) ist glänzend-klassisch. Sie beschreibt aber nur die statische Zuordnung von Organen, ohne über deren soziale Funktion und deren Stellenwert im politischen Entscheidungsprozeß etwas auszusagen.

Kommunardenhaft und Anarchistenbekämpfung
Zur Verfolgungsstrategie in Westdeutschland

Von Metternichs Demagogenverfolgung über Bismarcks Sozialistengesetze bis zur bundesstaatsanwaltlich verkündeten Abwehr gegen anarchistische Umtriebe kennt die deutsche Geschichte eine solide Tradition in dem Versuch, Emanzipation zu verhindern. Allen Verfolgungen gemeinsam ist die richtige Einschätzung des antagonistischen Charakters der Gesellschaft und der Notwendigkeit, allerlei politischen Kitt zu ihrem Zusammenhalt zu erzeugen. Für Integration reichen Gemeinschafts- und Vaterlandsideologien nur dann aus, wenn die internationale politische Lage die Ablenkung gesellschaftlicher Oppositionstendenzen nach außen gestattet. Es gelingt aber selten, antagonistische Gruppen durch den äußeren Feind allein zu integrieren und gegen Befreiungsbewegungen im Inneren mobil zu machen. Der äußere Feind kann eines Tages zum Verbündeten werden. Oder die internationale Lage läßt eine klare Identifikation des außenpolitischen Bösen nicht zu. Wirksamer und zuverlässiger ist die Erzeugung eines inneren negativen Integrationselements: der soziale Friede – die Garantie für die Existenz der Herrschaft – ergänzt sich im Popanz des sozialen Feinde.

Zwischen der Demagogenverfolgung im vorigen Jahrhundert und der Sozialistenverfolgung im kaiserlichen Deutschland einerseits, der „Kommunisten" und „Anarchisten"-Verfolgung in der Bundesrepublik andererseits gibt es allerdings einige Unterschiede. In der Entwicklung der Produktivkräfte vollzieht sich der Übergang von einer feudal-absolutistisch organisierten, handwerklich produzierenden zu einer spätkapitalistischen Gesellschaft, die im gleichen Maße Abweichungen vom Normalverhalten abweist, in dem sie sich staatlich disziplinieren und organisieren muß. Politisch und sozialgeschichtlich spezifizierend liegt zwischen ihnen als Disziplinierungs- und Organisationsversuch der Faschismus.

Die „klassische" Reaktion geht gegen Emanzipationsbewegungen mit den normalen Mitteln eines Staates vor, der sich an die eigenen

Gesetze und an das eigene Prinzip hält. Veränderungen in der Verfassung, in der Gerichtspraxis, allgemein im Überbau kommen nicht vor. Das Verbot der SPD führte im kaiserlichen Deutschland nicht zum Mandatsverlust der sozialdemokratischen Abgeordneten und zu keinem Verbot der Wahlbeteiligung. Erst der Faschismus führte als neue Praktik den Verfassungsbruch als Normalfall der Politik ein (Nazismus); oder die Verwandlung des anti-emanzipatorischen Terrors in eine Verfassungsnorm (italienischen Faschismus). Das Verbot der kommunistischen und sozialistischen Parteien verband sich automatisch mit der Annullierung eines freien Wahlentscheids: die „Verbotenen" verloren ihre Mandate. Die sogenannte „militante Demokratie" des Grundgesetzes übernahm diese Methode und machte aus ihr geradezu das Fundament den Verfassungsschutzes: „keine Freiheit für die Feinde der Freiheit", keine Mandate für Kommunisten und kein Wahlrecht für deren Wähler.

Mobilisierung der „Anständigen"

In die Verfolgungspraktiken den nachfaschistischen Verfassungsstaates ging aber auch die materielle Methode der Faschisten ein: auch hier, anders als im vorigen Jahrhundert und im alten liberalen Staat, wird heute die Bevölkerung zum „Schutz der Verfassung", zum Widerstand gegen den Widerstand, zum Kampf gegen die Befreiung aufgerufen. Wie erinnerlich, fand der Faschismus seinen eigenen „demokratischen Stil" in der plebiszitären Aufhetzung der Bevölkerung gegen das negative Integrationselement. Die faschistische Form der „Beteiligung" der Massen an der Politik liegt darin, Bevölkerungsgruppen vorstaatlich oder parastaatlich zur direkten Bekämpfung emanzipatorischer Massen, möglichst aber schon emanzipatorischer Avantgarden aufzustacheln: die Herrschaft wehrt den Anfängen der Freiheit.

In der Koppelung der rechtlichen Terrorpraktiken mit den parastaatlichen entsteht das faschistische Regime. In der Koppelung dieser zwei Methoden bei den Kommunisten - und Anarchistenverfolgungen in Westdeutschland und in Westberlin (also: im Währungsbereich der DM und im Profitbereich des westdeutschen Kapitals) zeigt sich die geschichtliche Kontinuität und die Kontinuierlichkeit der gesellschaftlichen Funktion des bürgerlichen Staates.

Der Feind ohne Eigenschaften

Als drittes Kennzeichen faschistischer Praktiken kommt – im nachfaschistischen Staat allerdings viel stärker als früher – der Generalklauselcharakter der Verdammung zur Geltung. Eine genaue Bestimmung der „Feinde der Demokratie" gibt es nicht. (Die grundgesetzliche Bestimmung über die demokratische innere Ordnung der Parteien wird von keiner einzigen Partei konkret beachtet, so dann es von dieser Seite hier in der BRD nur Feinde der Demokratie im Parlament sitzen). Es gibt nur die diffuse Anprangerung all derjenigen, die bei einem oppositionellen Verhalten, Denken oder Handeln förmlich erwischt werden. Daher die polizeiliche und gerichtliche Willkür in der Verfolgung der Täter – und die damit verbundene Rechtsunsicherheit; für den Opponenten hört die vielgerühmte Sicherheit auf, daß der frühmorgens klingelnde Mann ein Milchmann sei. Als Kommunist wurde bis Anfang der 60er Jahre ein jeder verdächtigt und der polizeilich-gerichtlichen Sonderbehandlung zugeführt, der generell „im Gegensatz zur deutschen Politik" stand (so in einem Urteil der Großen Strafkammer den LG Lüneburg 1961, bei L. Lehmann, Legal & Opportun, S. 57). „Kommunismus" galt also als Synonym für alle Formen der Kritik und des Widerstandes gegen geltende Politik, gegen Regierungsmethoden und -entscheidungen, gegen parlamentarische Manöver, gegen den Zwang zum Wohlverhalten. In der Sicht ideologisch extrem-faschistischer Verbände (wie z.B. der Moralischen Aufrüstung) geriet auch die Sexualität in den Geruch des Kommunismus: als Mittel, die Anständigkeit der „freien Menschen" zu zersetzen.

Kommunisten - Anarchisten

Heute allerdings hat sich einiges geändert. Der „Feind" heißt jetzt „Anarchismus", auch wenn der Gegenstand des Hasses der gleiche geblieben ist. So daß gegen den neuen Feind sich die alten Kampfgefährten wieder finden: Verfassungspolizei, OSI-Professoren, Springerjournalisten, Grass-Poeten, NPD-Propagandisten. Die Unbestimmtheit der politischen Anklage zeigt die Parallelität der jetzigen Maßnahmen gegen die Anarchisten mit der Kommunistenverfolgung der 50er Jahre. Das sollte auch den heute wieder legalisierten westdeutschen Kommunisten zu denken geben, die sich leicht und schnell in den Mechanismus der bürgerlichen Observanz einzuordnen scheinen und unter dem als leninistisch ausgegebenen Vorwand der Auseinandersetzung mit dem „Linksradikalismus" in den allgemeinen Chor der Verteidigung von Ruhe und Ordnung einfallen. Mit „Anarchisten" sind nach wie vor auch sie gemeint, auch wenn sie vorläufig und bis zum ersten Zeichen der Unbotmäßigkeit von der Verfolgung suspendiert werden.

Der Wechsel von der Kommunisten- zur Anarchistenverfolgung hat natürlich mehrere Gründe. Einmal hat sich der Antikommunismus militanter Prägung trotz CSSR-Intervention verbraucht. Teils hat sich die Bevölkerung daran gewöhnt, teils befinden sich die kalten Krieger international auf dem Wege zur Koexistenz. Die Anerkennung der DDR vor der Tür und eine DKP im Haus, läßt sich Antikommunismus nur noch als Spektakel, nicht mehr als Verfolgung praktizieren. Der Fall Angenfort ähnelt sehr einem Betriebsunfall, oder einer schnell noch herbeigeführten Abrechnung, bevor Lübke das politische Zeitliche segnet und der integer-integrierte Heinemann beginnt zu amnestieren. Kunzelmann, Langhans und Teufel aber galten vor einem Jahr noch ebenso als Kommunisten wie Dutschke, Ulbricht oder Mao. Die Verlegenheit der SED und der DDR-Behörden gegenüber solchen Identifikationen wird noch in Erinnerung sein. Heute scheut sich selbst die Bild-Zeitung vor der direkten, ausgesprochenen Angleichung; einige Reste sind höchstens noch in der NPD-Presse zu finden, die zu spät kommt oder – zugleich – mit der Fortführung der Identifikation und mit der Subsumierung der Altkommunisten unter den Anarchistenbegriff schon die mögliche Linie eines wiederaufgenommenen Antikommunistenverfahrens zeigt. Zweitens: Der Altkommunismus war illegal und im Untergrund tätig, die Illegalität versperrte ihm den Weg in die Aktion. Dadurch wurde er zu einem sonderlichen, gefährlich-gewaltlosen Popanz umgebaut, für den Geheimdienste, Verfassungsschutz, Werkschutz, DGB-Organe und Telefonabhörung zuständig und ausreichend waren. Die Praxis der Ausschreitung war den Altkommunisten ohnehin nur eine vage Erinnerung an frühere Kampfzeiten: bei der fatalen machtvoll-friedlichen Demonstration gegen die NS-Gesetze in Bonn fielen sie als ruhig-disziplinierte geschlossenen Gruppen im hektischen Demonstrationszug auf. Sie schritten und schreiten gemessen dahin, nie aus. Schon deshalb gelang dem diffusen Antikommunismus der 50er Jahre die Integration ohne aktive „Beteiligung" der Bevölkerung. Die stille Faschisierung konnte sich unauffällig und ungesehen weiterentwickeln, da kein Anlaß zur Manifestierung gegeben war. Mit den Neukommunisten, nunmehr Anarchisten reichen die bisher eingesetzten Ordnungskräfte nicht mehr aus: da sie nicht nur wühlen, sondern Hügel aufwerfen (Marx), müssen Bereitschaftspolizisten, Tränengas Knüppel und demnächst auch Schußwaffen dazukommen.

Kommune 1 – Exemplarische Anarchisten

Daß dabei mit besonderer Verbissenheit auf die Kommune 1 insistiert wird, erklärt sich aus dem exemplarischen Charakter der K1. Dieser Charakter ist zwar für die Emanzipationsbewegung überholt: in der Reflexion und in der Praxis wurde die Organisationserfahrung der K1 weitergetrieben und ihre ursprüngliche Form in politisch adäquateren Experimenten verändert. Doch hat die K1 für die Konsumenten des bürgerlichen Kommunikationssystems nach wie vor einen besonderen Stellenwert. „Kunzelmann und Langhans" sind keine einzelnen, sondern Symbole, die durch negative Integration nicht mehr vermittelt zu werden brauchen, weil sie diese physisch verkörpern: Sie stellten ein Konzentrat all dessen, was der Kleinbürger als hassenswert empfindet, weil es seine politische Untertänigkeit und seine ökonomische Rolle als Produktions- und Konsumptionstier enthüllt. Ebenso verwerflich sind die Symbole für den organisierten Kapitalismus, der die staatlich betriebene Eingliederung einen Jeden braucht und das exemplarische des Ausscheren aus dem Leistungssystem besonders fürchtet. Für den kleinbürgerlichen Zeitungsleser mag noch die feuilletonistische Seite der K1 entscheidend sein; für den Kapitalismus und dessen Büttel (Presse, Polizei und Justiz) sind lange Haare nur als Mittel interessant, den moralisierenden Schweinehund im korrekten Menschen aufzuregen. Daß das Leistungsprinzip gebrochen und das Lustprinzip proklamiert wird, bedroht indessen die Profite. Man hat keineswegs vergessen, daß der Prozeß, der eines Tages die von der K1 selbst als nicht existent betrachteten Arbeiter wieder zur emanzipatorischen Praxis führen wird, mit der Tätigkeit der K1 begann. Die Kunzelmänner zerbrachen als erste die Kruste des bürgerlichen angepaßten Verhaltens und das Monopol des Bürgers auf Strassenbenutzung, des Staates auf die Strassenverkehrsordung. Das wichtigste ist, daß – mit der K1 anfangend – von seiten der revolutionär gewordenen Bewegung nicht mehr abstrakt von Demokratie, sondern von Emanzipation am Arbeitsplatz, im Alltag und in der Gesellschaft gesprochen, nicht mehr nach demokratischen „Spielregeln", sondern emanzipatorisch gehandelt wurde. (Es hat freilich lange gedauert, bis Demonstranten dahinter kamen, daß Diskussionsargumente keine Argumente gegen den gewalttätigen Staat sind; und daß Steine gegen Knüppel Denksubstanz haben und Rationalität wieder herstellen).

Selbstentlarvung der Verfolgungsstrategie

Um so dringender wurde die Verfolgung. Gegen eine Desintegration, die an der Basis der Gesellschaft stattfand und stattfindet, genügt die Veränderung im Überbau des parlamentarischen Regierungssystems nicht mehr, die sonst voll ausreicht zur Neutralisierung des demokratischen Protestes. Daher auch die Bereitstellung faschistischer Mittel und die Anwendung faschistischer Methoden. Der Polizeipräsident von Westberlin ging in einem verwaltungsgerichtlich bestätigten, rechtlichen Rahmen vor, der sowohl die Durchführungsbestimmungen zu den NS-Gesetzen vorpraktizierte wie auch die zukünftige kontitutionelle (da parlamentarisch-mehrheitlich durchgesetzte) Weiterfaschisierung des Staates vorbildhaft vorwegnahm. Er verhängte schlicht den Ausnahmezustand mit totalem Demonstrationsverbot, willkürlichen Hausdurchsuchungen, Behinderung der rechtsanwältlichen Tätigkeit, permanentem Polizeieinsatz und Vorbeugehaft. Der Parlamentspräsident von Westberlin, zugleich DGB-Chef, sorgte für die andere Seite und verkündete die permanente Mobilisierung der „Arbeitnehmer“ zum Schutz der Institutionen des Staats der Unternehmer. Es kam zwar nicht – wie von den Herrschenden sichtbar gehofft – zur „Zerschlagung der APO, so oder so“. Aber es kam zur Offenbarung: das „Regierungsystem“ zeigte sich in seiner wirklichen Form: als Regime.

1969

Die Berliner Linke

Aus der italienischen Arbeiterzeitung „L'emigrante in lotta"

Die italienischen Arbeiter in Berlin sind nicht immer in der Lage, die Aktivität der linken Gruppen, die in Berlin operieren, richtig zu verstehen, obwohl sie oft mit ihnen gemeinsam gegen den kapitalistischen Untenehmer und den kapitalistischen Staat kämpfen. In der folgenden Analyse werden wir versuchen, eine genaue, eingehende Untersuchung der Situation und der Probleme der Berliner Linken zu leisten.

Wenn wir von der Berliner (der Westberliner) Linken sprechen, wollen wir uns nicht auf traditionalistische Organisationen wie die deutsche Sozialdemokratie beziehen, deren autoritäre Rückentwicklung gerade in Westberlin ihre äußerste Grenze erreicht hat; ebensowenig auf die Sozialistische Einheitspartei Westberlin (SEW), die kommunistische Partei, die in dieser Stadt aktiv ist, deren politische Bedeutung praktisch gleich null ist und deren Perspektiven, samt und sonders auf die Stärkung der internationalen Position der Deutschen Demokratischen Republik und der Sowjetunion ausgerichtet, unsere Fragestellungen und Kämpfe nicht betreffen.

Wir beziehen uns hingegen auf jene Kräfte und politischen Gruppen, die in den letzten Jahren bei den Kämpfen der Arbeiterjugend und der Studenten gegen das repressive System der kapitalistischen Gesellschaft und des kapitalistischen Staates entstanden sind. Es handelt sich um Gruppen, die als „außerparlamentarische Opposition" bekannt sind, bekannt also auf Grund ihrer Weigerung, mit sei es staatlichen, sei es parteilichen Institutionen und Mechanismen zusammenzuarbeiten, die – als parlamentarisches Regime und als in die Regeln dieses Regimes eingebundene Parteien – immer deutlicher beweisen, daß sie einfache Machtmittel der herrschenden Klasse sind, wahre Disziplinierungsinstrumente der Unternehmer, die die Massen der Arbeiter ausbeuten.

Um die Situation der Berliner Linken, insbesondere der Beteiligung der Studenten wegen, zu verstehen, ist es notwendig, eine grundlegende Bemerkung an den Anfang zu stellen: Die Berliner Studenten haben schon vor langer Zeit den ideologischen Zustand überwunden, der in der Studentenbewegung das Zentrum der Revolution sah und erkennen an, daß nicht die Studenten oder allgemein die Jugend, sondern daß das Proletariat die einzige Kraft ist, die den Befreiungskampf in den kapitalistischen Ländern wirksam vorantreiben kann. Deshalb hat sich die neue Berliner Linke die – zweifellos heikle und schwierige – Aufgabe einer Annäherung und eines organisatorischen wie theoretischen Bündnisses zwischen Studenten und Arbeitern gestellt, wobei beide als (gegenwärtige und zukünftige) Produktivkräfte angesehen werden, die gleichermaßen vom Kapitalismus ausgebeutet werden. Die Bedeutung dieser Aufgabe, die Notwendigkeit, sie zu erfüllen, um zu einer revolutionären Lösung zu gelangen, wird in einem bekannten Satz von Winschuh illustriert, einem der wichtigsten Vertreter der deutschen Unternehmer: „In Deutschland gibt es bis jetzt keine Revolutionsgefahr, auch wenn es wirtschaftliche Krisen geben wird. Nur wenn die Intellektuellen und die Arbeiter sich vereinigen, wird die Mischung explosiv werden."

Wie die italienischen Arbeiter, die in Westberlin arbeiten, gut wissen, ist in dieser Stadt die Aufgabe, eine solche „explosive Mischung" herzustellen, außergewöhnlich kompliziert. Weite Teile der Arbeiterklasse haben noch nicht das hohe Niveau des Bewußtseins und des politischen Wissens des italienischen Proletariats erreicht, sondern verharren in einer Position der Anpassung an die Bedingungen, die von den Unternehmern und den politischen Zielen der bürgerlichen Gesellschaft diktiert werden. Im Grunde gelingt es den deutschen Arbeitern noch nicht, die Bedeutung der sogenannten Revolte der Jugend zu erfassen, und um so weniger die revolutionären Perspektiven, die die Neue Linke entwickelt hat. Eine Ausnahme bilden die jungen Arbeiter, die Lehrlinge und die jungen Techniker, die (im Unterschied zur alten Generation, die von Hitler kaputt gemacht wurde) das heftige Bedürfnis fühlen, sich von der Ausbeutung und den Übergriffen einer stumpfen, erstickenden Gesellschaft zu befreien.

Das Hauptproblem, das nach der revolutionären Explosion von 1968 auftauchte, ist jetzt, die diffusen Kräfte der Opposition in einer organisierten Bewegung neu zu ordnen, wobei man genau verstehen muß, daß es nicht der unmittelbare Ausbruch der Ungeduld ist, der die radikale Veränderung einer Gesellschaft bewirkt, sondern ein Ausbruch, der von einem hohen Grad an Bewußtheit, politischer Organisation und gesellschaftlicher, technischer und ökonomischer Vorbereitung der Massen begleitet wird.

Auf den ersten Blick scheint die Berliner Linke einen chaotischen Haufen von Vereinigungen, Komitees und parteilichen Gruppen darzustellen. Ohne Zweifel ist dies ein Faktum, das natürliche Ergebnis einer spontanen Entwicklung von sozialen Kräften, die sich immer direkt an den Orten der Arbeit und der Tätigkeit formiert haben – also in den einzelnen Fabriken (betriebliche Basisgruppen), in den einzelnen Stadtvierteln (Basisgruppen), in den Schulen und Berufsschulen (die verschiedenen Schulgruppen) und in den Akademien und Universitäten Berlins (zum Beispiel die Roten Zellen der Universität). Die Fraktionierung drückt jedoch auch die Differenzierungen und Differenzen aus, die auf dem organisatorischen Feld entstanden sind, und bezieht sich also auf die Unterschiedlichkeit der taktischen und strategischen Kampfperspektiven. Davon unberührt bleibt – als Punkt der Einheit –, die Weigerung, an der gängigen Politik des bürgerlichen Staates teilzunehmen, und die Bereitschaft jeder Gruppe zur Praxis des direkten Kampfes gegen Reaktion und Konterrevolution. Vor allem aber das Bewußtsein des implizit reaktionären Charakters des sogenannten parlamentarischen Weges zum Sozialismus. Hierfür ist jede Demonstration ein Beispiel mehr: die Marxisten-Leninisten mit den Basisgruppen vereint, mit den Trotzkisten, den Studenten der Roten Zellen, mit den Lehrlingen usw. An dieser Praxis des Kampfes nimmt auch unsere Vereinigung aktiv teil, die Unione Emigrati Italiani Progressisti (eine Gruppe italienische Arbeiter und Studenten in Berlin: Kommunisten, Sozialisten und Anarchisten). In der Fraktionierung lassen sich zur Zeit zwei Grundtypen revolutionärer Organisation erkennen. Eine erste Gruppierung knüpft an die revolutionären Traditionen und Erfahrungen des Leninismus, und – allgemein – an die „Mao TseTung-Ideen“ an. Die Organisationsperspektive folgt der Linie der Lehre der leninistischen Partei, die gemäß den Erfordernissen des Klassenkonfliktes im modernen Kapitalismus, der sich in den letzten Jahrzehnten parallel zur Ausweitung des Imperialismus ausgedehnt hat, neu interpretiert wurde. Ihre Hauptmerkmale sind der demokratische Zentralismus und die Schaffung einer echten Parteiorganisation mit zentralen Kommandoorganen. Es handelt sich also um eine Gruppierung – zusammengesetzt aus theoretisch gebildeten Genossen, die an den Kämpfen der Vergangenheit aktiv teilgenommen haben – die sich auf traditionalistischen Positionen plaziert, jede sozialdemokratische, revisionistische Konsequenz der alten kommunistischen Parteien jedoch zurückweist, das heißt deren Degeneration in bürokratische Integrationsapparate ablehnt. Die Praxis dieser Gruppen, die auf die Wiedererrichtung einer revolutionären, marxistisch-leninistischen Partei der Arbeiter abzielen, wird durch die besondere Situation Berlins eingeschränkt: Angesichts des Charakters der Arbeitermassen bleibt nur die Aktivität der Massenagitation und der politisch-kulturellen Formation der Kader, in der Erwartung des Ausweges in Gestalt einer ökonomischen und gesellschaftlichen Krise. Hieraus entsteht ein gewisser Attentismus, der sich darum bemüht, zu erkennen, an welchem Punkt der Gesellschaft und wann mögliche soziale Widersprüche aufbrechen werden, und weniger darum, den praktischen Ausbruch des Klassenkampfes zu provozieren.

Die zweite große Gruppierung – auch sie gebildet aus verschiedenen sozialen und organisatorischen Gruppen, einheitlich auf eine militante Praxis orientiert –, deren Kern aus Genossen besteht, die in den Fabriken und den Roten Zellen der Universität aktiv sind, geht von der deutlich anderen Sichtweise aus, daß es sich zum aktuellen Zeitpunkt des Kampfes nicht hauptsächlich darum handelt, in Erwartung der großen Krise disziplinierte Kader zu formen. Vielmehr geht es darum, jede einzelne Konfliktsituation voranzutreiben, indem jede Möglichkeit genutzt wird, die aus den schweren Widersprüchen des ökonomischen und gesellschaftlichen Systems des Kapitalismus resultiert, und indem man sich aktiv in den ständigen Prozeß der Widersprüche selbst einmischt. Die Organisation der Massen muß deshalb eine Entwicklung sein, die gleichzeitig mit dem Kampf abläuft, und keine Konstruktion, die von zentralen Kadern ausgetüftelt wird. Das Vertrauen in die Arbeitermassen und in die Möglichkeit der Massen selbst, über die spontane Rebellion in Richtung auf eine klare, allgemeine Strategie der sozialen Revolution hinauszugehen, bildet die theoretische Basis dieser Gruppen, die sich als kommunistische Linke bezeichnen lassen.

Die kritische Seite dieser zweiten Gruppierung liegt in der Schwierigkeit, die extreme Dezentralisierung zu überwinden, die ihren Grund in der Bindung der einzelnen Gruppen an die Basis und an den Arbeitsplatz hat. Der Aktivität der Gruppen gelingt es also, bestimmte Konfliktsituationen zu provozieren, auf diese Weise das Klassenbewußtsein und die politischen Fähigkeiten der Selbstorganisation der Massen wiederzuerwecken. Der Kampf gegen den Kapitalismus ist jedoch ein Kampf gegen ein System der globalen Macht, das nur von einer Organisation mit globalem Charakter abgeschafft werden kann. Deshalb besteht die besondere Aufgabe, die sich die Linkskommunisten zur Zeit stellen, in der Ausarbeitung und praktischen Erprobung einer politischen Vereinigung, einer Zentralisierung, die den gemeinsamen Kampf und die Entwicklung einer gemeinsamen Strategie garantieren, ohne in den typischen Bürokratismus der traditionellen Parteien zu verfallen.

Beide Gruppierungen haben in Bezug auf die emigrierten Arbeiter, die sogenannten „Gastarbeiter", eine gemeinsame Arbeitsperspektive; sie erkennen deren essentielle wirtschaftliche und soziale Bedeutung für die Gesellschaft, in der wir leben, an und wissen, daß gerade die Gastarbeiter über größere politische Möglichkeiten und Fähigkeiten verfügen als ihre deutschen Arbeitskollegen.

Die schlichte, harte Tatsache, daß sich die großen italienischen Arbeiterorganisationen gegenüber dem Schicksal und vor allem dem politischen Ergehen der italienischen Arbeiter in Berlin – die völlig in die Hand der Unternehmer und ihrer Diener, das heißt, der sozialdemokratischen Gewerkschaften gegeben sind – desinteressiert zeigen, hat die italienischen Arbeiter Berlins dazu geführt, sich dem Kampf der Berliner Linken anzuschließen. Dabei beteiligen sie sich immer stärker auch an der Organisationsdebatte und tragen die Erfahrung des proletarischen Kampfes in Italien bei, dessen Probleme bekanntlich direkt mit dem Versagen und den verzichtfreudigen politischen Spielchen der traditionellen Vereinigungen und Organisationen der Arbeiterklasse zusammenhängen.

März 1970

Aus dem Italienischen von Ulrike Hoffmann

Die Kommune – ein Signal

Im Frühjahr 1871 belagerten deutsche Truppen Paris. Bismarck, soeben Gründer des neuen deutschen Kaiserreiches geworden und wieder einmal an dem „europäischen Frieden“ interessiert, verlangte von der neugebildeten französischen Regierung unter anderem die Entwaffnung der Pariser Bevölkerung. Die deutsche Forderung entsprach genau den Interessen der französischen Bourgeoisie, die mit Schrekken an das „rote Paris“ und an die Möglichkeit eines revolutionären Ausbruchs der Pariser Arbeiter dachte.

Als aber am 18, März die französische Armee versuchte, aus Paris die wichtigsten Waffen, die Geschütze, zu entwenden, stand das Volk auf und ergriff die Macht. In kurzer Zeit wurde ein Zentralkomitee gebildet, das das wirtschaftliche und gesellschaftliche Leben der Riesenstadt reorganisierte und – mitten in der Belagerung und unter den Angriffen der bourgeoisen Armee – die politischen Vorbereitungen für die Bildung einer unabhängigen Kommune, der ersten proletarischen Republik einleitete. Schon die Machtergreifung des Proletariats signalisierte den Anfang einer neuen geschichtlichen Epoche. Am 18. März hatten die Massen nicht – wie bei früheren Revolutionen – irgendeiner, ihnen fremden Führungsclique zur Macht verholfen, noch schlugen sie sich auf Befehl irgendwelcher vororganisierten und -organisierenden Gruppen.

Noch weniger bewegten sie sich innerhalb des Rahmens herkömmlicher staatlicher Traditionen und Institutionen. Sie erhoben sich spontan und schufen schon im Laufe des revolutionären Aktes der Machtergreifung völlig neue, eigene, nur den Interessen der Massen selbst dienende Organe.

Die Organisationsform der Kommune entsprang nicht doktrinären Überlegungen und war auch nicht philosophisch oder intellektuell vorbereitet worden. Sie entwickelte sich aus den unmittelbaren Forderungen der Praxis und aus den praktischen, das ist die Gesellschaft umwälzenden Zielen der proletarischenen Selbstbefreiung.

Das stehende Heer wurde abgeschafft, ebenso das Berufsbeamtentum und das Parlament. Staat und Kirche wurden getrennt, die kirchlichen Güter vergesellschaftet. Die von den aus Paris geflüchteten Kapitalisten verlassenen Produktionsstätten wurden in Arbeitergenossenschaften umgewandelt. Für alle Machtorgane der proletarischen Republik, für alle Kommissionen, Arbeitsgruppen, selbstredend auch für die militärische Führung wurde das Prinzip der Wählbarkeit und der jederzeitigen Abwählbarkeit eingeführt. „Die Kommune bildete sich aus den durch allgemeines Stimmrecht in den verschiedenen Stadtteilen von Paris gewählten Stadträten. Sie waren verantwortlich und jederzeit absetzbar. Ihre Mehrzahl bestand aus Arbeitern oder anerkannten Vertretern der Arbeiterklasse“ (Marx). Die Lüge des Rechtsstaats, die sogenannte Gewaltentrennung, hinter der sich die Abhängigkeit aller Staatsgewalt von der herrschenden bourgeoisen Klasse verbirgt, wurde zerstört. Das Proletariat schuf sich stattdessen voll verantwortliche, arbeitende Körperschaften, die offen und klar unter der unmittelbaren Kontrolle der Massen standen und den Delegierten der Bezirke und der bewaffneten Einheiten ständig Rechenschaft schuldig waren.

Diese „Prinzipien“ der Kommune waren nicht nur anders als die Prinzipien des bürgerlichen Staates, sie überwanden nicht nur die spezifische, parlamentarische Form der Diktatur des Kapitals. Vielmehr überwanden sie die taussendjährigen Praktiken der Herrschaft und der Ausbeutung des Menschen durch den Menschen. Die Kommune fegte nicht nur eine besondere Form der Klassenherrschaft beiseite, sondern alle Klassenherrschaft überhaupt, und leitete mit ihrem bloßen Dasein – wie Marx sagte – schon die Abschaffung der politischen Herrschaft ein. Beispielgebend dafür war schon der Charakter des Zentralkomitees (des ersten ZK der Geschichte), das nach dem 18. März mit der vorläufigen Vollmacht ausgestattet worden war. Dieses Zentralkomitee der Namanlosen war – im Gegensatz zu üblichen bürgerlichen Machtzentren – nicht der Befehlsgeber der Erhebung und der Revolution, sondern deren Ergebnis. Als proletarisches Organ fiel es nicht mit einem bestimmten und beruflich vorbestimmten Personenkreis von Politikern und militärischen Führern zusammen, sondern wurde von der Basis her, von den Bataillons- und Legionsräten der Nationalgarde bestimmt, aus den Delegierten der einzelnen Einheiten gebildet und von ihnen kontrolliert. Zweitens: dieses ZK fungierte nicht als unablösbarer Verwalter des revolutionären Prozesses, sondern nur als Weg- und Vorbereiter der Machtorgane der Massen selbst. Seine Hauptaufgabe sah es darin, die Kommune-Wahlen zu organisieren und zu garantieren. Und nach den Wahlen vom 26. März übergab das ZK den neu gebildeten Organen der Kommune die volle Macht. Stolz verwies es die Welt auf „das großartige Schauspiel, wie ein Volk seine Souveränität wieder ergreift."

Im Begeisterungstaumel der proklammierten Kommune, in dem Bewußtsein, endlich das eigene gesellschaftliche Leben von den Ausbeutern und den Nutznießern, von den Pfaffen und einer verrotteten Gruppe von Berufspolitikern zurückgewonnen zu haben, beging das Pariser Proletariat einen verhängnisvollen Fehler. Es schätzte den Klassenfeind falsch ein, sah nur die eigene Befreiung, nicht die Revanchewut der Herren, die vor Paris lauerten, noch die Wühlarbeit der Agenten. Die erste Arbeiterrepublik betrachtete sich zu Recht als Anfang einer neuen Geschichte – und blieb gutmütig-blind gegen die Kräfte der alten. Diese Kräfte schlugen am 21. Mai zurück. Nur wurde daraus kein militärischer Spaziergang. Das Pariser Proletariat erhob sich und verteidigte auf den Barrikaden seine Republik, Männer und Frauen kämpften bis zum letzten (die Frauen hatten eigene Barrikaden errichtet), die Kinder beteiligten sich als Munitionsträger und als Meldegänger an der Verteidigung oder kämpften selbst gegen die anrückende Übermacht.

Mit der Zerschlagung des Widerstands begann das Gemetzel. Hatte die Kommune in 72 Tagen revolutionärer Machtausübung als Antwort auf die Hinrichtung gefangener Kommunarden an die hundert Geiseln erschossen, so machte sich die losgelassene Militärmeute der Bourgeoisie über die aufsässigen Arbeiter und Arbeiterfrauen her und dokumentierte mit zehntausenden von Morden den Unterschied zwischen revolutionärer und konterrevolutionärer Gewaltanwendung.

Der physische Untergang der Kommune bedeutet aber nicht ihr geschichtliches Ende. Indem die Kommune zeigte, daß weltgeschichtlich das Zeitalter der Herrschaft von Menschen über Menschen seinem Ende zueilt, erhielt sie die Bedeutung des ersten großen Entwurfs, dessen Ausführung und Verwirklichung weltweit in jedem Kampf gegen die Kapitalistenklasse und ihre Helfer tagtäglich vor unseren Augen geschieht. In ihrer improvisierten Form nahm die Kommune jene Organisation der Bedingungen der Freiheit voraus, die später vom revolutionären Proletariat in den verschiedenen Etappen der Emanzipation als Rätesystem weiter experimentiert und ausgebildet wurde und deren Weiterentwicklung und Angleichung an den weiter fortgeschrittenen Stand der Produktivkräfte, an das akkumulierte gesellschaftliche Klassenwissen und an die Massenbedürfnisse Aufgabe der revolutionären Praxis der heutigen proletarischen Bewegung geworden ist.

Die I. Internationale hatte in der doppelten Eigenschaft der Kommune: in dem sozialen Inhalt der Diktatur des Proletariats einerseits und in der dadurch bestimmten Organisation nicht der Herrschaft, sondern der gesellschaftlichen Befreiung andererseits, die spezifische Form des Übergangs zur kommunistischen Gesellschaft erkannt. Denn die in der Kommune enthaltene Rätestruktur, über das notgedrungene Pariser Beispiel zur Reorganisation der ganzen Nation und der „Weltrepublik" tendierend (nach einem Beschluß der Kommune waren auch Ausländer wählbar), entfaltete beide Momente der Diktatur des Proletariats: erstens eine Republik, die nach der Zerschlagung des bürgerlichen Staats von den Massen selbst geleitet wurde; zweitens eine politische Organisationsform, die von der eigenen Struktur und Gesetzlichkeit her den Prozeß des Abbaus aller vorläufig noch vorhandenen Herrschaftseleniente beschleunigte. Daher konnte Engels sagen, daß die Kommune als proletarisches Gemeinwesen schon kein Staat im üblichen Sinne mehr sei.

Was die Pariser Arbeiterschaft in 72 Tagen durch ihr Handeln dem Weltproletariat über den Weg zum Kommunismus klarmachte, das läßt sich nicht als „Prinzipien", nicht als „Modell" tradieren und aneignen. In den Händen der professoralen Gralshüter der reinen marxistischen Lehre verwandelten sich die Lehren der Kommune aus Wegweisern der Praxis in fruchtlose, bald auch verhunzte „Wahrheiten". In ihren Kämpfen entdeckte das Proletariat die in Paris erstmals konkret gewordene Form proletarischer Selbstbefreiung wieder und entwickelte sie weiter. 1905 und 1917 in Rußland, 1918/20 in Deutschland und Ungarn entstand in den Räten der Arbeiter und Soldaten die Kommune neu und in weiter ausgebildeter Form. Freilich erfuhr sie auch damals ihre Zerschlagung. Selbst dort, wo sie einen endgültigen Sieg in der Gestalt der Sowjetrepublik zu feiern schien, erlitt sie eine Niederlage. Weltweit isoliert, im Bürgerkrieg gegen die Interventionstruppen der internationalen Bourgeoisie den größeren Teil des revolutionären Proletariats auf den Schlachtfeldern verlierend, für den Aufbau des Sozialismus in einem überwiegend agrarischen Land so gut wie nicht gerüstet, befand sich die russische Revolution in so desolater Lage, daß es den Technokraten des sozialistischen Aufbaus gelingen konnte, sich durchzusetzen. Unter Führung Stalins liquidierten sie die Räte als Machtorgane der proletarischen Klasse und der mit ihr verbündeten Massen. War damit der physische Uptergang der Kommune ein zweites Mal besiegelt, so konnte auch dies nicht ihr geschichtliches Ende herbeiführen.

Nachdem die Bourgeoisie ihren Sieg in der revolutionären Krise nach dem 1. Weltkrieg bis hin zu den Blutorgien des Faschismus und den Schrecken des 2. Weltkrieges ausgekostet und sich dabei nur in größere Widersprüche verwickelt hatte, stellte sich ihr im Sieg der chinesischen Revolution, in den Volkskriegen der vom Imperielismus unterjochten Nationen und auch in den Klassenkämpfen in den Metropolen die Kommune erneut, gekräftigt und unschlagbar geworden, entgegen. Die Selbstbefreiung der Produzentenmassen, der die Pariser Kommune den Umriß ihrer Form wies, läßt sich nicht mehr aufhalten: bei jedem Sprung nach vorn in den Übergangsgesellschaften, bei jedem Aufflammen der Klassenkämpfe und in den antiimperialistischen Kriegen der unterdrückten Völker arbeitet sie sich ein weiteres Stück zur Wirklichkeit durch.

Im kapitalistischen Westen sind es diese Klassenkämpfe, die unmittelbare revolutionäre Praxis des Proletariats, die die Kommune wirklich fortsetzen – und nicht die traditionelle oder antitraditionelle „Tätigkeit" von bürokratisierten, massenfeindlichen Organisationen. Die Geschichte hat bewiesen, daß die Massen selbst im revolutionären Kampf sich die Organe ihrer Befreiung schaffen. Die erste Aufgabe eines Revolutionärs ist es daher, nicht den Massen Führungsgarnituren zur Wahl oder zur Durchführung eines Kampfbefehls vorzusetzen, sondern die politische Aktionsfähigkeit und die Selbstorganisation der Massen zu entwickeln.

April 1971

Bemerkungen über Spontanität und Organisation

Aus einer Rede im Mai 1971 auf dem Kronstadtkongreß in Berlin.

Genossen,

auf die Konstruktion eines Zusammenhangs zwischen dem Kronstädter Aufstand und den Kämpfen des italienischen Proletariats in den letzten zwei Jahren wollen wir verzichten. Es sind aber heute abend einige Urteile über Kronstadt, die Bolschewiki und über das Problem der Spontaneität ausgesprochen worden, die eine Klarstellung erfordern:

Erstens: Wir müssen das historische Urteil über die Politik der bolschewistischen Führung in Kronstadt trennen von der Analyse über Gültigkeit und Richtigkeit einer spezifischen revolutionären Perspektive und deren strategisch-organisatorischen Folgen. Ob die Bolschewiki eine Linie und eine Perspektive entwickelt haben, die für uns heute noch richtig ist und die revolutionäre kommunistische Bewegung vorantreibt kann nicht aus der Niederschlagung des Kronstädter Aufstandes abgeleitet werden. Darüber entscheidet vielmehr die Praxis der Klassenkämpfe, die heute in den kapitalistischen Ländern stattfinden. Die Richtigkeit oder Nichtrichtigkeit der Strategie demonstriert sich am jetzigen Stand der Revolution der Produktivkräfte gegen die hier und jetzt herrschenden Produktionsverhältnisse – das ist gegen die Organisation von Produktion und Arbeit im Spätkapitalismus und gegen dessen Organisation der politischen Reproduktionsbedingungen, also gegen den bürgerlichen Staat.

Zweitens: Es wird viel von Spontaneität gesprochen, meist in der traditionellen mechanischen Gegenüberstellung von spontanen Aktionen der proletarischen Rebellion einerseits, der bewußten Verfolgung taktischer und strategischer Ziele durch eine Kaderorganisation andererseits. Man vergißt dabei, daß auch die Spontaneität der Befreiung kein fester Begriff ist, sondern ein gesellschaftlicher Prozeß: Die Spontaneität ändert ihre Eigenschaft mit der Veränderung der ökonomischen Verhältnisse, gegen die sie sich erhebt; und des

Klassenbewußtseins, aus dem sie entsteht. Sogenannte spontane Bewegungen und Erhebungen des Proletariats haben inzwischen ihre Naturwüchsigkeit abgestreift und sind ökonomisch, gesellschaftlich, politisch schon längst zu vermittelten Vorgängen geworden. Kurz gefaßt: Das russische Proletariat, das sich 1905 erhob (oder auch die Kronstädter Matrosen), ging noch von einem unvermittelten Rebellions- und Emanzipationsbedürfnis aus. Die FIAT-Arbeiter, die ohne Wissen und gegen das Wollen von Parteizentralen 1969 losschlugen, hatten eine jahrzehntelange Erfahrung des organisierten Kampfes hinter sich.

Drittens: Wenn schon Kronstadt, so haben wir zu fragen, wo heute Kronstadt stattfindet. Man kann auf die nordpolnischen Streiks hinweisen; auf die Emanzipationsversuche der Arbeiter in der CSSR. Doch wären dies unsinnige Vergleiche; nicht, weil das Emanzipationsbedürfnis der Massen anders geworden wäre, sondern weil Gomulka, Husak, Breschnew alles andere sind als die Bolschewiki von heute. Überdies: das Problem der Niederschlagung autonomer revolutionärer Erhebungen des Proletariats aktualisiert sich für uns nicht in der kritischen Betrachtung von Krisenerscheinungen der Übergangsgesellschaften, sondern in der praktischen Auseinandersetzung und im offenen Konflikt mit der Politik der Niederhaltung und Neutralisierung der revolutionären Bewegung seitens traditioneller, der Form nach leninistischer Parteien.

Die Bedeutung der Massen- und Klassenkämpfe in Italien geht genau in diese Richtung. Was wir in Italien während der letzten zwei Jahre erfahren haben, ist die Perspektive eines Angriffs auf Kapital und Staat, die zugleich die Emanzipation der Arbeiterklasse von den eigenen, althergebrachten, steril und integrativ gewordenen Organisations- und Kampfformen mit sich bringt; und die Entwicklung neuer, aus den Kämpfen und ihren spezifischen Inhalten sich ableitenden Organisationsversuche. Über Verlauf und über die verallgemeinerbaren Ergebnisse der bisherigen Kämpfe ist schon genug berichtet worden. Deren zwei wesentliche Züge sind allgemein bekannt, obgleich sie unsere Praxis hier noch nicht bestimmen: erstens die praktisch vorgenommene Aufhebung der Trennung von ökonomischem und politischem Kampf; zweitens die praktische Sprengung des traditionellen Verhältnisses von Führungskadern und Manövriermassen:

Also die brutale Absage der kämpfenden Klasse an alle möglichen vororganisierten Führungsgruppen, zugleich aber die Bereitschaft und die endlich gewonnene Fähigkeit der Arbeiter, sich der äußeren, außerhalb der Fabrik und außerhalb der Klasse kämpfenden Gruppen (Studenten, Schüler, Intellektuelle) souverän zu bedienen. Ebenso bekannt ist allerdings, daß im kapitalistischen Deutschland alle Gruppierungen der als revolutionär sich verstehenden Linken sowohl bereit sind, vom italienischen Proletariat zu lernen, wie auch, dessen Erfahrung in die eigene, meist nur doktrinär (und nicht theoretisch) erarbeitete Linie einzubringen. In dieser Hinsicht gibt es interessante Unterschiede. Am schlimmsten daran sind die Studierenden der bolschewistischen Antike, die in getreuer Reproduktion der (von Marx schon entdeckten) bürgerlich-revolutionären Sitten ihre eigene politische Tätigkeit nur in der Symbolik vergangener Taten und Helden darstellen können. Die Vertreter solchermaßen ausgedachter rigider Kader- und Organisationsvorstellungen müssen eine ungeheure intellektuelle Energie aufbieten, um die in der Praxis erfolgte Ablehnung der rigiden Organisationsstrategie und die Entfaltung einer elastischen, dezentralisierten Konfliktstrategie durch das konkret kämpfende Proletariat für ihren Kalkül anwendbar zu machen. Es waren zwar Kader, die in Italien die Kämpfe initiierten, aber keine scholastisch-parteiorganisatorisch „geschulten" Kader. Und es war eine Massenbewegung, die aus der vorbereitenden Arbeit entstand und nicht mehr ökonomische, sondern politische Forderungen stellte. Sie entwickelte dabei eine Phantasie der Kampfführung und eine neue, strategische Linie der Kontinuierlichkeit, von denen die „geschulten" Kader in den traditionellen, revisionistischen oder nichtrevisionistischen ML-Parteien und -Gruppen keine Ahnung hatten. Sie wurden entsprechend von der Bewegung überrascht und überrollt. Nur ein Beispiel: Die Taktik des internen Streiks als zentralen Kampfmittels gegen die Organisation der Ausbeutung und die Organisierbarkeit der Mehrwertproduktion wurden in den unmittelbaren Betriebskonflikten entdeckt und verwirklicht, während die traditionsorientierten Genossen sich immer noch am historischen Phänomen des Generalstreiks in Parteilehrgängen ausbilden ließen. Zugleich aber: Es waren Kader, es waren Avantgarden, die jahrelang intensiv in den Fabriken und vor den Fabriktoren arbeiteten, interne Machtzentren und externe Stützpunkte bildeten und geduldig, gegen die Repression der Fabrikherren und die Integrationspolitik der alten Parteien und Gewerkschaftsführungen gleichzeitig vorgehend, die Explosion vorbereiteten. Aus diesem Grunde können die „Spontaneisten" diese proletarische Praxis ebensowenig für sich in Anspruch nehmen und sich damit schmücken wie die Parteifetischisten. Wir müssen hier einige Wunschvorstellungen und Mythen abbauen – vor allem den gängigen Mythos, als habe die italienische Arbeiterklasse aus angestauter Wut und in mystischer Einsicht zu handeln begonnen. Es ist wichtig zu wissen, daß die italienischen Genossen, die aktiv am Kampf beteiligt waren und sind, nicht von Spontaneität reden und von ihr auch nichts wissen wollen. Die Klasse gewann vielmehr ihre Aktionsautonomie, entfaltete ihre eigene Praxis ohne und gegen die Befehle traditioneller Führungsgruppen, zugleich vor der Einschaltung neuer, antirevisionistischer Außenkader. Autonomie ereignet sich aber nicht explosionsartig; sie bildet sich in der Vorbereitung der gesellschaftlichen Explosion. Was geduldige Vorbereitung bedeutet, hat sich bei FIAT gezeigt. Die ersten Versuche, die angeblich integrierten FIAT-Arbeiter aus der Passivität zu reißen, wurden im Herbst 1967 vorgenommen, also zwei Jahre vor dem offenen Ausbruch des Klassenkampfes im Betrieb. Zwei Beispiele zur Verdeutlichung, die auch für die neue Kampfperspektive wichtig sind:

1. Schon im November 1967 wird in einem Flugblatt in Halle dreizehn, Kühlerherstellung, eine noch rohe Vorstellung des inneren Streiks propagiert: „Alle Kühler der Fiat-Wagen kommen aus unserer Halle ... Also brauchen nur wir die Hände stillzuhalten. Unsere Hände haben die Macht, FIAT stillzulegen."

2. Im Dezember 1967 wird schon begonnen, die Grenzen des rein ökonomischen Kampfes zu überspringen. In einem Flugblatt, das in Halle 18, Blechpresse, verteilt wird, ist nicht mehr von Löhnen die Rede: „Es geht um unsere Maschinen und um unsere Arbeitskraft. Es steht nur dem Arbeiter zu, über die Organisation der Arbeit zu entscheiden."

Der heiße Herbst brach also nicht als unvermittelt-spontane Explosion aus. Dazu war er organisatorisch auf einem zu hohen Niveau, das die ganze Vermittlung des akkumulierten Klassenwissens zeigte und sein reifes Verhältnis zu den entwickelten Produktivkräften und zur technologischen Form der Produktionsverhältnisse in einem Konzern. Dies organisatorische Niveau führte auch zu der wahrscheinlich wichtigsten strategischen Konsequenz: die autonom gewordene, vorbereitete Klasse schob durch die konkrete Erfahrung der Selbstorganisation die Außenkader in die ihnen zukommende Rolle des reinen Instruments zurück. Das andere, die Sprengung der Teilung der revolutionären Arbeit in ökonomische und politische Kampflinie, entfaltete sich im Inhalt der Arbeitskämpfe selbst: die Haupttätigkeit der ad hoc streikenden Gruppen galt dem Kommando über die Arbeit und traf den Kern der kapitalistischen Produktion. Wenn man nur um höhere Löhne kämpft, soll man zwar als Kampfmittel die Unterbrechung des Produktionsflusses anwenden, aber die Desintegration nicht. Vorangekündigte große Streiks, deren Terminierung von den Gewerkschaften peinlich eingehalten wird, unterbrechen kalkulierbar die Produktion, ohne sie zu desintegrieren. Verlorene Arbeitszeit wird nachgeholt, die Steigung der Produktivität sorgt für die Einhaltung des höheren Lohnes. Die italienischen Genossen aber wollen den politischen Kampf gegen das Kapital und stellen daher die mögliche Zerstörung der Mehrwertproduktion in den Mittelpunkt. In der Gesamtgesellschaft setzt sich diese Desintegrationspraxis fort in dem Angriff gegen die politische Organisation der Ausbeutung: gegen den politischen Staat, seine Institutionen, seine Streitkräfte. Es sind dies die zwei Linien einer voll entfalteten Konfliktstrategie: die Produktion desintegrieren, den Staat zersetzen. Aus ihnen entsteht praktisch die Gesamtorganisation. Gewiß sind diese Linien nicht mechanisch zu kopieren und zu übertragen. Sie zeigen aber eindeutig einen anderen Weg der revolutionären Praxis in kapitalistischen Ländern als die abstrakte Schulung von Kadern, das Auswendiglernen von Modellen dessen, was zu tun sei – und dienen also als Aufbau und Bereitstellung der politischen Führungsgruppen von morgen. Daß bei der Selbstorganisation der Arbeiter in Italien die Disziplin und die Ausdauer eine wesentliche Rolle gespielt haben, versteht sich von selbst. Nur wäre die mechanische Übertragung dieser Selbstdisziplin auf einen vorhandenen Sinn der Arbeiterklasse für rigide Organisationsformen heute nichts weiteres als ein Produkt des Denkens, das außerhalb der Klasse sich nur organisatorische Praktiken vorstellen kann. Lenins Hinweis, daß bürgerliche Intellektuelle

„frei“ vorgehen, Arbeiter aber von der Betriebsdisziplin her rigide Organisationsformen wollen, ist von der Praxis libertär beiseite geschoben worden. Die Entwicklung der Produktivkräfte zusammen mit dem massenhaften Anwachsen der Bewußtheit in der Arbeiterklasse hat heute zu einer Umkehrung geführt. Nicht mehr der Arbeiter bevorzugt heute die organiatorische Starrheit und spezifische Typen der Außenleitung, sondern die von der ungebundenen Tätigkeit her bestimmten Intellektuellen – materialistisch begründet darin, daß die Außenleitung ihm die Aufrechterhaltung seiner gesellschaftlichen Sonderstellung garantiert: den Übergang von der organisierten Avantgarde in die neue politische Klasse, die den umfassenden Aufbau des Sozialismus verwaltet. Es liegt ebenso materialistisches Bewußtsein darin, daß die kämpfende Arbeiterklasse die Gefahr sieht, die in dem vorweggenommenen Aufbau von Führungsgarnituren jenseits der experimentell kämpferischen Form der Massenbewegung liegt. Die historische Erfahrung beweist, daß die sich so nennenden Avantgarden ihren instrumentalen Charakter verlieren und ihrerseits die Massen instrumentalisieren – zum Schluß immer als nur quantitativ interessante Anhäufung von Wählerstimmen.

Wie sieht es mit der Fortsetzung des Kampfes aus? Bekanntlich ist an die Stelle der explosiven Formen die kontinuierliche Arbeiterinsubordination getreten: die Kontinuität der Konfliktstrategie. Auch hier haben wir es mit einer neuen Qualität des Kampfes und mit einem höheren Bewußtseinsniveau zu tun. Die Notwendigkeit neuer oder traditioneller Organisationen muß neu bestimmt werden, wenn die Klasse praktisch nach dem Höhepunkt der Kämpfe nicht mehr wie früher in Resignation und Tradeunionismus zurückfällt, sondern politisch weiter fortschreitet. Die Insubordination allein treibt die gewonnene Autonomie nicht voran bis zum globalen Angriff gegen Kapital und Staat. Sie ist aber schon mehr als nur Reservestellung. Sie ist Teil der dialektischen Bewegung, in der sich die Zerstörung der Mehrwertproduktion und die Erfahrung der von den Produzenten selbst negativ geleiteten Organisation der Arbeit verbinden.

Die Tätigkeit der in letzter Zeit entstandenen comitati politici – eine Basisorganisation mit politischer Globalperspektive – geht in der Richtung, die Phase der Insubordination hinüberzuleiten in eine erneute Aufnahme des offenen Angriffs. Nach wie vor wird die formale

Organisation der Klassenkämpfe als strategischer Hebelpunkt abgewiesen. Zentral bleibt also die Konfliktstrategie. Denn die Arbeiter haben erkannt, daß nur auf diese Weise die Organisation ein Mittel der Revolution bleibt und sich nicht verselbständigen kann. Durch die Kampferfahrung selbst ist die Misere der ausschließlichen Organisationsstrategie deutlicher geworden. Sie kehrt Ziel und Mittel um: der Verband und sein Aufbau werden zum Wichtigsten. Und in der bekannten Schlußfolgerung wird nicht mehr die Weltrevolution, sondern der Machtzuwachs sozialistischer Staaten zum obersten Kriterium der Politik gemacht. Das Proletariat will aber Kommunismus als Emanzipation und nicht als Übermacht des Staates.

Kapitalismus gegen Minderheiten

Redebeitrag auf dem Solidaritätskongreß „Am Beispiel Angela Davis" im Juni 1972 in Frankfurt

Zur Einführung einige teils theoretische, teils unmittelbar politische Aspekte der Solidarisierung mit Angela Davis. Eingangs möchte ich einige Perspektiven für die Fortsetzung der Arbeit des Kongresses andeuten, auch in Form einer kritischen Bermerkung – nicht etwa über den Kongreß selber, sondern über mögliche Fluchtformen oder Eigenfunktionen, die der Kongreß annehmen könnte. Es ist zwar richtig, in erster Linie (und endlich!) die Zustände in den Vereinigten Staaten von Amerika konkreter, nämlich materialistisch zu analysieren, weil die USA fraglos das Zentrum des Imperialismus bilden und dazu noch das am weitesten entwickelte kapitalistisch produzierende Land sind. Ohne die Sprengung der Zentren der Mehrwertproduktion läuft die revolutionäre Bewegung ständig Gefahr, in bloße Rebellion umzuschlagen. Auf der anderen Seite aber muß gewarnt werden vor der Fixierung auf ein relativ fernes Land, einer Fixierung, die politisch sehr bequem und nicht ohne opportunistische Züge sein kann, vor allem wenn wir uns an der Form des fernen Emblems orientieren. Für dieses ferne Emblem wird Solidarisierung gefordert, und das ist richtig.

Aber das könnte in gefährlich-beruhigender Weise von der Tatsache wegführen, daß hierzulande auch Repression vorhanden ist und daß im kapitalistischen Westeuropa die Welle der Unterdrückung auch schon längst angelaufen ist. Hier zeigt sich schon eine erste Perspektive für die Fortsetzung unserer Arbeit.

Wenn Angela Davis ein Beispiel ist, so sollte uns dieses Beispiel vor allem als ein Anlaß dienen, hierzulande die solidarisierende Arbeit zu leisten. Wir müssen also versuchen, von Angela Davis zurückzufinden zu den Zuständen, die bei uns herrschen. In Westeuropa füllen sich die Gefängnisse immer mehr mit Genossen, die – wenn auch zum Teil irregeleitet – um die Emanzipation kämpfen. Es sei hier nur an Valpreda erinnert.

Die Solidarisierung mit Angela Davis bleibt nur dann keine Flucht, keine bequeme Moral, wenn wir dieses Komitee auch zu einem Solidaritätskomitee für die Verfolgten in Westeuropa ausbauen. Es kommt noch eines hinzu: in einigen Ländern Westeuropas, wo nicht mehr nur Minderheiten sich in Bewegung gesetzt haben, sondern die Arbeiterklasse selber angefangen hat, gerade die Zentren der Mehrwertproduktion zu stören oder zu zerstören, ist der Gegenschlag des Kapitals schon im Gange – ein Gegenschlag, der sich nicht nur gegen Minderheiten, sondern zentral gegen die Gesamtheit der Arbeiterklasse richtet.

Insofern ist das Problem der Minderheiten und der Verfolgung von Minderheiten im Kapitalismus nicht zu trennen von der permanenten Repression, die sich vornehmlich gegen die arbeitenden Massen richtet. Die Verbindung zwischen diesen beiden Momenten der Repression ist durchaus konkret gegeben, und sie entsteht unmittelbar aus dem heutigen Stadium des Kapitalismus. Durch die erhöhte Anfälligkeit der voll entwickelten kapitalistischen Produktionsweise entsteht ein Zusammenhang zwischen dem Versuch, die politische Tätigkeit der Arbeiterklasse einzuschränken, und dem Versuch, alle möglichen Faktoren auszuschalten, die die vom Einzelkapital geplante sogenannte Wertschöpfung stören. Das ist zum Teil bedingt durch die Erhöhung des maschinellen Anteils im Produktionsprozeß selbst. Durch diese Erhöhung wird die Kontinuität der Verwertung des konstanten Kapitals und damit die ungestörte, ununterbrochene, intensive Ausbeutung der Arbeitskraft zur fundamentalen Reproduktionsbedingung des Kapitals selbst. Diese Kontinuität wird seit dem Wiederaufflammen des Klassenkampfes nicht mehr nur ökonomisch durch zyklische Bewegungen, sondern sozial durch die Arbeiterinsubordination blockiert. Daher die Notwendigkeit, alle möglichen sozialen Störfaktoren staatlich auszuschalten, im Sinne eines staatlich verwalteten Gesellschaftsplans, der durch entsprechende Strategien (sie reichen von der Ausschreibung von Neuwahlen über die künstlich geschürte Spannungssituation irrational erscheinender Polizeigroßaktionen bis zum staatlich verordneten Mord) das erreichen soll, was das Einzelkapital, selbst das Monopolkapital, durch die bloße

Subsumierung der Arbeitskraft unter die Verwertung unmöglich besorgen kann: die Massendisziplinierung.

Was verhindert werden soll, ist also das Wiederauftauchen des sich konkretisierenden Klassenkampfes, das heißt also der Einbruch des Klassenverhältnisses in die normale ökonomische Bewegung des Kapitalverhältnisses. Das ist in letzter Instanz der Grund für die Repression in der ganzen kapitalistischen Welt.

Sie richtet sich auf der einen Seite zur Wiederherstellung der Kontinuität der Produktion – der sog. „Produktivität" – gegen die unmittelbaren Produzenten, und in doppelter Weise richtet sich die Repression gegen Dissidenten oder bestimmte Minderheiten. In doppelter Weise insofern, als auf der anderen Seite gegen Minderheiten vorgegangen wird, weil diese Minderheiten potentiell in sich permanent die Gefahr des sozialen Ausbruchs enthalten. Zugleich aber richtet sich die Repression manipulativ gegen Minderheiten, um gerade in einer antagonistischen Gesellschaft notwendigerweise das negative Integrationselement zu schaffen, an dem dann auch die Massen manipuliert werden können. Derart richtet sich der Angriff des Kapitals nur versteckt gegen die arbeitenden Massen, während offiziell und offen der Angriff des Kapitals nur diese Minderheiten mit den Mitteln des Staates zu treffen scheint.

Das heißt also, die Minderheiten haben einen doppelten Charakter: Auf der einen Seite bilden sie die potentielle Gefährdung der Verwertung des Kapitals als Gefährdung des gesellschaftlichen Plans des kapitalistischen Staates; auf der anderen Seite aber bieten sie sich gewissermaßen als negatives Integrationselement an, um den gesellschaftlichen Antagonismus verdecken zu helfen.

Inwieweit dies möglich ist, gerade in den Vereinigten Staaten, das werden andere hier erläutern. Auch dabei ist eines zu beachten: Das ist nicht eine Erscheinung, die sich etwa nur auf die USA beschränkt, sondern eine Erscheinung, die in der ganzen kapitalistischen Welt, gerade als antagonistischer Welt, zu beobachten ist. Dabei wäre zu untersuchen, inwiefern in einer sehr spezifischen Form das Verhältnis zwischen Minderheiten und Mehrheit der Arbeiterklassen – dieser widersprüchliche Charakter der Minderheit gegenüber den Arbeitermassen – in der BRD etwa von den Gastarbeitern realisiert wird. In sehr spezifischer Form insofern, als die Gastarbeiter als Arbeitsemigranten mehrwertproduzierende Arbeiter sind, und nicht etwa wie die Minderheiten in den USA aus dem Produktionsprozeß herausfallen.

Gerade dieser doppelte, sich widersprechende Charakter der Repression von Minderheiten im Kapitalismus macht die Entwicklung einer antikapitalistischen Alternative so schwierig. Das Verhältnis: arbeitende Massen – Minderheiten spiegelt diesen Widerspruch wider. Anscheinend gelingt die strategisch wichtige Verknotung von Arbeiterbewegung und Emanzipationsbewegung von Minderheiten nur sporadisch, nur in einzelnen Fällen, nur dort, wo der Klassenkampf wirklich ausgebrochen ist. Andeutungsweise muß gerade hier der Punkt gesehen werden für unsere weitere Tätigkeit. Denn in dem heutigen Stadium des Kapitalismus, da die Konzerne zwar die Ökonomie planen, der Staat aber die gesellschaftliche Planung übernommen hat und eine Reihe von präventiven konterrevolutionären Maßnahmen spielen läßt, genügt die bloße Verteidigung von Minderheiten durch Minderheiten nicht mehr. Der Gesellschaftsplan des Kapitals ginge in diesem Fall gerade auf, weil die Minderheiten, die die Minderheiten verteidigen, genau den Doppelcharakter annehmen würden, von dem ich vorhin gesprochen habe. Sie liefen also selber Gefahr, eine Art Ersatzfeind herzustellen für die arbeitenden Masse, und würden also den Versuch einer manipulativen Umorientierung erleichtern. Es muß also hier konkret die defensive Linie (die Verteidigung von Minderheiten) eingebracht werden in eine offensive Linie der Rekonstruktion der Klasse, wobei diese Rekonstruktion der Klasse nicht etwa ein Programm ist, das sich abwickeln läßt, sondern etwas, das aus den sozialen und ökonomischen Konflikten im Kapitalismus entsteht und ein Prozeß ist, der im Grunde in Westeuropa schon in Gang gesetzt worden ist.

Strategisch ergibt sich daraus eine sehr wichtige, nicht gerade leicht zu tragende und zu realisierende Konsequenz. Der Kampf gegen die Repression darf nicht stehenbleiben bei der bloßen Verteidigung von Rechtspositionen, so richtig und wichtig die Durchsetzung von Grundrechten für eine Emanzipationsbewegung auch sind. Vor allem aber: unser Kampf, der sich zunächst gegen Diskriminierung richtet, darf seinerseits nicht von einer erneuten Diskriminierung aus vorangetrieben werden, die sozusagen honorige und nicht honorige, bürgerlich reputable und nicht reputable Genossen unterscheidet. Denn wir sind uns über die Strategie der Befreiung uneinig und untereinander zerstritten. Der Gesellschaftsplan des Kapitals hingegen – vom Staat ausgeführt – kennt keine Unterschiede der strategischen Linie der Emanzipation. Insofern sind nicht nur Demokraten, Sozialisten und Kommunisten die Opfer der Unterdrückung, genauso wie nicht nur bewußt sozialistische oder demokratische Arbeiter Opfer der Ausbeutung sind, vielmehr auch andere Minderheiten, auch unpolitische Minderheiten. Und auch zum Beispiel die sogenannten Anarchisten. Und umgekehrt: Der Gesellschaftsplan des Kapitals hat schon einen Teilerfolg errungen, wenn es ihm gelingt, hier, an dieser Stelle, die solidarische Front zu brechen. Das muß bei aller Notwendigkeit der harten kritischen Überprüfung, selbst Ablehnung oder sogar Verurteilung einzelner Gruppen von Genossen eingesehen und festgehalten werden.

Es ist eine Illusion zu glauben, daß der kapitalistische Staat nur unpolitische Minderheiten und anarchistische Gruppen zerschlagen und haltmachen würde vor disziplinierten Kämpfern. Da hilft keine Distanzierung. Der Klassenfeind lacht nur über unsere Anbiederungsversuche an die Polizeimoral des bürgerlichen Staats.

Aus der Diskussion:

Ein paar kurze Ergänzungen zu Marcuse und indirekt auch zur konkreten Form der proletarischen Linie. Erstens zum tendenziellen Fall der Profitrate: In der Tradition der II. Internationale und des Kautsky-Marxismus hat die marxistische Ökonomie, die marxistische Analyse sich seit hundert Jahren vornehmlich mit dem Nachweis beschäftigt, daß es einen tendenziellen Fall der Profitrate gibt und daß dieser zum Zusammenbruch führt. Strategisch gesehen ist jedoch nicht etwa der tendenzielle Fall der Profitrate wichtig. Die Strategie, die sich aus der Sicherheit dieses Falls ergibt, ist eben die Strategie des Kautskyanismus und sonst gar nichts. Strategisch wichtig ist, daß die marxistische Ökonomie endlich die entgegenwirkenden Tendenzen analysiert, denn strategisch müssen diese entgegenwirkenden Tendenzen ins revolutionäre Kalkül einbezogen werden. Ein italienischer Arbeiter aus den Pirelli-Werken hat auf einer Tagung eine zwar politökonomisch-'wissenschaftlich' völlig falsche, aber doch politisch ganz konkrete Aussage gemacht: „Wenn wir warten, bis die Profitrate auf den Nullpunkt sinkt, sind wir alle vor Arbeit oder vor Konsum gestorben." Anders gesagt: Wir können uns unmöglich dem blinden ökonomischen Mechanismus so anvertrauen und dabei vergessen, daß Marx zu Recht die Wichtigkeit dieser entgegenwirkenden Tendenzen betont hat.

Jetzt zu dem, was Marcuse zu der Spontaneität der Arbeitskämpfe gesagt hat. Eines sei zunächst vorweggenommen. Genosse Marcuse, was du als Perspektive für die Vereinigten Staaten entwickelt hast, ist schon in einzelnen europäischen Ländern Massenerscheinung des Proletariats geworden, nämlich, daß nicht etwa *spontan* (der Begriff Spontaneität paßt hinsichtlich dieser neuen Erscheinungsform nicht mehr), sondern daß *autonom* gekämpft wird. Das heißt, das kämpfende Proletariat ist nicht etwa spontan aufgebrochen, sondern hat – ich denke gerade an die Betriebe in Norditalien – durch eine jahrelange, langwierige Arbeit, völlig unabhängig von Organisationsbefehlen der Massenparteien und der Gewerkschaften, seinen Kampf organisiert und vorangetragen. Wichtig an diesem Kampf (seine *praktische* Seite, die praktische Bestätigung dessen, was Marcuse gesagt hat) ist, daß dieser Kampf sich gerade durch eine teilweise extreme Desintegration der Ausführung charakterisiert. Diese Desintegration zeigt zwei Momente:

1. Gerade wegen der monopolkapitalistischen Konzernplanung ist es notwendig geworden, den Kampf aus zwei Gründen zu desintegrieren. Einmal ist es so, daß nur der autonom geführte desintegrierte Kampf sich wirksam der Kontrolle der zentralistischen Staatsorgane und der zentralistischen Kontrollorgane politischer Art entziehen kann. Zum anderen: Nur der autonom geführte Kampf, der ad hoc in den Betrieben von autonomen Gruppen entschieden wird, ist in der Lage, die Konzernplanung nachhaltig zu stören, und zwar weil die Konzernplanung – im Gegensatz zu der unplanbaren Produktion in den kleinen und mittleren Betrieben – jederzeit in der Lage ist (und das hat die deutsche Geschichte in den letzten Jahren eindeutig gezeigt), im voraus angekündete, von den großen Organisationen vorbereitete und terminlich präzisierte Streiks in die eigene

Krisenplanung einzubeziehen. Nur der plötzlich im Betrieb autonom propagierte Streik ist in der Lage, diese Konzernplanung zu sprengen und die Mehrwertproduktion zu gefährden.

2. Nur der autonom geführte Streik erfüllt den Anspruch, der an ihn gestellt wird. Während der durch einen Organisationsbefehl von außen verursachte Streik im allgemeinen als Lohnstreik im Rahmen des ökonomischen Kampfes bleibt, ist der autonome Kampf und Streik (wie sich in der letzten Zeit in den Klassenkämpfen in Italien gezeigt hat), ein Kampf und Streik, der sich unmittelbar auf die kapitalistische Organisation der Arbeit bezieht. Das heißt: Das Ziel ist nicht mehr nur die Verbesserung der Lebensbedingungen im Sinne der Lohnhöhe der Arbeiter, sondern das Ziel ist in der Tat die Zersetzung, die Zerstörung der kapitalistischen Produktionsweise und antizipatorisch der Versuch – wie die Fiat-Arbeiter sagten – eine andere Art des Produzierens sozusagen experimentell durchzuziehen.

Dies ist der eine Punkt. Der andere Punkt, der sich auf die proletarische Linie bezieht, scheint mir nicht minder wichtig zu sein. Wir haben es gerade bei diesen autonomen Kämpfen mit einer anderen Erscheinung zu tun, die allerdings als proletarische Linie nicht etwa abgeleitet wird aus Analysen vergangener Situationen und Zustände, sondern die sich in der unmittelbaren Praxis des kämpfenden Proletariats durchgesetzt hat. Ganz gleich, wie man dazu steht, muß man zunächst konstatieren, daß dort, wo die Arbeiterklasse effektiv den Arbeitskampf als Klassenkampf wieder aufgenommen hat, in der politischen Perspektive diese kämpfende Arbeiterschaft nicht mehr bereit ist, sich dem äußeren Organisationsbefehl eines Sammelverbandes, einer Partei zu unterwerfen. Und das nicht etwa nur aus einem anarchoiden Kampfgefühl heraus, sondern aus einer sehr wichtigen Einsicht, die die Arbeiterschaft inzwischen gewonnen hat: daß im Klassenkampf die Zerstörung der Mehrwertproduktion zusammengekoppelt werden muß mit der Zerstörung derjenigen äußeren Bedingungen, die zur Reproduktion von Herrschaftsstrukturen geführt haben. Das nennt man bei den italienischen Arbeitern den Kampf gegen die politische Klasse. Unter politischer Klasse im Sinne der italienischen Tradition werden alle Führungsgruppen, einschließlich der Führungsgruppen des Proletariats, subsumiert. Anders gesagt: Die autonom kämpfende Arbeiterschaft negiert weder die Notwendigkeit von Avantgarden interner Art, noch die Notwendigkeit von Kadern. Was jedoch negiert wird, ist auf der einen Seite die kapitalistische Produktionsweise und auf der anderen Seite die soziale und ökonomische Selbstidentifikation von Führungsgruppen, die sich etablieren und deren Sorge natürlich politisch auch langfristig ist, sich selber zu reproduzieren. Die proletarische Linie, die sich konkret in den Kämpfen ergeben hat, geht aus der Notwendigkeit der von Kapital und Staat unkontrollierten, desintegrierten Attacke gegen die Mehrwertproduktion und zugleich von einer autonomen Organisation, die mindestens experimentell antizipatorisch versucht, jenes berühmte Absterben von Herrschaftsstrukturen schon in die Wege zu leiten im Verlauf des revolutionären Aktes, und nicht etwa zu verschieben als einen Prozeß und eine Aufgabe, die erst dann in Angriff genommen werden kann, wenn die Gesellschaft sozusagen schön geordnet wieder kommunistisch aufgerichtet worden ist.

Arbeiter, Studenten und Marxismus in Westdeutschland

Dieser „Leitfaden zur Lektüre des Kapitals"[1] – eine erste Annäherung an die Kritik der Politischen Ökonomie von Karl Marx und als solche auch ein Bildungs- und politisches Kampfmittel – hat eine spezifische Geschichte, eine besondere Bedeutung im Kontext des Wiedererwachens der sozialen Kämpfe in der Bundesrepublik Deutschland gehabt.

Auch in Deutschland kündigt sich „das Ende des sozialen Friedens" an, das, ökonomisch gesehen, mit dem Ende der Phase des Wiederaufbaus nach dem Krieg zusammenfällt, einer Zeit linearen und kontinuierlichen Wachstums, in der sogenannten „Studentenbewegung". Zwischen der westdeutschen Situation und der Italiens beispielsweise bestand jedoch ein politischer und gesellschaftlicher Unterschied. In Italien entwickelte sich die Studentenbewegung im Bereich einer offenen und bewußten Klassengesellschaft, in der sich die Arbeiterklasse, wenn auch momentan in einer Position der Zurückhaltung und des Abwartens, immer im Kampf gegen den „padrone" agierte, sei er nun privat oder sei er staatlich. Darüber hinaus konnte sie eine politische Artikulation in den großen kommunistischen und sozialistischen Parteien finden. In Westdeutschland sah sich die Studentenbewegung hingegen einer anscheinend ins System integrierten und politisch zu den im Grunde bürgerlichen Positionen der deutschen Sozialdemokratie tendierenden Arbeiterklasse gegenüber, die vorrangig auf das Bündnis mit dem sogenannten „progressiven Kapitalismus" setzte, um staatliche Machtpositionen zu erobern.

Am Anfang siedelte sich also die deutsche Studentenbewegung nicht in einer breiten Klassenbewegung an, sondern definierte sich selbst als einziges Subjekt und einzige Hoffnung auf die radikale Veränderung der drückenden politischen und kulturellen Strukturen, die die spezifischen Formen der gesellschaftlichen Organisation des traditionell zu autoritären Wendungen und Lösungen neigenden deutschen Kapitals charakterisierten. In den frühen sechziger Jahren entwickelte sich die politische Bewußtwerdung der jungen Generation im Gefolge intellektueller Strömungen, die zwar soziale Auseinandersetzungen vorsahen, ebenso den Versuch, sich mit den Massen zu verbinden; sie verharrte jedoch auf Positionen von „Freiheit" oder gar von „Verfassungsmäßigkeit" im allgemeinen, die es gegen „Autoritäten" im allgemeinen und „Rückschritte" im allgemeinen zu verteidigen gelte. Dies ist die Phase der geistigen Vorbereitung dessen, was dann als antiautoritäre Bewegung hervorbrechen wird.

In diesen Positionen spiegelt sich die Isolierung der Studenten wider, die von den ideologischen Vorgaben der Bourgeoisie (Leugnung der Existenz von Klassen) beeinflußt waren und so nicht nur von der Arbeiterklasse getrennt blieben, sondern auch von den wirklichen, lebendigen Konflikten der gesamten Gesellschaft.

Bis zu einem gewissen Punkt kam hier auch Marx ins Spiel. Die Isolierung der Studenten, der „irreale" Charakter ihrer Demonstrationen und Aktionen, ihre Unfähigkeit, den Prozeß der Politisierung jener Massen, die man überzeugen und als Bündnispartner gewinnen wollte, zu beeinflussen, hing zum Teil mit einer extrem abstrakten Perspektive des Kampfes zusammen, die sich wiederum auf Voraussetzungen gründete, die von der Konfliktsituation innerhalb der Universität und der Welt der Kultur bestimmt waren. So wie einerseits die Arbeiterklasse nicht in ihrer grundlegenden Eigenschaft existierte, der ausgebeutete Produzent von Mehrwert zu sein, sondern nur als anonymes Wesen vorkam, das von einem raffinierten Mechanismus des Konsums und der gesellschaftlichen Mystifizierung unterdrückt wird, so wurden andererseits auf der Ebene der theoretischen Analyse Marx' Kritiken der kapitalistischen Produktionsweise nicht in Betracht gezogen. Das heißt, es wurde nicht *„das Kapital"* gelesen, sondern Marxens philosophische Jugendschriften, die mehr auf die Erlösung der Menschheit von der Entfremdung (gleichwohl in der Perspektive des proletarischen Kampfes) abstellten, als auf die Befreiung der Arbeiterklasse und folglich der gesamten Gesellschaft von einer irrationalen, ausbeuterischen und also repressiven Produktionsweise.

Die Entfernung von der sozialen Realität einerseits, das philosophische Herangehen an Marx andererseits sind übrigens auch der engen Verbindung der Studentenbewegung mit einer der berühmtesten deutschen „Schulen" geschuldet: der Frankfurter Schule, auch in universitärer Hinsicht das Zentrum der sogenannten „Kritischen Theorie" und seit den Anfängen der Bundesrepublik der Kern des kulturellen Widerstandes gegen verschiedene Formen des Rückschrittes in der „Ära Adenauer", des ersten Kanzlers und politischen Repräsentanten der kapitalistischen Restauration.

Ohne Zweifel hat die Frankfurter Schule, mit ihrer langen marxistischen Tradition, eine beachtliche Rolle darin gespielt, daß die deutschen Studenten wieder ein politisches, demokratisches Bewußtsein erlangten. Ihr verdankt sich das Startzeichen für einen Prozeß, der dann zu einer genaueren und konkreteren Bewußtmachung führt, zu Positionen, die sich nicht auf das kritisch-negative Nachdenken über die „Industriegesellschaft" oder den „Konsumterror" beschränken. Gleichzeitig trug die marxsche Philosophie von Adorno, Horkheimer, ihrem Schüler Habermas und teilweise auch von Marcuse jedoch zur Errichtung einer begrifflichen Barriere bei, die die Studenten daran hinderte, die soziale Realität in ihrer konkreten Totalität zu sehen, die bestimmt ist von dem objektiven Prozeß, der ihre materielle Basis darstellt: dem Verwertungsprozeß des Kapitals. Auch wenn sie das Kapital als Wesen der bürgerlichen Gesellschaft nicht ganz vergaß, so hatte die Kritische Theorie seine praktische (und daher zu kritisierende) Reichweite auf seine Konsequenzen beschränkt, Konsequenzen einerseits konsumistischen und entfremdeten, andererseits autoritären und antidemokratischen Charakters.

Hieraus leitete sich eine politische Praxis ab, die weniger direkt gegen die Herrschaft des Kapitals, als vielmehr gegen seine staatlichen und kulturellen Ausdrucksformen gerichtet war: Die von den Herrschenden gekaufte Presse, die Parteien als Instrumente einer Macht, die in rein politischer Funktion gesehen wurden (also nicht als Instrumente der Kapitalmacht), das feige Parlament, die verräterische Sozialdemokratie, die autoritären Professoren, die falschen Genüsse des Konsums und so weiter. Hier begreifen wir die „demokratische" und noch nicht sozialistische Tendenz der ersten Phase der Studentenbewegung, deren Bestrebungen eher dahin gingen, ein demokratisches, von den Verirrungen und Schlacken des Faschismus moralisch gereinigtes politisches System zu schaffen, als dahin, die gesellschaftlichen Beziehungen und die Produktionsverhältnisse umzustürzen. Und dies ist der Grund, weshalb für die Studenten der Arbeiter als Arbeiter nicht existierte! Man sprach von den Arbeitern in rein formaler Hinsicht, nicht aber als Produzenten des nationalen Reichtums sowie als Dreh- und Angelpunkt – Arbeitskraft! – des gesellschaftlichen Lebens, man sprach von ihnen als einer Masse, die vielleicht an demokratischeren oder gar nur liberalisierten Methoden der Machtausübung und einer kulturell wertvolleren Atmosphäre interessiert sein könnten. Eine Sichtweise, der es im übrigen an unmittelbar menschlichen Elementen fehlt und die deshalb nicht in der Lage ist, Forderungen und Bedürfnisse der Arbeitermassen zu verstehen. Sie versteht sie eher als herabgedrücktes Element, das auf ein höheres kulturelles Niveau „gehoben" werden muß. Ein Beispiel: Für Adorno und seine Schüler, folglich für die erste Phase der Protestbewegung (die tatsächlich bloß protestierte), spielte der Kommerzcharakter des Jazz und des Sports auf der Ebene der Kritik und auch des Kampfes eine weit bedeutendere Rolle als die Ausbeutung in den Fabriken, als die Phänomene der Beschädigung durch den der Kapitalherrschaft unterworfenen Arbeitsprozeß oder die mörderische Steigerung der Arbeitsrhythmen.

Eine der Ursachen, die die Studentenbewegung dazu trieben, die intellektualistischen Positionen zu überwinden und auch im theoretischen Bereich eine konkretere Möglichkeit der Vereinigung mit den Arbeitern zu suchen, ist sicher in der wohl dokumentierten und oft bewiesenen Unempfänglichkeit der Arbeiter gegenüber kritischen Appellen spezifisch adornitischer Natur zu suchen. Offenbar verstanden die Arbeiter nicht nur nicht, was die Studenten propagierten. Eher vermuteten sie sogar einen neuen Willen zur Macht und zum Betrug, eine Falle der künftigen „leader". Die Unempfänglichkeit nahm zum Teil auch den Charakter einer Selbstverteidigung an, einer Selbstverteidigung freilich, die sich sofort als instrumentalisierbar und kontraproduktiv erwies. Die Arbeiter, die samstags auf den Sportplatz gingen, um „ihre" Mannschaft zu sehen, konnten jedenfalls nur negativ auf die „kritischen" Flugblätter reagieren, denen sie entnehmen konnten, eine „konsumistische Schafherde" zu sein, die in unverständlichen Begriffen erklärten, ihre Mannschaft sei ein raffiniertes Mittel des Arbeitgebers, die Teilnahme der Arbeiter am Kampf für die Demokratisierung – des Studiensystems (!) zu verhindern.

Als ein angemesseneres Bewußtsein über die Lage der Arbeiter um sich griff, kam man zu einer kritischen Revision der eigenen „kritischen" Positionen und natürlich auch ihrer philosophischen Voraussetzungen – man eroberte sich schließlich die „Kritik der politischen Ökonomie" von Marx zurück, also den Marx, der nicht nur von Entfremdung spricht, sondern der die Produktionsprozesse und gesellschaftlichen Reproduktionsprozesse des Kapitals beschreibt. Man gelangte zu dem, was man die Rekonstruktion der ökonomischen Dimension eines Kampfes beschreiben könnte, der bis zu diesem Moment ein rein ideologischer gewesen war. Zu dieser Wendung trug jedoch auf noch entscheidendere Weise als die erneute theoretische Reflexion eine Reihe von historischen Ereignissen bei, die aus der Arbeiterklasse das nicht nur theoretisierbare, sondern in der Praxis der realen Veränderung der Gesellschaft handelnde Subjekt machte: die „wilden Streiks" des September 1969 in Westdeutschland und – in noch größerem Ausmaß – der heiße Herbst in Italien. Die Arbeiter von Pirelli, Fiat, Olivetti und Porto Maghera sprengten alle komplizierten begrifflichen Elaborate über „Integrationsprozesse" und die Anpassung der Arbeiterklasse in die Luft und holten das Zentrum des Konfliktes an die gesellschaftliche Basis zurück: von der Universität in die Fabrik, in eben jene Fabrik, eben jene Produktionsverhältnisse, von denen Marx im „Kapital" spricht. Also: „Lesen wir 'Das Kapital' von neuem"!

Zugleich mit der intellektuellen Notwendigkeit, die Kritik der politischen Ökonomie zu rekonstruieren, trat eine andere Notwendigkeit auf, die der unmittelbaren politischen Praxis. Denn es handelte sich nicht nur darum, den Arbeiter buchstäblich wiederzuentdecken, sondern auch darum, ihn endlich auf der Ebene des Dialoges und der gemeinsamen Aktion zu erreichen. Daraus entstand der Versuch, den streng wissenschaftlich-universitären Charakter, der auch vom quantitativen Umfang des Marxschen Werkes herrührte, zu überschreiten, den „Seminarmarxismus" mit kommunikativen Mitteln, die zur Verbreitung und „Vermassung" der marxistischen Theorie geeignet waren, zu überwinden. Dieser Text ist das Ergebnis dieser Versuche – einer von vielen, aber jedenfalls einer der bezeichnendsten. Er war zuerst für junge Arbeiter konzipiert und wurde dann unter den Studenten selbst zu einem Propagandainstrument von beachtlichen politischen Konsequenzen – insofern, als er vor allem dazu dient, die traditionelle Sicht einer Konsumgesellschaft, die entlang mehr oder weniger zufälligen Distributionslinien strukturiert ist, zu revidieren zugunsten einer realen Sicht der konkreten Prozesse (eben der Produktion), die im Kapitalismus wirken.

Der doppelten Zielsetzung des Textes (Verbreitung des Marxismus unter den Arbeitern; politische Bildung, um die Studenten die wirtschaftlich-gesellschaftliche Realität und damit auch die Forderungen der Arbeiter verstehen zu lassen) entspricht eine doppelte Relevanz. Er dient als Verbindungsinstrument auch auf der Ebene des wechselseitigen Verständnisses zwischen Arbeitern und Studenten und damit der Entwicklung von gemeinsamen Perspektiven des Kampfes.

Für die deutschen Studenten hat die Gleichzeitigkeit zwischen dem Wiederbeginn der Kämpfe der Arbeiter und der erneuten Lektüre des Kapital den konkreten Kontakt mit der Arbeiterklasse erleichtert: Die aufmerksame Lektüre der Theorie von Marx hat sozusagen die unmittelbare Erfahrung der Kämpfe der Arbeiter ergänzt und gezeigt, daß die Arbeiterklasse nicht eine philosophische Kategorie von Entfremdeten ist, sondern eine historische Kraft, die – als widersprüchliches Element der kapitalistischen Produktion – die reale Basis einer möglichen (und notwendigen) revolutionären Bewegung darstellt.

So wird man bei der Lektüre erkennen, daß die Arbeiterklasse, obwohl sie in ihrer spezifischen Funktion als dem Verwertungsprozeß des Kapitals unterworfene Arbeitskraft betrachtet wird, doch stets als Kraft der Negation – gegenüber der Ausbeutung und jenem ganzen komplexen politischen System, das den notwendigen organisatorischen Teil der Ausbeutung bildet, der bürgerlicher Gesellschaft und dem bürgerlichen Staat – dialektisch anwesend ist. Um diese Situation des Arbeiters in ihrer Totalität zu verstehen, die aus dem Proletariat das totale Subjekt der Revolution macht, ist es notwendig, zu wissen, was das Kapital ist und wie es sich bewegt. Die Zusammenfassung des „Kapital" wird an erster Stelle dazu dienen, zwei Vorurteile zu überwinden, die in ihren politischen Konsequenzen immer auf bürgerliche Positionen zurückführen und die Entwicklung von effektiven Kampfperspektiven für den Kampf verhindern: das

Vorurteil über den rein monetären Charakter des Kapitals (daß das Kapital also nur Geld sei, das investiert werde, um produktive Prozesse zu fördern), und das zweite, im Kapital nur die juristische Qualität zu sehen, Privateigentum zu sein (wobei seine gesamte Bewegung, seine komplexen Daseinsformen und seine Unmenschlichkeit auf die Gier einzelner Kapitalisten zurückgeführt werden). Zu Recht ist bemerkt worden, daß Marx sein Hauptwerk weder „Der Unternehmer", noch „Der Besitzer", noch „Der Kapitalist" genannt hat, sondern eben „Das Kapital", und darin den sekundären, instrumentellen Charakter der „Herren" der Produktion enthüllt. Etwas, das offensichtlich scheint, das es aber zu klären und zu vertiefen gilt, um keinen falschen Beurteilungen des Systems zu erliegen, das man bekämpfen will, und der Verhältnisse, die umgeworfen werden sollen, um endlich, wie sie Marx selbst nennt, „eine Gesellschaft der Freien und Gleichen" zu erschaffen. Aus genau dem Grund ist es zu klären und zu vertiefen, weil die umzuwerfenden Verhältnisse nicht bei den Strukturen des Privateigentums oder der persönlichen Herrschaft von sozial sichtbaren, auch direkt angreifbaren Herren aufhören.

Dies ist ein Gedanke, den der italienische Arbeiter sehr viel leichter versteht als ein westdeutscher oder amerikanischer Arbeiter. Der italienische Arbeiter weiß sehr gut, daß der Herr auch sozial unsichtbar sein kann und die staatliche Maske des Vertreters einer nicht erkennbaren Gruppe annehmen kann. Agnelli ist ein „padrone", aber ein solcher ist auch jenes seltsame Wesen, das sich weder Staat noch Aktiengesellschaft noch individueller Arbeitgeber nennt, sondern einfach Alfa Romeo – und das nichts anderes ist, als Kapital, das in einem verstaatlichten Betrieb investiert und permanent reinvestiert wird, um Mehrwert zu produzieren und sich als Profit auf dem Markt zu realisieren.

Hierin konkretisiert sich die Totalität des gesellschaftlichen Systems und enthüllt dabei die Natur des Kapitals selbst: Der letzte Grund der Ausbeutung der menschlichen Arbeit, wie Marx ihn ins Licht gestellt hat, und der letzte Grund der objektiven Form dieser Ausbeutung, jene der sozialen und gesellschaftlichen Knechtung der Massen (und nicht nur der direkt produktiven Massen) findet sich nicht in der Institution des Privateigentums, sondern in der ökonomischen Qualität des Kapitals selbst: eine soziale Gegebenheit zu sein, deren höchster Zweck ihre eigene Verwertung ist, ihre eigene Steigerung, ihre eigene Ausdehnung, ohne das geringste Interesse an der Befriedigung der realen Bedürfnisse der Massen und für den inhumanen Charakter, den der Hunger nach Mehrwert und Profit dem Arbeitsprozeß verleiht.

Nur wenn diese Qualität, die die ganze bürgerliche Welt, in der wir leben, bestimmt und alle, auch die entferntesten Dimensionen des menschlichen Lebens in sich einbezieht, begriffen wird, ist zu verstehen, warum das System gestürzt werden muß und wie man es stürzen kann.

1973

Aus dem Italienischen von Ulrike Hoffmann

[1] Einleitung in die italienischen Ausgabe von *Zur Kritik der politischen Ökonomie. Einführung in das 'Kapital' Band 1* der Marx-Arbeitsgruppe Historiker.

Rosa Luxemburg heute

Beitrag auf einer Rosa Luxemburg-Konferenz im September 1973 in Reggio Emilia

Ich danke vor allem Oskar Negt, der es verstanden hat, die Diskussion von der historisch-philologischen Ebene auf eine konkret-politische Ebene zu bringen. Ich will mich auf einige kritische Hinweise beschränken, die die Bemerkungen Negts unterstreichen.

Dieser Kongreß hat einige umfassende Fragen aufgeworfen und sie teilweise nur durch eine Reihe von petitiones principii gelöst, in denen eine spezifische Art der politischen Perspektive zum Ausdruck kommt. Ich erinnere beispielsweise an die petitio principii des sowjetischen Genossen Sobolov, die ich als klassisch bezeichnen möchte: „Der Mythos der Person kann nicht aus dem Leninismus abgeleitet werden, weil der Leninismus keinen Personenkult kennt." Man müßte sich auch eine Welle bei der Gegenüberstellung der beiden Auffassungen von Lelio Basso und Luciano Gruppi aufhalten: einerseits den beiden bekannten entgegengesetzten Logiken, die im kapitalistischen System wirksam sind, wie Basso sagte, und andererseits der einheitlichen, aber widersprüchlichen Logik des Systems, von der Gruppi sprach. Offensichtlich verbirgt sich hinter einem solchen Gegensatz kein Problem der reinen Logik oder der rein philosophischen Dialektik, sondern in Wirklichkeit die Differenz zwischen zwei sehr genauen strategischen Vorstellungen. In bezug auf den politisch-materialistischen Hintergrund erinnere ich nur daran, wie die Theorie der „zwei Logiken", das heißt das Prinzip eines offenen Konflikts zwischen der inneren Logik der kapitalistischen Produktionsweise und der revolutionären Logik, die diese durchbrechen und überwinden will, sich auf die doppelte Eigenschaft der Arbeitskraft bezieht. Als Tauschwert ist die Arbeitskraft der Kapitalverwertung untergeordnet, als Produktivkraft ist sie in der Lage, die totale Negation eben dieser Verwertung zu entwickeln. Gruppis Position der einen widersprüchlichen Logik scheint mir allzu deutlich die bereits von Rosa Luxemburg kritisierte politische Strategie widerzuspiegeln – eine Strategie, die auf die inneren Widersprüche des Systems abzielt, sich in sie einzufügen sucht, um sie für sich nutzbar zu machen (was richtig sein könnte), ohne jedoch gewahr zu werden, daß sie durch dieses Sicheinfügen selbst zu einem der Widersprüche wird, die das System weiterführen und sein Überleben sichern statt es zu überwinden. Wir wissen, daß die Verwertung und die Akkumulation des Kapitals nicht nur in widersprüchlichen Prozessen fortschreiten und sich reproduzieren können, sondern daß sie auch einer notwendigen, immanenten Gegenbewegung bedürfen, um die selbstzerstörerische Tendenz zu neutralisieren, die dem „Hunger nach Mehrwert" des Kapitals innewohnt. Ich beziehe mich hier auf das Kapitel über den Arbeitstag im „Kapital", in dem Marx die doppelte Funktion der Arbeitskämpfe innerhalb des Systems und die Doppelrolle des Staates aufzeigt, der, indem er die Aufgabe der „Sozialfürsorge" übernimmt (Reduzierung des Arbeitstages) und somit auf den ersten Blick zugunsten der Arbeiter handelt, die sich die gleiche Ambivalenz zunutze machen, in Wirklichkeit die Reproduktion des Kapitals garantiert und das System der Ausbeutung bestätigt.

Die beiden Probleme, mit denen ich mich kurz befassen möchte, beziehen sich jedoch in erster Linie auf das von einigen Referenten zum Ausdruck gebrachte Urteil über den Beitrag Rosa Luxemburgs zur Entwicklung des Marxschen Denkens. An zweiter Stelle werde ich versuchen, das Problem des historischen Kriteriums zu präzisieren, das erforderlich ist, um die Gültigkeit der Position Rosa Luxemburgs konkret zu begreifen: Wir müssen uns fragen, woraus das Kriterium sich herleitet, mit dem wir die Theorie Rosa Luxemburgs überprüfen wollen und aus dem ersichtlich werden kann, ob diese Theorie für uns heute noch Geltung hat.

Was das von einigen Referenten vorgebrachte Urteil betrifft, so sei mir die Bemerkung gestattet, daß dabei zu oft in ideologisch-personalistischen Dimensionen gedacht wurde. Man hat sich lange bei den Gründen aufgehalten, die Rosa Luxemburg bewogen haben, gegen Bernstein anzutreten und Kautsky zu kritisieren. Sodann wurde – in einer keineswegs überzeugenden Weise – dargelegt, daß die grundsätzlich revolutionäre Position Rosa Luxemburgs ihre Zustimmung zur Funktion und zur historischen Aktion der Bolschewiki hervorgerufen habe. Über die Frage nach den spezifischen Unterschieden zwischen Rosa Luxemburg und Lenin haben wir hingegen nur sehr allgemeine Bemerkungen gehört, auch da, wo mit größerer Genauigkeit versucht wurde, die historischen und gesellschaftlichen Komponenten dieser Unterschiede hervorzuheben – wie zum Beispiel im Referat von Josef Schleifstein. Es ist jedoch aufschlußreich, daß das zentrale Problem einigermaßen außerhalb seines Gesichtspunktes und wahrscheinlich auch seines politischen Interessenfeldes geblieben ist: der tatsächliche spezifische Unterschied zwischen dem Verhältnis von Spontaneität und bewußtem Element bei Rosa Luxemburg einerseits und der Reduktion dieses Verhältnisses auf die zwar verbal dialektische, aber in der Praxis mechanische Beziehung zwischen dem bewußten, gesellschaftlich abgegrenzten Element (einem in sich geschlossenen Kollektiv: die Berufsrevolutionäre) und der Massenbewegung im allgemeinen Leninismus andererseits. Gerade im Hinblick auf dieses wichtige Thema scheint mir dem sonst sehr lehrreichen und interessanten Beitrag von Schleifstein Korrektheit und methodologische Richtigkeit völlig abzugehen. Oskar Negt hat bereits darauf hingewiesen. Um die kritische und konkrete Diskussion über die Theorien Rosa Luxemburgs weiterzubringen, reicht die Versicherung, Rosa Luxemburg sei ein heroischer „Adler" gewesen, nicht aus; auch wenn dieser rein rituellen Versicherung noch die apodiktische Behauptung mutmaßlicher Fehler und der als Verleugnung und beschämende Revision der eigenen Position unternommenen Annäherung an Lenin hinzugefügt wird, wie dies Schleifstein getan hat. In einer solchen Betrachtungsweise wird Rosa Luxemburgs Verdienst nicht nur reduziert, es scheint vielmehr gerade so, als ob dieses Verdienst einzig in der tatsächlichen Existenz und der historischen Aktion einer großen Revolutionärin bestünde, die im Grunde bei der Beurteilung der historischen Lage und in Angelegenheiten der Strategie große Fehler begangen hat, aber immerhin fähig war, die Fehler in dem Maße zu korrigieren, wie sie sich zunehmend mit Lenin, das heißt mit den von ihr kritisierten Positionen des Leninismus, identifizierte. Dieser Argumentation zufolge ist Rosa Luxemburg nur insofern „akzeptabel", als sie sich selbst verleugnet und sich als treue Nachfolgerin Lenins erweist. Die Situation des Kongresses könnte somit sehr verwirrend werden. Wenn die Dinge sich so verhielten, wäre es in der Tat angemessen, sich auf eine Gedächtnisfeier für Rosa Luxemburg zu beschränken, um dann zur ernsthaften Arbeit an einer wissenschaftlich-politischen Analyse des Beitrags von Lenin zur Entwicklung des Marxismus überzugehen. Mir scheint jedoch, daß wir statt dessen die ganze Diskussion wenden müssen. Der Hauptaspekt, der uns auch für die alltägliche Praxis und die Erarbeitung einer wirksamen Strategie interessiert, liegt nämlich nicht in einer leninistischen Interpretation Rosa Luxemburgs, sondern in der Bedeutung ihres Beitrags jenseits und außerhalb des Leninismus.

Damit komme ich zum zweiten Punkt: zu dem Kriterium, um das, was Rosa Luxemburg uns zu sagen hat, konkret und nicht nur in philologischer oder philosophiehistorischer Tüftelei zu beurteilen.

Im überwiegenden Teil der bisher präsentierten Vorträge (mit Ausnahme des Referats von Oskar Negt und des Einleitungsvortrags von Basso) ist dieses Kriterium durchweg nicht aus den realen Prozessen abgeleitet worden, sondern aus dem Vergleich mit anderen Theorien, wobei ein merkwürdig scholastisch-überbauhaftes Verfahren angewandt wurde. Um den revolutionären Standort Rosa Luxemburgs zu demonstrieren, hat man auf ihren Kampf gegen Bernsteins Theorien und gegen die von Kautsky vorgenommenen Korrekturen am Marxismus verwiesen. Hier klappert denn auch die scholastische Logik: Rosa Luxemburg war eine Revolutionärin und deshalb auf dem richtigen Weg, weil sie den Revisionismus und Reformismus kritisiert hat. Von der anderen Seite sind die Mängel bestimmter Grundannahmen nachgewiesen worden, indem man sich auf eine andere Theorie, die bekanntlich weitgehend kanonisiert worden ist, berief, und die, wenn ich nicht irre, sogar als „die einzige wahre Theorie der Arbeiterbewegung" definiert worden ist.

Der Punkt, auf den wir uns beziehen müssen, um ein effektives und konkretes Kriterium zu gewinnen, darf nicht irgendeine Theorie – ob einzigartig oder nicht – sein, auch wenn diese durch den Erfolg zu anderen Zeiten und an anderen Orten ihre hinreichende Bestätigung gefunden hätte. Vielmehr muß er in der Wirklichkeit des aktuellen Klassenkampfs und vor allem der revolutionären Bewegung in der kapitalistischen Welt, in der wir leben, gesucht werden. Es scheint mir notwendig, diesen Aspekt zu betonen, wenn man die dogmatische Fixierung einiger Referenten auf sozialistische Ruhmestaten und Siege betrachtet, die mit der Gesellschaft, die wir überwinden müssen, nichts zu tun haben: Ruhmestaten und Siege, die zweifellos dank Perspektiven erreicht wurden, die mit Rosa Luxemburg gewiß nichts zu tun haben. Meines Erachtens handelt es sich jedoch gar nicht darum, den Beitrag Rosa Luxemburgs nach Parametern einer Gesellschaft zu beurteilen, die nicht mehr kapitalistisch, das heißt die im Übergang zum Kommunismus begriffen ist, sondern darum, ihre Positionen anhand der konkreten Anforderungen eines Prozesses und einer Bewegung zu untersuchen, die noch nicht die Umwälzung der Produktionsverhältnisse und der politischen Verhältnisse des Kapitalismus erreicht haben. Das sich aufdrängende Problem besteht darin, den jetzt ablaufenden revolutionären Prozeß genauer zu bestimmen. Bekanntlich wird angesichts eines jeden Versuchs zur strategischen Neubestimmung der Arbeiterbewegung und bei jeder auf neue Perspektiven der Emanzipation zielenden Initiative, die noch nicht durch den historischen Erfolg bestätigt worden ist, der „Modell"-Charakter des „siegreichen Sozialismus" hervorgehoben. Wir haben das auch anläßlich des Kongresses in der sehr pauschalen Formulierung wiederholt gehört, nach der die Gültigkeit der Thesen Lenins im Vergleich zu den Theorien Rosa Luxemburgs durch die historische Tatsache erwiesen worden sei, daß der Leninismus zur Revolution, der Luxemburgismus dagegen zur Niederlage geführt habe. Für uns fällt freilich die reale Bewegung der Revolution nur am Rande mit den Erfolgen der sozialistischen Länder zusammen, oder mit den Perspektiven und Strategien – auch organisatorischer Art –, die zu solchen Erfolgen geführt haben. Mit anderen Worten: Was als „realer Sozialismus" bezeichnet wird (und was für Schleifstein und Sobolov in verbindlicher Weise mit den sozialistischen Ländern identisch ist), entwickelt sich für uns in den gegenwärtig ablaufenden Kämpfen in den kapitalistischen Ländern: bei Fiat, im Ruhrgebiet, bei Lip und anderswo. Es verwirklicht sich nicht im Produktionszuwachs der sowjetischen Industrie, sondern im Kampf in Angola, in Mozambique und im Kampf des chilenischen Volkes gegen die Reaktion und den Faschismus. Aus dieser lebendigen Wirklichkeit leitet sich das Beurteilungskriterium für jede Theorie her. Die Frage, die es an Rosa Luxemburg zu richten gilt, ist nicht die nach möglichen Unterschieden oder Übereinstimmungen mit strategischen Positionen, die in der Vergangenheit – abgesehen von kritischen Überlegungen zur weiteren Entwicklung – sich als am wenigsten wirksam erwiesen haben, sondern die nach der Übereinstimmung ihrer theoretischen Ergebnisse mit den Erfahrungen aus dem gegenwärtigen Kampf.

An dieser Stelle scheint mir eine genauere kritische Anmerkung am Platz zu sein. Spricht man von der historischen Funktion und der historischen Entwicklung, sei es von Rosa Luxemburg, sei es vom sogenannten (im Grunde nicht existenten) Luxemburgismus, so verweist man stets auf den bekannten Gegensatz, den bitteren Kampf zwischen dem Primat der Spontaneität und dem Primat des bewußten Elements, wie er in der Auseinandersetzung mit Lenin anläßlich von „Was tun?" entfaltet wurde. Die Frage der revolutionären Organisation wird deshalb immer im historischen Rahmen gestellt, der jedoch nicht als solcher erkannt wird. Dadurch wird die Beurteilung verfälscht und für die Aktualisierung unbrauchbar. Die Betrachtungsweise im historischen Rahmen läßt außer acht (obwohl das Prinzip des „Historizismus" – bei Sobolov, und das methodologische Prinzip der Rückführung von Begriffen und Theorien auf den ökonomischen und sozialen Hintergrund von spezifischen Situationen immer hervorgehoben wird – wie bei Schleifstein), daß die Auseinandersetzung über das Verhältnis zwischen Spontaneität und bewußtem Element um 1905 entstand, das heißt in einer Periode, in der das politische Bewußtsein des Proletariats erst im Entstehen begriffen war und ein bewußtes Element mit sich führte, das der Klasse äußerlich war und das eine sehr präzise Funktion übernehmen sollte. Wir müssen uns deshalb fragen, ob dies auch für die gegenwärtige Situation gilt. Das Proletariat ist in der Zwischenzeit durch große historische Erfahrungen hindurchgegangen, welche seine praktische Position im Vergleich zur theoretischen Ausarbeitung des fraglichen Verhältnisses völlig verändert haben. Es handelt sich dabei nicht nur um die historische Erfahrung aufgrund des Widerstandes gegen den Faschismus. Sagen wir es deutlich: Es ist die Erfahrung aus einer dreißigjährigen Vorbereitung von Kadern und Massen durch die kommunistische und sozialistische Partei – eine Vorbereitung, die auch dann gültig bleibt, wenn einzelne Arbeiter oder Arbeitergruppen in der Avantgarde der Bewegung sich von den Parteiorganisationen distanzieren. In Italien gab es die Aktivität der PSIUP und der Gewerkschaften. Vor allem aber gibt es die Erfahrung aus der direkten Konfrontation mit den Kapitalisten in den Fabriken und mit dem bürgerlichen Staat in der Gesellschaft. Und in eben diesem komplexen Erfahrungszusammenhang wirken jene bei den Logiken, von denen Basso sprach. Gewiß kann man nicht leugnen, daß die Logik des Kapitals sich weiterentwickelt hat: der Akkumulationsprozeß ist fortgeführt worden, das materielle Substrat dieses Prozesses, die organische Zusammensetzung des Kapitals, hat notwendigerweise zu einer Veränderung der gesellschaftlichen und politischen Strukturen in einem autoritären und integrativen Sinne (integrativ auch für die Arbeiterparteien) geführt, die einen revolutionären Ausgang äußerst schwierig macht. Aber auch die andere Logik setzt sich immer mehr durch und hat sich teilweise schon durchgesetzt: die Logik der Negation der kapitalistischen Akkumulation, die sich in einer außergewöhnlichen Steigerung des Bewußtseins und des Wissens in der Arbeiterklasse konkretisiert. Der heutige Arbeiter befindet sich im Vergleich zum Beginn dieses Jahrhunderts in einer ganz anderen Situation. In seinen ökonomischen und politischen Kämpfen handelt er nicht mehr im ursprünglichen Wortsinn spontan, sondern bewußt, vor allem dann, wenn er von externen Entscheidungszentren unabhängig wird. Jeder von uns, der die Kämpfe bei Fiat, Pirelli und Alfa Romeo oder die Kämpfe in Frankreich verfolgt hat, oder der die gegenwärtig in der Bundesrepublik Deutschland stattfindenden Kämpfe verfolgt, weiß, daß es sich nicht um einen unerwarteten Wutausbruch ohne Bewußtsein und ohne politische Perspektiven handelt.

Man wird hier einwenden, daß auch in der jüngeren Vergangenheit die von der Arbeiterklasse erlittenen schweren Niederlagen dem Fehlen einer Führungspartei zuzuschreiben waren, vor allem ihrem Fehlen in den Fabriken. Daran zweifelt niemand. Man denke an die passive Haltung der Arbeiter in den großen italienischen Fabriken während der fünfziger Jahre. Wer sich jedoch auf diese Erfahrung beruft, ohne deren zufälligen Charakter zu sehen, akzeptiert im Grunde eine bürgerlich-soziologische Auffassung von der Klasse. Er macht aus dieser zwar einen wesentlichen Faktor des revolutionären Prozesses, der jedoch immer noch der Führung bedarf: ein Subjekt, das seltsamerweise nie etwas lernt, dem es nie gelingt, ein autonomes Bewußtsein zu entwickeln, und das deshalb (darin verbirgt sich der bürgerliche Gesichtspunkt) nie zum aktiven Subjekt werden kann, sondern vielmehr die Manövermasse hellsichtiger Jakobiner bleibt, wie schon Rosa Luxemburg sagte.

Die Debatte muß also völlig neu begonnen werden. Der Parameter „Spontaneität/bewußtes Element" reicht angesichts des realen Klassenprozesses nicht mehr aus, ebensowenig wie das Prinzip einer strukturellen Notwendigkeit des externen Avantgardeelements. Für mich ist das der entscheidende Punkt.

Eine historische Situation fällt nie mit dem allgemeinen Prozeß zusammen. Dies bestätigte übrigens auch Lenin, der vor voluntaristischen und doktrinären Übertragungen seiner Untersuchungen warnte. Als Kautsky und später Lenin von der Notwendigkeit sprachen, das revolutionäre Bewußtsein von außen her in die Arbeiterklasse hineinzutragen, gingen sie von Voraussetzungen aus, die heute nicht mehr gelten. Wer solche Voraussetzungen kanonisiert (ihre historische Gültigkeit wäre ohnehin zu überprüfen), indem er daraus eine Art Naturgesetz: das Gesetz der Trennung zwischen Führern und Geführten macht, verfällt dem grundlegenden Fehler der bürgerlichen Wissenschaft, die immer die Tendenz hat, aus einer historischen Situation oder einer historischen Produktionsweise ein ewiges Gesetz zu machen, das für alle Zeiten und alle Länder, für jeden Ort und jeden sozialen Prozeß Geltung habe.

Was sich heute aufdrängt, sei es auf der Seite der Theorie, sei es auf der Seite der alltäglichen Praxis, ist die Analyse und die Vergegenwärtigung der neuen Klassenwirklichkeit. Die Arbeiterklasse hat zumindest teilweise und punktuell eine spezifische Autonomie erreicht (gleichwohl handelt es sich dabei um einen Anfang, der eine grundlegende historische Bedeutung besitzt): Sie weiß auch ohne das organisatorische Kommando einer Entscheidungszentrale zu handeln. Darüber hinaus zwingt sie die sogenannte Avantgarde punktuell dazu, hinter den Massen herzulaufen, um nicht auf überwundenen Positionen stehen zu bleiben. Diese Wirklichkeit zeigt einen Grad der politischen Reife, der dazu nötigt, die strategischen und organisatorischen Perspektiven der Arbeiterbewegung aus der Vergangenheit – ob bolschewistisch oder nicht – neu festzulegen.

Es ist ausschließlich diese Wirklichkeit, aus der wir das Kriterium herleiten müssen, von dem ich eingangs gesprochen haben. Es ist der aktuelle Kampf, der über die Gültigkeit von Theorien entscheidet – und nicht die historiographischen Vorurteile oder Auswahlmaßstäbe. Es die Gegenwart und nicht die Vergangenheit, die die Wahrheit „demonstriert“.

An der Schwelle zur Organisationsfrage
Gespräch mit der Zeitschrift *Langer Marsch*

Langer Marsch: Hinter dem bescheiden-wissenschaftlichen Titel deines Buches „Überlegungen zum bürgerlichen Staat"[1] verbirgt sich der Versuch, die marxistische Diskussion aus der Bahn des theoretischen Dogmatismus der korrekten Ableitungen und ewigen Wahrheiten herauszuwerfen. In ihr sind der theoretische Antirevisionismus, der gegen jegliche Praxis die sogenannte ‚korrekte Ableitung aus dem Kapital im Allgemeinen' geltend macht, und die sowjetorthodoxe Stilisierung des Marxismus-Leninismus zur allgemein verbindlichen Weltanschauung – der Revisionismus also – nur zwei Seiten derselben Medaille. Intelligenz ist keine Substanz, sondern eine Funktion, die in Bewegung gesetzt werden muß, sagst du. Das Kriterium für die Relevanz einer Theorie darf nicht die verdinglichte, jeglichen praktisch-revolutionären Interesses entleerte Gestalt irgendeines Marxismus sein – ob nun als positives System oder Weltanschauung bleibt sich gleich, sondern es muß in der Wirklichkeit des aktuellen Klassenkampfes gesucht werden. Das erfordert eine nähere, geschichtliche Bestimmung des revolutionären Prozesses. Wie siehst du das Verhältnis zwischen der praktischen Position des Proletariats und ihrer theoretischen Ausarbeitung, traditionell gesprochen: die Funktion der Intelligenz im Klassenkampf?

Agnoli: Du sprichst von der sowjetorthodoxen Stilisierung des Marxismus-Leninismus zur Weltanschauung. Da müßte man Bedenken anmelden. Es ist sehr die Frage, ob der Revisionismus, der heute in der Sowjetunion herrscht, als Stilisierung des Marxismus-Leninismus bezeichnet werden kann. Vermutlich hat das mit Marxismus-Leninismus sehr wenig zu tun. Aber das ist nicht das Problem, mit dem wir uns hier beschäftigen wollen. Viel wichtiger – gerade im Hinblick auf die Sowjetunion – ist das, was du im zweiten Teil der Frage sagst, daß das Kriterium des praktisch-revolutionären Interesses in der Wirklichkeit des aktuellen Klassenkampfes gesucht werden muß. Ich bin der Ansicht, daß das viel ernster genommen werden sollte, als wir es manchmal tun. Du weißt, daß man permanent vom realen Sozialismus spricht. Da gibt es einen wesentlichen Unterschied; einen Unterschied der auch eine politisch-strategische Einschätzung enthält in der Perspektive der Realität, das heißt der Realisierung des Sozialismus. Für die hier als revisionistisch gekennzeichnete Linie liegt realer Sozialismus vor in den Gesellschaften, die man gemeinhin als Übergangsgesellschaften bezeichnet. Die Verschiedenheit der Perspektive liegt darin, daß für uns, die wir in einem kapitalistischen Land leben, die Realität keine Analogie und keine Vergleichsgröße sein kann. Das heißt, die Realität des Sozialismus kann für uns nicht etwa in den Erfolgen, Durchbruchsversuchen und Siegen eines sich als sozialistisch bezeichnenden Lagers liegen, sondern für uns ist der reale Sozialismus, oder noch besser, der reale Kommunismus, identisch mit dem in unseren, den kapitalistischen Ländern stattfindenden Klassenkampf. Mit anderen Worten: Wenn schon ‚realer Sozialismus' gewissermaßen als Orientierungspunkt genommen wird, so muß für uns der Orientierungspunkt nicht etwa der Erfolgsgrad ökonomischer, sozialer, kultureller Art der sogenannten sozialistischen Länder sein, sondern der Stand des Klassenbewußtseins und der Klassenkämpfe bei uns, in unseren kapitalistischen Ländern.

In diesem Zusammenhang auch die Antwort auf die Frage nach der Funktion der Intelligenz im Klassenkampf: Diese Funktion ist immer mystifiziert worden – sei es bei Lukács, sei es bei Gramsci; und zwar liegt diese Mystifizierung durchaus in der Linie der kautsky-leninschen Auffassung der Rolle der Avantgarden. Daß die Intelligenz eine Rolle spielt – und zwar bisweilen eine durchaus avantgardistische Rolle, das zu bestreiten wäre töricht und geschichtslos. Ebenso geschichtslos, nämlich Ergebnis der typisch bourgeoisen Art, aus einem historischen Zustand ein Naturgesetz zu machen, ist es anzunehmen, daß für alle Zeiten und für alle Länder die Intelligenz, oder die Intellektuellen eine avantgardistische Rolle zu übernehmen haben.

Vielmehr hängt die Aufgabe und Funktion der Intelligenz ab vom Stand des Klassenbewußtseins und eben auch dem Grad der Klassenkämpfe selber. In einer kapitalistischen Gesellschaft, in der ein bestimmter Grad des Klassenbewußtseins erreicht ist, wechselt die Intelligenz ihre Funktion: vom Motor – sagen wir ruhig – zum Helfershelfer des Proletariats. Das heißt also: Ich kann mir schon denken, daß in der Bundesrepublik der Intelligenz eine spezifische Funktion zukommt. Aber ein Verrat an dieser Funktion liegt schon darin, wenn die Intelligenz sich naturgesetzlich zur Avantgarde im Klassenkampf erhebt. Einer der Fehler bei der Einschätzung der Intelligenz liegt darin, daß im Allgemeinen Intelligenz immer mit der kleinbürgerlichen Situation identifiziert wird in Anlehnung an die Bildungssituation des vorigen Jahrhunderts und die Vorstellung vom ‚Bildungsbürger'. In der heutigen Situation, beim heutigen Stand der Massenkommunikation einschließlich – ironisch gesagt – des zweiten Bildungsweges, ist es überhaupt kein ‚Gesetz', daß Intelligenz mit der kleinbürgerlichen Situation identisch sei. Heute kann ein Arbeiter genauso gut zur Intelligenz gerechnet werden wie etwa ein Student oder ein Intellektueller alter Prägung. Ich gehe aber von einem ganz anderen Gesichtspunkt aus; von einem Gesichtspunkt, der versucht, von vornherein – gewissermaßen antizipatorisch – das aufzuheben, was im kautskyschen Konzept der Revolution als harte Position noch immer enthalten ist: Man will zwar die Aufhebung des Unterschieds zwischen Hand- und Kopfarbeit, betont aber in der Partei- und Revolutionsperspektive nach wie vor die Unterscheidung zwischen Hand- und Kopfarbeit. Diese Unterscheidung gilt heute bekanntlich schon technologisch nicht mehr.

Die Funktion der Intelligenz im Klassenkampf läßt sich daraus ableiten: Motor der Revolution in bestimmten Situationen – warum denn nicht. Vorausgesetzt, daß Intelligenz nicht gruppensoziologisch definiert wird. Das heißt, wenn man Intelligenz als eine Funktion betrachtet, dann kann man ruhig sagen, diese Intellektuellen haben im Klassenkampf in besonderen Situationen eine führende Rolle zu spielen. In dem Moment aber, wo Intelligenz identifiziert wird mit einer sozial geschlossenen Gruppe mit einer permanenten gesellschaftlichen Funktion, so hat man die Identifikation von Intelligenz und Führung gegenüber den Massen, und damit hat man nicht nur die originäre Position des Marxismus verlassen, sondern man hat auch jede konkrete Emanzipationsperspektive für das Proletariat schon verlassen.

LM: Die zentrale These deines Buches ist, daß die Koppelung der Erhöhung der Maschinerie – also der organischen Zusammensetzung des Kapitals – und des Vergesellschaftungsgrads der Arbeit die Krisenhaftigkeit spätkapitalistischer Gesellschaften von den Marktbeziehungen zum in der unmittelbaren Produktion stattfindenden Verhältnis von Arbeit und Kapital verschiebt. Dem entspricht auf der Ebene der Politik die Verstaatlichung und Verrechtlichung aller gesellschaftlichen Beziehungen, die ein System der gesellschaftlichen Reproduktion erzeugen sollen, das langfristige Dispositionen der Kapitale durch die Ausschaltung störender, nicht kalkulierbarer Ereignisse ermöglicht, also die Tendenz zum autoritären Verfassungsstaat, wie wir ihn sich in der BRD perfektionieren sehen. Aus dieser Tendenz begreifst du den hervorragenden, strategischen Stellenwert der autonomen Arbeiteraktion. Weil die autonomen Kämpfe das Kapital an seiner empfindlichsten Stelle treffen – eben der Garantie der Kontinuität des Produktionsablaufs und dessen Planung – und sich gleichzeitig der Integration durch die offiziellen Institutionen entziehen, der nach deiner Auffassung alle Parteien – besonders in der BRD – unterworfen sind, treiben sie den Klassenkampf voran.

Wie eng ist diese These an die italienische Situation, aus der heraus ja seit den sechziger Jahren die Autonomie-Diskussion entstanden ist, gebunden. Welche prinzipielle und welche spezifische Bedeutung für die BRD hat sie?

Agnoli: Es geht nicht nur um die Koppelung der organischen Zusammensetzung des Kapitals und der Vergesellschaftung der Arbeit, sondern es geht um etwas anderes. Der wesentliche Krisenpunkt liegt nicht nur in der Erhöhung der organischen Zusammensetzung des Kapitals und des Vergesellschaftungsgrades der Arbeit, sondern in dem Einbruch der Klassenbewegung in die bloße, technologisch zu verstehende Kapitalzusammensetzung. Das heißt, daß organische Zusammensetzung und Vergesellschaftung sich erhöhen, bedeutet noch lange nicht, daß eine entsprechende Bruchsituation entsteht, wenn nicht die Klassenantwort kommt. Wenn das Buch eine Absicht gehabt hat, dann: zu zeigen, daß erst die Klassenantwort die Krise des Kapitals von einer normalen, zyklischen, ökonomischen Krise zu einer mit politischem Umschlag verwandeln kann.

Vom Standpunkt des Kapitals kommt noch hinzu – ich versuche ja die Frage vom Standpunkt des Proletariers zu beantworten, daß erstmalig seit dem 2. Weltkrieg der berühmt-berüchtigte Fall der Profitrate ganz konkret geworden ist. Etwas, was ich selber vor zehn Jahren in Frage gestellt habe. Inzwischen hat die Wirklichkeit gezeigt, daß der tendenzielle Fall der Profitrate etwas Konkretes ist. Und das muß natürlich das Kapital politisch zur Handlung aufrufen. Denn wir wissen alle, wenn der Profitfall soweit sinkt, daß die Akkumulation unmöglich ist, so ist es ja mit dem Kapitalismus von dieser Seite, von der Seite einer mehr oder minder automatischen Transformation, zu Ende. Selbstredend ergibt sich daraus nicht etwa Emanzipation oder Sozialismus.

Die Frage, die zu Recht gestellt wird, ist, ob meine Analyse, deren ökonomischer Teil eher auf die BRD zutrifft und in dem sozialen und politischen Teil doch eher auf italienische Verhältnisse paßt als auf deutsche, verallgemeinerbar ist. Die Problematik wird an der Autonomiefrage deutlich: Das, was unter Autonomie verstanden wird in der italienischen Situation, nimmt sich in Westdeutschland eigentümlich aus. Bei dem Treffen in Berlin hat Peter Brückner zu Recht darauf hingewiesen, daß meine Beiträge über die Autonomie der proletarischen Aktion in Westdeutschland völlig gegenstandslos seien. Sie sind es zumindest teilweise. Denn die Autonomie, verstanden als Eingriff der Arbeiterklasse in die Kapitalbewegung, setzt natürlich auf der Ebene des Bewußtseins als auch auf der Ebene der Kampforganisation Zustände voraus, die es in der Bundesrepublik noch lange nicht gibt. Die Auseinandersetzung, die es zwischen Peter Brückner und mir gab, war emblematisch die zwischen der Lüneburger Heide und dem Turiner Fabrikbezirk. Dabei hat Peter Brückner zu Recht darauf verwiesen, daß auch Turin in der Lüneburger Heide liegt. Das ist vollkommen richtig. Auch für Italien entsteht das Problem einer großen Masse von Arbeitern – von Konsumenten, wenn man so sagen will, die außerhalb der Autonomiebestrebung der Fabrik liegen. Leider liegt ja aber der wesentliche Unterschied darin, daß zwar Turin in der Lüneburger Heide liegt, daß es aber in der Lüneburger Heide kein Turin gibt.

Eine prinzipielle Bedeutung hat die Autonomie-Diskussion aber auch für die BRD, denn das Problem der Autonomie – wir sehen das an den englischen Streiks, an Schweden etc., emblematisch auch an den sogenannten, wilden Streiks in der BRD – ist natürlich nicht an Nationalgesellschaften gebunden, sondern ist ein allgemeines Phänomen des modernen Kapitalismus. Nur nimmt diese Erscheinung besondere geschichtliche Formen an. Es ist ganz klar, daß der Versuch der Arbeiterklasse, ihre eigene Politik zu gestalten, in einem Land mit einer entsprechenden klassenkämpferischen Tradition wie in Spanien, Südfrankreich oder Italien ganz anders aussieht als in Mitteleuropa, wo gerade dieser Strang der Arbeiterbewegung so gut wie überhaupt nicht existiert hat.

Wenn man aber genauer untersucht – und wenn man auch den entsprechenden Unterschied macht zwischen dem bewußten Zustand und einem noch embryonal vorhandenen, noch bewußtlosen Zustand, so muß man sagen, daß die Tendenz der verkauften Arbeitskraft, sich als Subjekt zu erkennen und ihrer eigenen Objektsituation eine Absage zu erteilen, embryonal, in manchmal eigentümlich-komischer Weise sich in der BRD genauso anmeldet wie in anderen Ländern auch. Das ist also die prinzipielle Seite.

Die spezifische Bedeutung der Autonomie hängt dann in der Tat mit der jeweiligen nationalen Tradition zusammen. Zu dieser nationalen Tradition gehört nicht nur das Vorhandensein oder Fehlen bestimmter ideologischer Positionen in der Arbeiterbewegung, sondern ebenso die Rolle und Präsenz großer Arbeiterparteien und Gewerkschaften in den einzelnen Ländern.

Das große Glück der Arbeiterbewegung in Italien, Belgien, Frankreich, selbst in Großbritannien, liegt darin, daß die Arbeiterbewegung in diesen Ländern keine Sozialdemokratie deutscher Prägung kennt. Das ist etwas, was man durchaus berücksichtigen muß; weil nämlich in der spezifischen Situation der BRD die Identifikation weiter Teile der Arbeiterschaft mit der Sozialdemokratie einfach ein Faktum ist, das man zunächst einmal zumindest zur Kenntnis nehmen muß. Ich möchte nicht die deutschen Arbeiter dafür verantwortlich machen, denn auch sie sind ja nur das Resultat einer bestimmten Entwicklung.

LM: Ich habe den Eindruck, daß in der westdeutschen Diskussion unter dem Begriff Autonomie jegliche Form spontanen – aber was die politische Wirksamkeit angeht (zumindestens) ambivalenten – Protests subsumiert wird; vom Pop-Konzert über das Schwarzfahren in der U-Bahn bis zum Warenhausdiebstahl. Du betonst dagegen die historische Gewachsenheit der italienischen Arbeiterkämpfe und sagst: die Klassenautonomie ist nicht organisationsfeindlich.

Agnoli: Die von mir gemeinte Autonomie ist die Klassenautonomie. Es ist bezeichnend, daß ein Frankfurter Genosse die Frage stellte, ob nicht mit meinem Hinweis auf die Autonomie die spezifischen Klasseninteressen verloren gingen. Warum? Weil er natürlich nicht an Klassenautonomie dachte, sondern an die – im westdeutschen Verständnis – sogenannten autonomen Gruppen von Sozialarbeiter, Lehrern und sonstigen Leuten, die sich in selbständigen Gruppen konstituieren, sich von Parteien irgendwie verraten oder auf jeden Fall nicht vertreten fühlen und daher versuchen, eine eigenständige Linie einzuhalten, jenseits der – und das ist wichtig – Klassenrealität oder Klassenstruktur der Gesellschaft.

Ich verstehe dagegen unter Autonomie etwas ganz anderes; etwas, was zunächst in der theoretischen Ausarbeitung von Raniero Panzieri u.a., dann aber, was sich in der konkreten Form der Arbeiterkämpfe in Norditalien herausgestellt hat. Autonomie in der doppelten Form: als Klassenbewegung, die Bewegung der Arbeitskraft gegen das Kapital, die Bewegung des Arbeiters als Subjekt der Produktion gegen seine gleichzeitige Position als Objekt der Verwertung. Aber auch und zugleich über den Fabrikbereich hinausgehend: als Tendenz oder Bewegung der abhängigen Massen gegen den Versuch des Kapitals, diese abhängigen Massen als Objekte der Umsetzung des Mehrwerts in Profit, als Konsumobjekte zu betrachten. In beiden Fällen bedeutet Autonomie den Versuch – ob es gelingt oder nicht, das ist eine andere Frage, aber der Versuch ist gemacht worden –, und in meiner Perspektive muß er gerade zum Gelingen gebracht werden, den Versuch der Klasse in ihrem Kampf um die Befreiung sich selbständig von der Kapitalbewegung, von der Zyklenbewegung des Kapitals zu machen.

Ich gebe ein konkretes Beispiel, weil das zunächst sehr abstrakt klingt: Die lückenlose Koppelung von Kapitalbewegung und Klassenbewegung – von Ökonomie und Politik im Proletariat – würde (das ist fraglos zur Zeit auch in der BRD zu erfahren) bedeuten, daß der politische Bewußtseinsstand des Arbeiters gekoppelt ist mit der zyklischen Bewegung des Kapitals. Klassenautonomie bedeutet hingegen, daß die Klassenbewegung, als Emanzipationsbewegung, als Bewußtwerdungsprozeß, völlig unabhängig vom ökonomischen Zyklus verläuft. Das scheint mir sehr wichtig zu sein. Denn einer der großen Fehler in der Ausarbeitung einer Strategie der Arbeiterbewegung – ich denke an Eugen Varga, an große Namen der Kritik der politischen Ökonomie – lag darin, die Chancen der Bewußtwerdung und die Chancen der Revolution ganz strikt zu untersuchen nach der zyklischen Bewegung des Kapitals – und dann entsprechende Ableitungen zu geben für die Praxis: Aufgepaßt! Da ist eine Krise in Sicht, es muß also das und das gemacht werden – Aufgepaßt! Da ist Hochkonjunktur in Sicht, also muß das und das gemacht werden.

Man ist davon ausgegangen, daß auch politisch die Bewußtseinsbildung subsumiert ist unter die Akkumulationsbewegung. Autonomie bedeutet, daß, wenn die Arbeiterklasse zu einem gewissen Bewußtseinsstand gekommen ist, sie gewissermaßen eine Absage an die Kapitalbewegung erteilt und sagt: wir entwickeln unsere Kämpfe nicht mehr entlang des Akkumulationsprozesses, sondern unabhängig von dessen Zwängen.

Das, was in Italien in der letzten Zeit passiert ist, ist gewiß kein Beweis, aber doch ein Emblem: Die Tatsache, daß in einer Periode gesteigerten Produktionsbedürfnisses die norditalienischen Arbeiter zuerst die Produktion verweigerten; und daß in einer Periode der Überproduktion – als etwa Alfa Romeo schließen wollte – die italienischen Arbeiter gesagt haben: ja, jetzt wird natürlich produziert. Das nannte man in Italien den umgekehrten Streik, und die ganze bourgeoise Presse war voller Empörung darüber. Es ist Überproduktion im Lande, die Lager sind voll von Autos, und was sagen die italienischen Arbeiter? Ja, jetzt wird natürlich produziert. Die gleichen Arbeiter, die 1970/71 nicht mehr produzieren wollten, fangen jetzt an, wie verrückt zu produzieren. Warum? Weil sie sich einen Scheißdreck um die Kapitalbewegung und deren Probleme kümmern. Das ist die eine Seite.

Die andere Seite ist eher mit den deutschen Erscheinungen der autonomen Gruppen in Verbindung zu bringen. Ihr sprecht da von Warenhausdiebstählen und Schwarzfahren. Warenhausdiebstähle gibt es ja in der BRD sehr wenig. Ich sage nicht 'leider sehr wenig', denn das würde mich eventuell mit den bestehenden deutschen Gesetzen in Konflikt bringen. Die Frage ist ohnehin, ob diese Erscheinungen einen politischen Charakter haben.

Während in der BRD in der Fabrik der Aufstand der Arbeiter gegen die Verwertung immer noch sehr zurück ist und nur embryonale Formen hat, hat in der gesamtgesellschaftlichen Reproduktion der Aufstand der Gebrauchswertorientierung gegen die Tauschwertorientierung eher konkretere Formen angenommen. Ob diese Formen die teilweise komische Gestalt der Bürgerinitiative annehmen, das würde ich nicht für so bedeutungsvoll halten. Im Gegenteil, man muß sich hüten vor gewissen dogmatisch-sektiererischen Positionen der Linken, die meinen, die Bürgerinitiativen wollten ja bloß partikulare Interessen vertreten, mehr nicht. Wer so denkt, hat die Dialektik von Interesse und politischem Bewußtsein nicht verstanden; also das marxsche Wort, daß eine weltgeschichtliche Idee sich immer blamiert, wenn sie sich nicht mit materiellen Interessen verbindet. Das ist die eine Seite: Autonomie von der Kapitalbewegung kann sich ausdrücken, wie in der BRD, als Absage an die Tatsache, daß ein jeder von uns eingespannt ist in den Realisierungsprozeß des Profits auf dem Markt und sich dagegen wehrt.

Die politische Seite ist im Grunde komplizierter, weil sie auch die Organisationsfrage mit erfaßt. Das bedeutet, daß in der Fortsetzung der Autonomisierung von der Kapitalbewegung auch eine Autonomisierung von denjenigen Arbeiterorganisationen enthalten ist, die zwar nicht Teil der Kapitalbewegung sind. Gleichwohl sind diese Arbeiterorganisationen auf der politischen Ebene genauso ein nicht klassenautonomer Teil im bürgerlichen Staat wie vordem die Arbeiterklasse ein nicht autonomer, unter das Kapital subsumierter Teil der Kapitalbewegung war.

Die Frage der politischen Autonomie ist deshalb komplexer, weil die Autonomie nicht bedeutet, daß eine lückenlose Absage an diese Arbeiterorganisationen erfolgt. Der Grad der Absage oder Zustimmung wird vom spezifischen, politischen Verhalten dieser Arbeiterorganisationen selbst bestimmt. Es wäre ja töricht, wenn die Autonomiebewegung organisations- oder parteifeindlich per se wäre. Es kommt wirklich darauf an, was für eine Partei und was für eine Organisation das ist. Es ist bezeichnend, daß die traditionelle Partei – die KPI, im Klartext gesprochen – der Autonomie den Vorwurf der Spontaneität macht, während die Autonomie, als politische Position, sich ebenso gegen den Spontaneismus wendet.

Autonomie gegenüber einer Arbeiterpartei bedeutet nicht die lükkenlose Absage gegenüber einer Partei. Sondern es bedeutet, daß die Klasse in dem Moment, in dem ihre Partei allgemeine, nationale Interessen vertritt und nicht mehr spezifische Klasseninteressen, daß in dem Moment die Klasse sagt: Moment! Unsere Interessen müssen wir selber organisieren und repräsentieren. Autonomie bedeutet also nicht eine Absage an das Organisationsprinzip, wohl aber eine Absage an irgendeine Organisation, die ein eigenes Organisationsinteresse entwickelt, das nicht mehr das Klasseninteresse ist. (Es ist interessant, daß jedesmal, wenn eine Arbeiterorganisation ein eigenes Organisations- oder Apparatinteresse entwickelt, die Ideologie sich sofort einstellt, die Organisation wurde allgemein-nationale Interessen vertreten.) Bezeichnend ist, daß in diesem Fall die Klasse sagt: dann suchen wir uns eben eine andere Organisation. Sie sagen nicht: Weg mit der Organisation! Sondern sie sagen: dann suchen wir uns eben eine andere Organisation.

Was ich sagen will: Klassenautonomie ist nicht organisationsfeindlich. Vielmehr sind die traditionellen Organisationen nicht mehr in der Lage, Klasseninteressen zu vertreten.

LM: Noch etwas zur Organisationsfrage: Du wirfst den traditionellen, im weitesten Sinne leninistischen Parteitheorien vor, daß sie die gedoppelte Situation des Arbeiters, der einerseits gezwungen ist, seine Arbeitskraft zu verkaufen, damit er leben kann, andererseits im Gebrauchswert der Ware Arbeitskraft die Negation dieses Prozesses darstellt, also „Reformist“ und „Revolutionär“ in einer Person ist, daß diese zentralistischen Parteitheorien den Arbeiter noch einmal auseinander montieren, indem sie ihm nur ein begrenzt-ökonomisches Bewußtsein zugestehen.

Agnoli: Gerichtet ist meine Analyse, die zunächst nichts weiter ist, als die Redigierung des Selbstbewußtseins des politisch bewußten Arbeiters, gegen das lenin-kautskysche Organisationsprinzip. Es ging mir nicht darum, zu zeigen, daß der Arbeiter notwendigerweise Reformist ist, sondern darum, daß der Arbeiter notwendigerweise auch revolutionäres Bewußtsein entwickeln kann. Die Frage nach dem Überwiegen des einen oder anderen Teils des Bewußtseins zu stellen wäre rein mechanisch. Es stimmt nicht, daß der Arbeiter per se ein Reformist ist.

Es stimmt aber auch nicht, daß der Arbeiter per se ein Revolutionär ist. Praktisch gewendet: eine revolutionäre Organisation muß einfach von dieser Realität ausgehen – das sind zwei Teile, die man nicht voneinander trennen kann. Es ist verfehlt, wenn man versucht, in der Organisationsfrage diese beiden Teile einfach abzuwägen und gewissermaßen prozentual zu verteilen, etwa so: organisatorisch machen wir Revolution, aber bis zu einem gewissen Prozentsatz mache wir Reformpolitik.

Wie das zu lösen ist, weiß ich auch nicht. Ich will nur auf das Problem aufmerksam machen: auf das historisch noch nicht gelöste Problem, nicht der Verbindung, sondern der Einheit beim Subjekt der Revolution; politisch gesprochen: zwischen der Nötigung zur physischen Reproduktion und der Notwendigkeit einer revolutionären Entwicklung. Bis jetzt hat keine einzige Partei dieses Problem konkret gelöst. Und wenn man dieses Problem nicht löst, dann wird man weiter Revolutionen haben, aber von einer proletarischen Revolution wird man weit entfernt bleiben.

Auf die westdeutsche Lage bezogen, habe ich nebenbei auch eine Art Ehrenrettung des Arbeiters gemeint. Ehrenrettung, weil ich von der Interpretation der berühmten Streiks – sei es 1969 oder 1973 – in keiner Weise befriedigt wurde. Weil es mir einfach zu simpel und borniert ist, die Tatsache, daß Arbeiter streiken, um mehr Lohn oder Urlaub zu haben, einfach als „ökonomistisch" zu kennzeichnen. Wer so interpretiert, hat die Sache selbst offensichtlich nicht verstanden und denkt die politisch-inhaltliche Implikation nicht mit.

Die Lohn- und Urlaubsforderung ist in diesem Falle gerade die formelle Seite des Konflikts. Inhaltlich wichtig ist vielmehr, daß sowohl bei den „wilden" Streiks 1969 wie 1973 als auch bei den Streikdrohungen im Zusammenhang mit Barzels Mißtrauensvotum die Arbeiter ohne Zutun zentraler Befehlsorganisationen, z.T. sogar gegen sie gehandelt haben.

Bezeichnend sind in dieser Hinsicht die Anti-Barzel, Pro-Brandt Aktionen. Sie waren bewußt politisch und straften so das ‚ökonomistische' Arbeiterbild Lügen. Aber selbst da fanden unsere orthodoxen – im Einklang übrigens mit der bloß moralistischen Interpretation der linken Sozialdemokratie – den Ausweg und bescheinigten den Arbeitern eine Art Wahnsinn, für den halbwegs als weltgeschichtliche Null erkannten Brandt auf die Barrikaden steigen zu wollen: es sei eben typisch für die deutschen Arbeiter, ausgerechnet für Willy Brandt einzutreten. Das Typische war indessen gar nicht das Eintreten für Willy Brandt noch die Motivation, die vielleicht teilweise moralisch war (die Empörung über die vermuteten unsauberen Machenschaften der CDU). Daß aber die gleichen Arbeiter schwiegen, als die Unsauberkeit auf der SPD-Seite erschien, zeigt, daß ihre Antwort nicht moralisch-konstitutionell, sondern in der Tendenz eine Klassenantwort war. Das Wesentliche ist, daß die Arbeiter gegen die institutionell vorgesehene Regelung im Land auf die Barrikaden gehen wollten; daß für sie irgend jemand, den sie für die eigene politische Vertretung ansahen, auf alle Fälle an der Macht bleiben sollte, auch wenn die konstitutionelle Ordnung (das Mißtrauensvotum des Bundestages) auf der Strecke bleiben sollte. Das ist der Punkt, der uns bei der Sache interessieren sollte.

[1] Anm. d. Hrsg.: Der Band *Überlegungen zum bürgerlichen Staat* erschien zuerst 1975 im Verlag Wagenbach, Berlin, und enthält die drei Aufsätze „Klasse und Staat in der BRD. Die Rolle des modernen Staates in der Planung von sozialen und Arbeitskämpfen", „Der Staat des Kapitals" und „Revolutionäre Strategie und Parlamentarismus". Die Aufsätze sind auch enthalten in Joannes Agnoli, *Der Staat des Kapitals*, Band 2 der Gesammelten Schriften, Freiburg 1995.

Ein Riß im Modell Deutschland

Ein Gespräch mit Marco d'Eramo

Marco d'Eramo: Über die Ursprünge des studentischen Protestes in Deutschland herrscht große Unsicherheit.

Johannes Agnoli: Es gibt deren zwei. Auf der intellektuellen und studentischen Ebene haben wir einerseits den linken Ursprung, die Frankfurter Schule, und andererseits den liberaldemokratischen, moralistischen, kantischen. Aber es gab eine andere, ein wenig verstecktere Strömung, die zwar Vertreter unter Studenten und Professoren, aber auch gewerkschaftliche Verzweigungen und eine im allgemeinen marxistische Orientierung hatte. Auch ich war, lange vor '68, Dozent für Innenpolitik an der Jugendschule der IG Metall in Berlin und blieb es so lange, bis sich die Bewegung von links zu zeigen begann. Der größte Teil der Studenten, die diese jungen Gewerkschaftskader ausbildeten, waren Mitglieder im SDS, im Sozialistischen Deutschen Studentenbund.

Kommen wir zum SDS, der kein einheitlicher Block war, sondern zwei Komponenten hatte, die Frankfurter, in Krahl oder Oskar Negt personalisiert, und die in Berlin, die deutlicher marxistische Positionen vertrat. So kam es, daß, während Krahl in Frankfurt über Ethik und Konsumismus sprach, in Berlin Dutschke mit Mandel über die organische Zusammensetzung des Kapitals diskutierte. Diese beiden vollkommen verschiedenen Komponenten haben sich, auf der Ebene der Personen, in der Rivalität zwischen Frankfurt und Berlin erhalten. Frankfurt hat ein sehr hohes kulturelles und theoretisches Niveau; Berlin ist traditioneller, aber stärker mit den politischen Problemen verbunden und auch kämpferischer. Mobilisierung auf Massenniveau hieß in Frankfurt 15.000 Menschen auf der Straße, während es in Berlin 30-40.000 waren. Vielleicht hängt das mit der Tatsache zusammen, daß in Berlin eine politisch nicht so drückende Atmosphäre herrscht wie in der Bundesrepublik. Die Situation der Stadt macht die Luft rauher, schärft aber eben dadurch die Konfliktfähigkeit. Darüber hinaus hat Berlin eine ganz und gar eigenständige Entwicklung gehabt, nicht nur wegen der Ermordung von Benno

Ohnesorg am 2. Juni 1967, die die Stadt zum Epizentrum der Bewegung machte, sondern auch wegen der Vorgeschichte, die auf organisatorischer Ebene atypisch ablief.

Es gab nicht nur den SDS, sondern auch den Republikanischen Club, von einer Gruppe jakobinischer Art gegründet, zu der ich gehörte und die sich Novembergesellschaft nannte (weil die Oktoberrevolution bekanntlich im November ausgebrochen ist), halb im Untergrund, den Behörden ganz ordnungsgemäß, wie es in Deutschland üblich ist, als wissenschaftliche Forschungsgruppe gemeldet. Zu ihr gehörten auch Horst Mahler, Ulrich Preuss und Klaus Meschkat. Es war eine Gruppe, deren Positionen nicht bloß der Frankfurter Schule gegenüber kritisch eingestellt waren, sondern aus einem, wie wir damals sagten „revolutionären Marxismus" kamen. Als man zum Beispiel diskutierte, ob Ekkehart Krippendorff beitreten dürfe, gab es ein Veto, weil Krippendorff kein Marxist war. Wir waren rigide, auch wenn wir uns keinerlei Illusionen gegenüber dem sogenannten „Realsozialismus" machten. Es war eine neue Linke marxistischer Qualität, die neue Wege suchte.

d'Eramo: Welche Positionen hattet ihr gegenüber dem „Kursbuch" von damals?

Agnoli: Wir haben daran mitgearbeitet, weil wir als Gruppe sehr geschlossen, nahezu geheim waren, aber mit breiten Kontakten. Nicht einmal Wagenbach wußte, daß wir existierten, und obwohl er einer der offiziellen Gründer des Republikanischen Clubs war, war ihm unbekannt, daß wir ihn vorgeschlagen hatten. Es war wahrhaftig eine sehr seltsame Geschichte, vielleicht auch wegen der damaligen Situation in Deutschland. Es war das erste Mal, daß man versuchte, etwas zu verändern. Zum Beispiel ist an die Bedeutung der Großen Koalition zu erinnern. Diese neue Linke hatte eine ganze Menge an Begründungen, auch wenn sie schließlich, wegen der bekannten Tatsache, daß es in der Arbeiterklasse kein Echo gab, auf die Intellektuellen und die Studenten begrenzt blieb.

d'Eramo: Hat nicht die zyklische Depression von 1965/67 eine Rolle gespielt?

Agnoli: Darüber wäre nachzudenken. Post festum ist man klüger. Meiner Meinung nach haben wir erst später, nach dem fast durchgängigen Anschluß an Marx, gesagt: „Doch, da gab es die Rezession, die zu dieser Veränderung geführt hat", während die Rezession in Wirklichkeit keinerlei politische Umsetzung gefunden hat, so daß wir, die "Aktiven", zwar von Vietnam sprachen, mit Sicherheit auch von der universitären Situation und ohne Zweifel vom „Verrat" der SPD, um es so auszudrücken, aber niemand hat je von der Rezession gesprochen. Als dann die Richtung eines mechanistischen Marxismus hochkam, sagten die Ökonomisten: „Es gibt einen ökonomischen Grund, es ist die Rezession." In Wirklichkeit existierte eine Verbindung, die vermittelt war. Die Rezession hat einen politischen Wandel mit sich gebracht, dessen ökonomische Ursachen uns damals nicht bekannt waren.

d'Eramo: Die Große Koalition?

Agnoli: Sie war einer der Gründe der Bewegung, denn sie hat dem Protest, dem Widerspruch, der Linken jede Möglichkeit verstellt, sich mit der SPD zu identifizieren. Bis dahin war die SPD eine Partei der Opposition, wie formal auch immer. In diesem Sinne besteht zur aktuellen Situation in Italien keine Analogie – die eine falsche wäre –, sondern eine Homologie; auch wenn die SPD versuchte, die Präsenz einer entpolitisierten Arbeiterklasse innerhalb der Großen Koalition wieder zu festigen, während die KPI versucht, eine politisierte Arbeiterklasse zu konsolidieren, ist das formal gesehen das gleiche. Die Bedeutung der Großen Koalition wurde sofort erkannt; so motivierte sie zum Beispiel das erste Treffen der Novembergesellschaft, wo es hieß: „Es gibt keine Opposition mehr, man muß etwas tun."

Dann folgte nicht die ökonomische Krise, sondern die der Universitätsstruktur, die eine Art Verlötung des politischen Protestes mit den unmittelbaren Interessen der Studenten mit sich brachte, deren Situation die kritische Grenze erreicht hatte.

d'Eramo: Und Vietnam?

Agnoli: Vietnam kam später, als es sich darum handelte, einen politischen Ausweg zu finden und sich das Problem der Identifikation stellte. In Deutschland war es nicht möglich, sich mit der Arbeiterklasse zu identifizieren, man identifizierte sich also mit der Dritten Welt. Es handelt sich um eine originale Situation, die anders als die französische und italienische ist und vielleicht der in Berkeley ähnelt. Aber in Berkeley gab es keine Democrazia Cristiana, keine

Große Koalition, auch wenn die Bewegung, wie in Deutschland, von Anfang bis Ende studentischen Charakter hatte und der qualitative Sprung in die Gesellschaft hier nicht gelang.

Jedenfalls hatte sich bis zu diesem Zeitpunkt immer die SPD die Möglichkeit eröffnet, den Dissens beizulegen, angefangen vom Kampf gegen die Wiederbewaffnung, den Teile der SPD und der Gewerkschaften geführt hatten, vom Kampf gegen die Atomwaffen, ebenfalls mit der SPD, und gegen die Notstandsgesetze, in dem gleichfalls Teile der SPD beteiligt waren. Im Grunde, das gleiche Problem der Möglichkeit einer politischen Identifikation läßt sich auch später feststellen, nach dem Höhepunkt der Bewegung, 1969, als die soziallIberale Illusion wiedererscheint, in der Epoche der Brandtschen Reform. Damals gab es einen breiten Sektor der Protestbewegung, die sich bereit erklärte, Brandts Reform zu unterstützen. Ein anderer Sektor entfernte sich von der Bewegung und ging zur Praxis der parlamentarischen Anpassung der DKP über; und was übrig blieb, löste sich auf in Parteien, Splitterparteien und Grüppchen.

d'Eramo: Also siehst Du ein Scheitern?

Agnoli: Sieh mal, wir müssen eine Feststellung treffen. Hier in Deutschland ist die Lage sehr belastend, man vergißt aber was die 50er Jahre unter Adenauer gewesen sind. Als Ergebnis von '67/68 sind die Möglichkeiten von Widerstand und Dissens sehr gewachsen. Ich gebe Dir nur ein Beispiel: wenn heute ein Universitätsassistent entlassen wird, äußert sich zumindest ein Protest, ein Widerspruch. 1961 hingegen wurde ich von der Universität Köln entlassen, nur weil ich öffentlich kurz nach dem Bau der Berliner Mauer gesagt hatte, es sei nunmehr notwendig, die DDR anzuerkennen; das heißt, ich verlangte etwas, das zehn Jahre später von der Regierung auch getan wurde. Aber mein Universitätsvertrag wurde mir nicht erneuert.

Als unter Adenauer die Prozesse gegen die Kommunisten stattfanden, bewegte sich niemand. Keine Zeitung sah darin einen Skandal. In diesem hat '68 Deutschland verändert. Es ist nicht alles verloren gegangen: Die Dialektik des Konfliktes ist wiedergekommen, hat aber die Grenze, jenseits derer sie zum Klassenkampf wird, nicht überschritten. Es gab sicher wichtige Vermittlungen, die offensichtlich nicht erkannt werden. Wenn Du fragst, ob es eine Verbindung zwischen dem Anfang der wilden Streiks in Deutschland 1969 und der antiautoritären Protestbewegung der Studenten gibt, werden dir alle mit nein antworten. Natürlich sagen CDU und SPD nein, aber auch die Gewerkschaften verneinen, und sogar die DKP, weil sie sagt: „Wir sind es gewesen, die den Arbeitern ..." Die Arbeiter selbst denken: „Was haben wir mit den Studenten zu tun?" In Wirklichkeit ist es, durch bestimmte Formen der Vermittlung, die Protestbewegung gewesen, die die Welt der Arbeit in Bewegung gesetzt hat. Nicht derart, daß die Arbeiter sich auf die Studenten berufen; aber aufgrund des Fernsehens, der Zeitungen usw. haben die Arbeiter gesagt: „Bewegen auch wir uns". Es gab ein großenteils dem Fernsehen zu verdankendes System von technischer Kommunikation, so daß ab einem bestimmten Zeitpunkt, mir scheint ab Mitte '69, in den Massenmedien ein Kurswechsel stattfand; sie haben nicht mehr von uns gesprochen, haben nicht mehr nach nur zwei Stunden die großen Demonstrationen in Berlin gezeigt, die Demonstrationen in Frankfurt auslösten. Denn dieses Kommunikationssystem hatte einigermaßen seltsame Resultate gezeitigt. Die offizielle Position sprach von Verschwörung: „Wie ist es möglich, daß um zwei Uhr Studenten in Berlin demonstrieren und um sechs in Frankfurt?" In Wirklichkeit war das Fernsehen die Verschwörung.

Auch als politische Erfahrung war dies sehr wichtig: die Möglichkeit dieser Art von Kommunikation machte bestimmte Formen leninistischer Organisation obsolet. Der Geheimkurier, der von einem Ort zum anderen eilt, ist nicht mehr nötig, wenn das Fernsehen ganz offen sagt: „Um zwei fand eine Demonstration in Berlin statt." Aus eben diesem Grund haben sich die Massenmedien dann einer neuen Politik bedient, eben der, die wir "Verschwörung des Schweigens" nennen und die heute noch andauert: in Hannover haben 600 Professoren für Peter Brückner demonstriert, der aus der Fakultät ausgestoßen worden war. Nur die Frankfurter Rundschau hat in einer Pressenotiz davon gesprochen, während die anderen Zeitungen sich darüber ausschwiegen. Wenn hingegen in Bonn 600 Professoren für die Wiederherstellung der schulischen Disziplin eine Demonstration machen, berichten alle Zeitungen darüber auf der ersten Seite, mit Balkenüberschriften. '69 hingegen ersetzten die Massenmedien in einem gewissen Sinn das revolutionäre Organisationszentrum. Mittels des Fernsehens gab es also ein gewisses Echo in der Welt der Arbeit. Aber Kontakte mit der Zivilgesellschaft, das Heraustreten aus dem Bereich der Universitäten gab es nicht.

d'Eramo: Wegen der Integration der Arbeiterklasse?

Agnoli: Die Gründe sind vielfältig. Sicherlich, die deutsche Arbeiterklasse ist integriert, aber man muß sich nach dem Warum fragen. Da sind ihre geschichtlichen Traditionen, da gibt es in diesen Traditionen den Mangel jeder Form von Anarcho-Syndikalismus, da gibt es die Orientierung auf den Staat in der deutschen Sozialdemokratie, da gibt es Lasalle. Aber es gibt auch den negativen Integrationsfaktor, der von der Wirklichkeit in Ostdeutschland dargestellt wurde.

Darüber hinaus hat die Unfähigkeit der Protestbewegung, sich auf dem Niveau der Massen zu artikulieren, eine gewisse Bedeutung gehabt, die zum Teil aus einer sehr idealisierten, am Schreibtisch konzipierten Vorstellung der Bedürfnisse der Arbeiterklasse stammte, dessen, was für sie notwendig war. Man sprach zu einem idealen Subjekt, ohne zu sehen, daß die realen Widersprüche sehr tief waren und eine andere Sprache, eine andere Möglichkeit der Artikulation verlangten.

Wir wußten zum Beispiel aus Forschungen der Soziologie, daß auch der deutsche Arbeiter ein „dichotomisches" Bewußtsein hat: „Die Herren sind dort oben, wir sind hier unten", jedoch mit der Tendenz, es als Schicksal zu betrachten, daß „wir hier unten bleiben und diese Schweine dort oben". Diese soziologischen Forschungen, die Mitte der 60iger Jahre erschienen, stimmten darin überein, daß die deutsche Arbeiterklasse nicht im Sinne eines begeisterten, sondern eines passiven Konsens integriert war. Sie erkannte, „unten" zu sein, glaubte aber, diese Situation nicht verändern und aufgrund dessen nur versuchen zu können, ein möglichst großes Stück des Kuchens zu bekommen. Eine vollkommen legitime Haltung.

Anstatt auf diese Tatsache abzustellen und zu versuchen, den Widerspruch der Dichotonomie aufzusprengen, sagte die Mehrheit der Bewegung: „Da ist nichts zu machen, ihr seid Schafe." Bei VW in Wolfsburg gab es 11.000 Italiener, in eine Art von Lager eingeschlossen. Nach wenigen Wochen, in denen wir dort politische Arbeit gemacht hatten, änderte sich die Situation im Lager, so daß es

'69 in Wolfsburg zum ersten Mal eine 1. Mai-Demonstration mit roten Fahnen gab, veranstaltet von den italienischen Arbeitern. Nun gut, einmal wollte eine deutsche Genossin, die sehr gut italienisch konnte und sich als Leninistin bezeichnete, mit uns kommen. Während wir zwischen diesen Hütten mit den Arbeitern sprachen, hat sie, da sie ein schönes Mädchen war, sofort eine Ansammlung provoziert, und sie hat angefangen zu sagen: „Seid keine Schafe." Und diese jungen Arbeiter antworteten: „Ich ein Schaf?", wurden wütend und wollten sie verhauen. Es scheint mir eine bezeichnende Episode für die Unfähigkeit, die Arbeiter zu verstehen, die in der Bewegung verbreitet war. Sie waren unfähig, zu verstehen, wieso ein Arbeiter sich ein Fußballspiel anschauen geht; sie meinten: „Er ist von der konsumistischen Gesellschaft auf Abwege geführt worden." Anstatt zu sagen: „Auch wir müssen zum Spiel gehen", sagten sie: „Wir müssen sie vom Stadion wegführen". Für jemanden, der, wie ich, Arbeiter gewesen war, war es unmöglich, ihnen das verständlich zu machen.

d'Eramo: Stellt die Unfähigkeit zur Kommunikation, von der du sprichst, nicht die Thesen der angelsächsischen Soziologie über die Integration hinsichtlich der Lebensformen und des geistigen Habitus zwischen Arbeiterklasse und den unteren Mittelschichten, zu denen die Studenten gehörten, in Frage?

Agnoli: Gegen diese These stand tatsächlich das Mißtrauen der Arbeiter gegenüber den Studenten aus den bürgerlichen Mittelschichten, die im Grunde als Angehörige einer Klasse erkannt wurden, die nicht die ihrige war. In vielen Gesprächen sagten die Arbeiter: „Heute sprecht ihr von uns, und morgen seid ihr unsere Herren."

Mir scheint allerdings, daß diese These der Integration ein Methodenfehler der bürgerlichen Soziologie ist, die das Alltagsverhalten mit der politischen Stellungnahme verwechselt. Das Fernsehen zu wollen, wie der Klein- Mittel- und Großbürger, bedeutet gar nichts. Die Verhaltensmuster zu praktizieren, die von den Massenmedien verbreitet werden, scheint mir nicht sehr wichtig, andernfalls gäbe es nicht einmal die Pluralität der Parteien: warum überhaupt würde der Arbeiter sich sonst der SPD verbunden fühlen. Das ist ein weiteres Beispiel studentischen Unverständnisses.

Als es zu dem Mißtrauensvotum von Barzel gegen Brandt kam,

drohten viele Betriebsräte der großen rheinischen Industrie mit dem Streik, für den Fall, das Brandt fallen sollte. Dies enthielt zwei Faktoren: Es war Bereitschaft zu einer antiinstitutionellen Politik das, denn es gibt nichts Antiinstitutionelleres als gegen die Entscheidungen des Parlaments zu streiken. Ein Gutteil der deutschen Linken hat empört aufgeschrien: „Seht ihr, diese Arbeiter identifizieren sich mit der SPD, wie kann man diesen Streik für Brandt machen." Wir versuchten, die jungen Genossen zu überzeugen: „Der Arbeiter fragt sich nicht, ob die Sozialdemokratie integriert ist oder nicht, auf jeden Fall ist sie für ihn nicht die Partei der Herren." Anstatt also die Situation zu verstehen hat die Mehrheit gesagt: „Diese Dummköpfe von Arbeitern." Man wollte Arbeiterpolitik machen, ohne die Arbeiter zu verstehen.

Daneben herrscht in der Klassenanalyse ein Schematismus, der einem Angst machen kann. Eine marxistische Gruppe, die Lehrbücher publiziert, hat eine Studie über Italien durchgeführt, um zu erfahren, wer den Historischen Kompromiß befürwortete. Sie haben deshalb die drei Millionen staatlicher Angestellter genommen, und unter dem Einfluß ihres Mythos des Funktionärs, des Beamten, behauptet, niemand von diesen drei Millionen Staatsbediensteten würde je für die PCI stimmen, weil sie vom Staat abhängen, und deshalb von Bourgeoisie und Kapital. Das sind Absurditäten.

d'Eramo: Aber hat '68 nicht eine Schwächung des Staatsgefühls bewirkt.

Agnoli: Tatsächlich hat sich das Staatsgefühl sehr gewandelt, aber nicht weil etwa eine Feindschaft gegenüber dem Staat bestünde, sondern weil man sich nicht mehr mit ihm identifiziert. Es herrscht Überdruß am politischen System: Sieh' dir die Initiativen des Volkes an – und versuche Bürgerinitiative mit „iniziative popolari" und nicht „iniziative civiche" zu übersetzen – die von dem Bewußtsein ausgehen, daß dieses politische System nicht in der Lage ist, bestimmte soziale Konflikte zu artikulieren, und zu lösen. Diese Phänomen hat einen Massencharakter, auch wenn es Minorität ist. Es kann jedoch Formen des Bruches annehmen, wie die Studentenbewegung, wenn ihm nicht rechtzeitig Einhalt geboten wird. Der deutsche Staat hat gelernt, rechtzeitig Präventivmaßnahmen zu ergreifen. Ich lese schon schwere Angriffe gegen die Bürgerinitiativen, zum Beispiel jene gegen die Atomkraftwerke. Diese Bewegung des Bruches, auch wenn sie den grundlegenden Dissens nicht erreicht, verweigert jedenfalls den unbedingten Konsens, der bis dahin herrschte.

d'Eramo: Und was ist mit den jungen Arbeitslosen, die es heute gibt?

Agnoli: Wohin sie gehen, weiß niemand. Ich glaube den Pseudomarxisten nicht, die sagen, weil sie arbeitslos sind, gehen sie nach links. Es gibt ein Potential, das revolutionär, aber auch reaktionär sein könnte. Einer der vielen Fehler, die die organisierten Linken machen, ist der, sich auch auf die Embryonen der Bewegung zu stürzen, auch auf die Bürgerinitiativen, wobei sie von der Voraussetzung ausgehen, daß sie links seien, und oft zerstören, paralysieren und ersticken sie sie. So tendieren die Arbeitslosen eher zur Resignation. Aber es gibt ein gesellschaftliches, organisches Element des Bruches, das die Gesellschaft heute nicht zu inkorporieren in der Lage ist.

d'Eramo: Hat '68 die Linke stärker gemacht?

Agnoli: Stärker gemacht schon, aber paß' auf! Der Linken gelingt es nicht, das Berufsverbot zu beseitigen, weil das Kräfteverhältnis sich nicht verändert hat, auch wenn die Linke entschlossener ist. Dies gilt auch für die offizielle Politik. Mit Brandt gab es einen Versuch, die Forderungen zu integrieren, der sich jedoch auf der internationalen Ebene abgespielt hat, auch weil die ökonomische Situation sehr anfällig bleibt. Aber auf der innenpolitischen Ebene fand eine Veränderung statt, zum Teil dem bewaffneten Kampf geschuldet, den ich in Deutschland in Anführungszeichen setzen würde. Diese Illusion des „bewaffneten Kampfes" war nicht die Ursache der Verhärtung, hat ihr aber ein ausgezeichnetes Motiv geboten.

d'Eramo: Warum ist zum Beispiel jemand wie Horst Mahler, der mit euch in der Novembergesellschaft war, in diese Richtung gegangen?

Agnoli: Hier kommt man am Ende zu den persönlichen Analysen. Ich war gut mit Mahler befreundet. Er hatte keinerlei Möglichkeit sozialer Reproduktion. Als er den Prozeß gegen Springer verlor mußte er 330.000 Mark zahlen, weil er für die Zerstörung der Geschäftsstelle Springers verantwortlich gemacht wurde, die wir alle nach dem Attentat auf Dutschke begangen hatten. Nun, was meinst du, was soll man als Anwalt mit solchen Schulden machen? Seine berufliche Zukunft war also zu Ende. Ich sage dies nur, um dir zu zeigen, daß die Situation ungewöhnlich geworden war. Mahler war sogar eher jemand mit Begabung zur politischen Vermittlung; er sagte immer: „Unterstützen wir die FDP, treten wir in die SPD ein." Eine Haltung, die seine weitere Entwicklung noch seltsamer werden läßt.

Gleichwohl, zum bewaffneten Kampf muß zweierlei festgestellt werden: Die Vorstellungen der RAF haben in Deutschland keinen Unterbau sozialer Wut und lösen deshalb eine sofortige Identifikation mit dem Staat aus. Zweiter Punkt: Was für Deutschland charakteristisch ist, ist nicht so sehr der Terrorismus selbst, als die Reaktion der deutschen Gesellschaft, die sich unmittelbar betroffen fühlt. Der Durchschnittsdeutsche fühlt sich getroffen, wenn Schleyer getötet wird. Die gesamte Gesellschaft fühlt sich in Frage gestellt.

d'Eramo: Jenseits der unmittelbaren, direkt politischen Konsequenzen von '68, welche Auswirkungen auf die Lebensformen und Sitten siehst du in Deutschland?

Agnoli: Der Markt hat einige Äußerungsformen wieder absorbiert, die vorher einen Bruch darstellten. Dennoch, das Verhalten der Durschnittsdeutschen ist verändert. Jedoch sogar hier ist eine gewisse Rückwärtswendung festzustellen. Einige Schlagworte des deutschen Autoritarismus sind aufs Neue in Mode gekommen. Auch die Studenten fordern Disziplin, schweigen, hören zu.

d'Eramo: Auch, weil es den Numerus Clausus gibt?

Agnoli: Das Verhalten ändert sich aus spezifischen Gründen, und nicht aus rein kulturellen, die sozialen Konventionen angehenden Gründen. Jedoch gibt es gleichzeitig den Versuch, sich der Rückkehr zum alten Zustand zu entziehen; denk' an die Bildung der Kommunen als geschlossenen Gruppen. In Frankfurt spricht man von 15.000 Jugendlichen, die in Kommunen leben, die von einigen als der wahre Ort des Bruches mit der bürgerlichen Gesellschaft betrachtet werden. Ich hingegen meine, daß sie ein nur zu gerechtfertigtes Element des Rückzugs ins Private darstellen, wenn die Möglichkeit, politisch auf die Gesellschaft einzuwirken, nicht existiert.

1978

Aus dem Italienischen von Ulrike Hoffmann

„Gutachten zum Fall O“

Mein Dienstherr, Senator Peter Glotz, versucht neuerdings seine Oberreuter-Berufung öffentlich mit Hinweisen auf ein von mir verfaßtes „Gutachten“ zu rechtfertigen. In diesem Gutachten, das in Wirklichkeit ein schlichter Brief an die Sozialistische Assistentenzelle (SAZ) am Otto-Suhr-Institut ist, soll ich angeblich Oberreuters Vorzüge gewürdigt, seine politische Position respektvoll behandelt und daher die Richtigkeit der dienstlichen Entscheidung und Berufung nachträglich bestätigt haben.

Ich halte es für nötig, den Wortlaut meines Briefes zu veröffentlichen, damit Peter Glotzens Versuch ein Ende gemacht wird, meine geradezu grobianische Ironisierung des Falls zu einer Lobpreisung umzuwandeln.

Die Ironisierung (schon semantisch-sinnlich wahrnehmbar, denn ich nenne in Anlehnung an einen bekannten Film Oberreuter Herrn O) scheint meinem Dienstherrn allerdings nicht aufgefallen zu sein. Ich nehme aber nicht an, daß mein Dienstherr mit meinem Brief Falschmünzerei betreiben will. Wahrscheinlicher ist es, daß teilweise Unwissenheit zum Mißverstÿndnis und zur Fehlinterpretation meiner Einschätzung des Herrn O geführt hat (was freilich angesichts von Glotzens zu Recht gerühmten Wissensstand verblüfft). Jedenfalls und exemplarisch: Peter Glotz weiß offensichtlich nicht, was es bedeutet, wenn ich bei Herrn O „Extremismus der Mitte“ vermute. Er soll diese Lücke sinnvollerweise füllen und sich bei Lipset danach erkundigen (S.M. Lipset, Soziologie der Demokratie, Neuwied 1962, S. 132 ff., v.a. S. 134). Ebenso wenig scheint er Kants Auffassung über das „Vermögen, unter Regeln zu subsumieren“ zu kennen und kann also meinen entsprechenden, auf Herrn O gemünzten Hinweis nicht verstanden haben (dazu: Immanuel Kant, Kritik der reinen Vernunft, Zweite hin und wieder verbesserte Auflage, Riga, bei J.F. Hartknoch 1787, S. 171 ff.).

Hier nun meine brieflich-gutachtliche Äußerung. Sie bezieht sich auf Oberreuters Schrift „Kann der Parlamentarismus überleben?“.

Es sei daran erinnert, daß O's Hochschullehrerstelle mit „vergleichender Parlamentarismus-Forschung" zu tun hat. Und noch eine Erinnerung: Aus Oberreuter wurde ein Fall, weil er bei einer Tagung in Tutzing die Errichtung von Konzentrationslagern für Abgeordnete vorschlug, die Kritik am parlamentarischen System üben.

Sogenanntes Oberreuter-Gutachten 1978

Den SAZ-Genossen: Ich bin Euch für Eure Aufforderung keineswegs dankbar, mich mit O und dem Werk „Kann der Parlamentarismus überleben?" zu befassen. Es macht keine Freude, Zeit zu verschwenden bei der Lektüre eines Buchs, das – wäre die O-Geschichte nicht ins Haus gekommen – keiner von uns zur Kenntnis genommen hätte. Nun habe ich das Buch doch gelesen, mußte dabei allerdings gleich nach den ersten Seiten mein Vorurteil über O beiseite schieben. Nach Tutzing und nach Bekanntwerden des Wallraff-Gutachtens nahm ich an, ich hätte es mit einem so genannten „gewöhnlichen Faschisten" zu tun, und überdies mit einem Gegner des parlamentarischen Regierungssystems. Nichts dergleichen, und das heißt: nichts Faschistisch-Gewöhnliches läßt sich an O anhand dieser Schrift feststellen. Auch wenn die Frage bleibt, ob ein Freund des parlamentarischen Systems eo ipso auch ein Freund der Demokratie sei (die traditionelle Frage des bürgerlich verfaßten Staats): O zeigt sich in dem erwähnten Buch von der besten affirmativen Seite, als ein gewöhnlicher Verteidiger und Apologet der konstituierten Ordnung. O's Ausführungen weichen daher von den gängigen politologischen Untersuchungen nicht ab. Sie enthalten zwar nichts Exzellentes, sind aber eines dritten Berufungsplatzes durchaus würdig, zumindest in der, bei unserer Listenpraxis mehrfach schon vorgekommenen und durchaus legitimen Signalbedeutung: junger Mann, Sie sind potentiell berufbar; machen Sie nur so weiter, entwickeln Sie sich und eines Tages werden Sie die Listenleiter aufsteigen.

Wenn auch nicht originell, ist das Ganze doch solide gebaut: O fügt Gedanken und Argumente, Fakten und Begriffe aus verschiedenen Provenienzen zu einer lesbaren Darstellung zusammen. Löwensteins Interorgan-Verschiebungen, verbands- und parteisoziologische

Elemente, Fraenkel, Hennis, Pareto und Luhmann – vieles ist dort zu finden. Zu meinem Vergnügen fand ich in einigen Punkten (zum Beispiel hinsichtlich der Bildung neuer, aus Exekutive und Legislative zusammengesetzter Entscheidungszentren) meine „Transformation“ wieder. Zu meinem Vergnügen, keineswegs zu meiner Überraschung. Denn O beschreibt nun einmal eine Sache, wie sie in Wirklichkeit ist und kann daher an den Transformationsprozessen nicht vorbeischauen. Daß es zwischen O und mir einige Unterschiede gibt, daß ich etwa zwischen dem Machtzentrum Regierung-Parlamentsspitze und dem Resthaufen der Abgeordenten differenziere, während O daraus die einheitliche Größe *Parlament*, und daher aus der bloßen Funktionsänderung einen ins Unermeßliche gesteigerte Funktionsgewinn macht und aus dem Bundestag ein Verfassungsdenkmal, hat vermutlich methodologische Gründe. Ich versuche schlichte Funktionsanalyse dort, wo O mit weitaus umfassenderem Blick eine Monumentalbeschreibung liefert.

Innovatorisches gelingt O hingegen bei der Auffindung der wahren Ursachen einer solchen von ihm durchweg positiv bewerteten Transformation, Innovatorisches sowohl gegenüber bürgerlichen Ansätzen wie vor allem gegenüber der marxistisch orientierten Kritik. Während systemtheoretische Überlegungen von der bloßen Komplexheit der Gesellschaft ausgehen, die angeblich eine Veränderung in den staatlichen Machtmechanismen begünstigt oder gar notwendig macht, entdeckt O richtigerweise, daß zur Komplexheit auch noch die *Kompliziertheit* der Gesellschaft hinzukommt – etwas, was in der Tat bisher allen verborgen geblieben war.

Das ist aber nicht alles. Noch wichtiger und eine wahrhaft wissenschaftliche Leistung (die Leistung, die vermutlich ihm das Epitheton „exzellent“ (Glotz) eintrug): O gelingt es, die *letztinstanzliche* Ursache (würde Engels gesagt haben) aller politischen Transformationen und der Notwendigkeit des veränderten Parlamentarismus aufzudecken.

Löwenstein hatte sich auch da versucht, kam aber über die simple Klärung von Interorgan-Problemen nicht hinaus, verstand die Veränderung als Folge irreversibler institutioneller Prozesse. Wie dünn Duvergés Analysen struktureller Verschienungen der bürgerlich-kapitalistischen Gesellschaft geraten sind, wissen wir alle. Sie sind alle an der Oberfläche geblieben: entweder wurde die Ursache an der Kapitalbewegung festgemacht (Altvater); oder an der Klassenbewegung (Agnoli); oder an beiden (Marx).

O dringt tiefer ein, steigt zu den Wurzeln und entdeckt die wirklich letzte Ursache, also das wirklich Allerletzte: den „Wandel der Zeit“. Nun könnte man einwenden, daß auch dies einer tradierten allgemeinen Einsicht entspränge: tempora mutantur; und daß es ebenso von alters her bekannt sei, daß wir uns dementsprechend mutieren. Eben: *wir*, also der allgemeine und abstrakte Mensch, nicht aber das parlamentarische Regierungssystem und seine Funktionsweise. Vor O ist keiner auf die Einsicht gekommen, daß der Wandel der Zeit als solcher eine institutionelle Verschiebung und eine Erneuerung der Funktion des parlamentarischen Systems determiniert habe. Völlig zu Recht wirft daher O den kritischen Freunden und den Kritikern des Parlamentarismus Ignoranz vor.

O bleibt aber nicht beim bloßen Ignoranzvorwurf. O weitet diesen Vorwurf in dem gleichen Maße aus, in dem die Funktionsanalyse durch eine ins Normative gehende Klärung ergänzt wird. In Tutzing hatte sich O wie erinnerlich in ungewöhnlich temperamentvoller Weise gegen diejenigen Kritiker gewandt, die „das politische System (incl. der BRD) kaputtmachen“. Die Gründe dieses Ausbruches lassen sich in dem Parlamentarismus-Buch leicht nachspüren. Für O bestimmten Wandel der Zeit, Komplexheit und Kompliziertheit der Gesellschaft nicht nur faktisch eine Transformation staatlicher Entscheidungsprozesse und -mechanismen. Im derart faktisch Entstandenen vollzieht sich vielmehr so etwas wie Wahrheit: der parlamentarisch-demokratische Staat findet in der vorfindbaren Regelung seine eigene *wahre* Gestalt. Die Regelung wird zur Ordnung, der Zustand zur Norm, die Wirklichkeit zur Wahrheit. Das politische System der BRD, so wie es ist und mit den, im Sosein schon enthaltenen Verbesserungen (Steckenpferd bei O: die Erhöhung der kommunikativen Effizienz) entspricht genau dem, was sein soll die beste aller möglichen konstituierten Ordnungen und das Modell für Europa.

Nicht, daß hier Georg Jellinek ins Spiel käme. Die normative Kraft des Faktischen zeigt zwar die Koppelung von autoritär durchsetzbaren Regeln und gültig gewordenen Normen an, läßt die Wahrheitsfrage jedoch geschichtlich offen. Daß „der gegebene Zustand der zu Recht bestehende sei", bedeute nicht, „daß er den einzig rechtmäßigen darstelle. Prinzipiell kann sich auch ein anderes factum als das bessere Recht durchsetzen und eine neue Norm konstituieren" (G. Jellinek, Allgemeine Staatslehre, 3. Aufl., 5. Nachdruck, 1928, S. 340).

Bei O erfolgt eher – wahrscheinlich bewußtlos, also aus dem internalisierten Wissensfundus her – ein Rückgriff auf die mittelalterliche conversi veri et facti. Also wie bei Vico? Nicht ganz. Die Konversionslehre diente Vico bei seiner Auseinandersetzung mit dem Naturrecht dazu, die Geschichtlichkeit des Wahren zu bestimmen. Die Wahrheit des factum ist nach Vico, ex vero zu sein; zugleich ist es die Wahrheit des verum, permanent factum zu werden. Das heißt: Die Wahrheit fällt unter die Seinsweise der facta, wird veränderbar, der zeitlich bedingten Faktizität unterworfen und der Absolutheit enthoben.

Anders bei O. Der Wandel der Zeit schafft nichts Relatives, in Frage zu Stellendes. Der Widerspruch von verum und factum wird eliminiert, das Bestehende zum Rang des Absoluten erhoben. Was ist wahre Demokratie? Die perlamentarisch-freiheitlichen real existierenden (nicht die verfassungsnormativ intendierten) Zustände in der BRD.[1]

Wird aber die geschichtliche Relativierung aufgehoben, so ist eine gleich wie geartete Problematisierung wissenschaftlich unzulässig, politisch bedenklich, moralisch verwerflich. Die BRD ist das Land der realen Demokratie – ein Nest, das nicht beschmutzt werden darf. Das hat Folgen. Wer die Wahrheit nicht erkennt, ist im leichtesten Fall ein Ignorant. Wer sie aber nicht anerkennt, wird im Enstfall zu einem Feind der Wahrheit, auf den die Grundnorm der neuen Obrigkeit genau paßt: keine Feiheit für die Kritiker der Wahrheit.

Was soll nun mit den Kritikern der Wahrheit geschehen?

Sie zu emarginieren, gebietet die Verteidigung der konstituierten Ordnung. Nur soll die Emarginierung nicht so ohne weiteres erfolgen, sondern – wenn ich O richtig verstehe – allemal in einer Weise, die der Komplexheit und Kompliziertheit der Gesellschaft und dem Wandel der Zeit entspricht.

Nach der Tutzinger Rede tauchen da einige Unsicherheiten auf. Man könnte durchaus meinen, daß O in Tutzing sich keine Entgleisung geleistet, vielmehr die Frage geklärt hat, inwiefern Konzentrationslager noch angemessen sind und sozusagen institutionell den Wandel der Zeit überdauern.

Am Ende des Buchs läßt O die Geduld fahren, verläßt die Ebene der akademischen Betulichkeit und der sachlichen Monumentalbeschreibung. O läßt sich auf eine Abrechnung mit Andersdenkenden in Sachen Parlamentarismus ein. Die Parameter entsprechen auch hier gängigen Vorstellungen. O sieht keine wesentlichen Unterschiede zwischen rechter und linker Kritik am bürgerlichen Verfassungsstaat. Zwar ist es zur Genüge erläutert worden (so Helga Grebing und Iring Fetscher), daß die angebliche Verwandtschaft von linker und rechter Kritik nichts weiteres ist als ideologischer Unsinn. O kennt wahrscheinlich aber die einschlägige Literatur nicht. O scheint jedenfalls nicht zu wissen, daß die rechte Kritik dem parlamentarischen System desintegrierende Wirkung vorwirft, während linke Kritik bekanntlich die Funktionalität eines bürgerliche-parlamentarischen Staats für Integration und Konservation sozusagen würdigt. O macht jedoch di tutta l'erba un fascio und zeigt also – Ehrlichkeit in der Argumentation vorausgesetzt – eine Schwäche, die auch bei hochgelehrten Personen auftreten kann und die der Philosoph aus dem ehemaligen Königsberg als Unvermögen definierte, unter Regeln zu subsumieren. Und dies sei ein Gebrechen – fügte Immanuel kant hinzu –, dem man gar nicht abhelfen könne.

Ecco tutto

PS.: Zur politischen Ortbestimmung: O als rechtskonservativ oder gar als Rechtextremist zu bezeichnen, scheint mir nicht ganz zuzutreffen. Anbetung des Faktischen, Reform verstanden als technische Verbesserung, Betonung des kommunikativen Charakters verbunden mit einem augenfälligen Modernismus zeigen eher eine mittlere Position an („moderato“ im italienischen politischen Sprachverstand), die O allerdings extrem vertritt. Ein Extremist der Mitte also. Damit verschwände die Hoffnung unserer fünf konservativen Kollegen, durch O's bloße Präsens am rechtesten Flügel unseres Hauses ein kein wenig zur Mitte hin zu rücken.

1978

[1] Ähnlich argumentierte kürzlich ein westdeutsches Verwaltungsgericht in einem Rechtsstreit Fernsehjournalist versus Filbinger: in der politischen Wirklichkeit der BRD sei eine Trennung von Verfassungsnorm und Verfassungswirklichkeit nicht statthaft; wer die Wirklichkeit kritisiere, kritisiere in Wirklichkeit auch die Norm.

Das September-Treffen in Bologna

Nach den März-Ereignissen in Bologna[1] begann innerhalb der italienischen Linken eine breite strategische, zum Teil auch theoretische Diskussion über die neue Lage, die durch den Eintritt des PCI in den „konstitutionellen Bogen“ entstanden war (in den Kreis der staatstragenden Parteien, würde man hierzulande sagen). Das Verhalten der kommunistischen Verwaltung von Bologna bot dazu genug Anlaß: zum ersten Mal in Italien stand bei einem offenen Konflikt zwischen linken Demonstranten und den sogenannten Ordnungskräften die Partei auf der Seite der Polizei und zog damit die makabre Konsequenz aus ihrem seit längerer Zeit laufenden Versuch, die radikale linke Bewegung in die Isolation zu treiben, sie vor allem von der Arbeiterklasse zu trennen und den eigenen Anspruch auf das Exklusivrecht über die Massen aufrechtzuerhalten.

Im Zusammenhang mit der Orientierung der Politik des italienischen Staats an einer institutionellen Strategie, die Produktivität, Disziplin und Ordnung herbeiführen und präventiv alle Ansätze zu einer radikalen Veränderung blockieren will, nahm das Problem „Repression“ – sonst als rein „deutsches“ Problem angesehen – immer festere Konturen an.

Daher der „Kongreß über die Represson“, der freilich durch seinen massenhaften Charakter, durch die Art der Veranstaltungen, das Auftreten der Teilnehmer und die offenen Straßendiskussionen zeigte, daß etwas anderes neben der Kritik an der repressiven Politik des Staates und der kommunistischen Partei auf der Tagesordnung stand: erstens, die Manifestation, daß die radikale Linke eine gesellschaftliche Kraft und keine bloß störende, politisch belanglose Zusammenrottung von Sekten und Gruppen darstellt; und zweitens, daß diese Kraft in der Lage sei, langfristig eine organisatorische Alternative zu schaffen und den vakant gewordenen Platz einer kommunistischen Fundamentalopposition zur kapitalistischen Gesellschaft und zu deren Institutionen einzunehmen.

Bildeten also die Repression und die in ihr übernommene Funktion des PCI das offizielle Thema und auch den Gegenstand zahlreicher Resolutionen und Anklagen, so war das zentrale Problem viel konkreter: das Verhältnis radikale Linke – Arbeiterklasse – proletarische Massen (zu denen in Italien auch Randsektoren der Gesellschaft zählen). Selbst in der von der Frauenbewegung teils innerhalb, teils organisatorisch neben dem Kongreß entwickelten Kampfperspektive fand sich in der generellen Linie der Frauenemanzipation diese Problematik wieder. Fragen der Unterdrückung intellektueller Freiheit und des individuellen Dissenses wurden miteinbezogen, aber nur als Nebensache behandelt. Vermutlich aus diesem Grund fand das spektakulär angekündigte Auftreten Guattaris nicht das Echo, das die Presse und die Intellektuellen selbst sich erhofft hatten.

Das Treffen und die Gesellschaft

Guattari gehörte mehr der Chronik des Kongresses an. Um Chronik geht es hier aber nicht; ebensowenig um eine quantitative Darstellung und um die qualitative Charakterisierung der Teilnehmer, ihrer Gruppierungen und der während des Treffens gebildeten großen Fronten um Autonomia organizzata einerseits, dem Movimento andererseits. Nur mühsam und kunstvoll ließe sich eine einheitliche Interpretationslinie erarbeiten, die in der Form einer Schlußbilanz, Positives und Negatives abwägend, uns ein trostreiches Wissen über linke Probleme, linke Widersprüche bescheren könnte und über die Schwierigkeit, die Revolution voranzutreiben. Vor solchen Interpretationen müßte eher gewarnt werden. Vorläufige Bemerkungen sind hier erlaubt; eine „Lehre von Bologna" läßt sich nicht erkennen.

Eine analytische Rückführung des Treffens und seiner Hintergründe einerseits, seiner Ursachen und Folgen andererseits auf die ökonomische Situation des Landes könnte sinnvoll sein, sofern sie nicht abstrakt von der Kapitalbewegung ausgeht, sondern vom Zusammenstoß zwischen den Erfordernissen des in die Krise geratenen Kapitals und der nach wie vor wirkenden Klasseninsubordination. Allerdings ließe sich hier nur Vorläufiges mitteilen, da der schon vor „Bologna" begonnene Prozeß innerhalb der radikalen Linken weder abgeschlossen ist noch klar erkennen läßt, ob es sich um einen Konsolidierungs- oder um einen Liquidierungsprozeß der Linken handelt und wie er also in eine nicht abgehobene Kritik der politischen Ökonomie eingebracht werden könnte.

Vor allem aber: Eine analytische Koppelung von „Bologna“ und den Schwierigkeiten des italienischen Kapitals, selbst wenn sie über das Problem der Arbeitslosigkeit und der arbeitslosen Jugend (einer der wichtigsten Protagonisten des Kongresses) vermittelt wäre, ginge an der gesellschaftlichen Wirklichkeit vorbei, die dort zum Ausdruck kam. Das Treffen von Bologna (will heißen: was in ihm wirklich stattfand) läßt sich – anders als der ganze Komplex des „historischen Kompromisses“, mit dem es doch verbunden ist – unter das Kapitalverhältnis in Italien nicht subsumieren, läßt sich durch dessen Widersprüche nur partiell erklären. Sowohl in der eigenen spezifischen Praxis wie auf der Ebene der theoretischen Generalisierungsversuche fällt es aus diesem Verhältnis heraus.

Die dahinterstehende Bewegung entfaltete sich gewiß im Kampf gegen das Kapital und seinen Staat, aber jenseits der traditionellen Formen, in denen sich die Beziehung Arbeit/Kapital verfestigt und institutionalisiert hat und die permanent die Arbeiterklasse an die Kette der Gesetze des Kapitals legen. Vielmehr setzte sich in der linken Bewegung der Prozeß der Klassenautonomisierung fort, der mit dem „heißen Herbst“[2] seinen historischen Ausgangspunkt gefunden und in der Folgezeit den engen Rahmen der „Fabrik“ übersprungen hatte. Als in diesem generellen Sinn autonome Bewegung findet sie *politisch* ihre Inhalte und ihre Formen außerhalb jenes Systems, das in der Form des Staats die Zusammenfassung der ökonomischen und sozialen Wirklichkeit der bürgerlichen Gesellschaft bildet; und zu dem integral und integrierend auch die angepaßte Arbeiterorganisation gehört. Daher verlief die polemische Argumentation gegen Partei und Gewerkschaft beim Kongreß gerade seitens der Arbeiterteilnehmer nicht entlang der traditionellen Kritik am Reformismus und Revisionismus als untauglichen Mitteln gesellschaftlicher Veränderungen, sondern entlang einer viel schärferen, weil die reformistische Alternative gar nicht zulassenden Abweisung aller Annäherungsversuche der alten, „historischen“ Linken an den bürgerlichen Staat, also entlang einer Abweisung der neuen Generallinie der Kommunistischen Partei, die auf eine Identifikation mit einem als klassenenthoben deklarierten Verfassungsstaat hinausläuft. Nach „Bologna“ bestätigt sich diese Sachlage; vor allem in der letzten Zeit, da der Fall Aldo Moro dem PCI den endgültigen Schritt in die bürgerliche Staatlichkeit erleichtert hat. Zunächst freilich zwangen Verlauf und Ergebnisse des Treffens den PCI zu einer partiellen Revision der anfänglich eingenommenen Haltung. Die Partei mußte zur Kenntnis nehmen, daß die Tausenden von Bologna weder „Brunnenvergifter" (so Berlinguer) noch „Faschisten" noch gewalttätige Kriminelle waren. Erst recht mußte die Ansicht (und wohl auch die Hoffnung) ad acta gelegt werden, sie seien allesamt „Kinder der Bourgeoisie" und der gesellschaftlichen Langeweile des Reichtums. Zugleich aber zeigte sich, daß die radikale Linke trotz ihrer Widersprüchlichkeit und Zerrissenheit *gesellschaftlich* so weit eine eigene Identität gewonnen hat, daß sie für die Partei und für traditionell-institutionelle politische Perspektiven nicht mehr zurückzugewinnen ist. Der PCI unternahm in dieser für ihn unerwarteten Lage den Versuch, die Bewegung mindestens ideologisch von den sozialen Kräften zu trennen, in denen sie die eigene Basis findet. Asor Rosas These von den „zwei Gesellschaften"[3], die im formellen Zusammenhang der heutigen industriellen Welt nebeneinander existieren und untereinander angeblich kommunikationslos sind, sollte dazu dienen, das Fremdartige der radikalen Linken zu konstatieren, ihr Existenz und Bedeutung zwar einzuräumen, sie aber auch von der Arbeiterklasse *als Teil der sozusagen guten Gesellschaft* abzusetzen.

Nicht, daß diese These völlig abwegig wäre. Äußerlich konnte sie in Bologna eine Art empirischer Bestätigung erfahren; denn äußerlich erschien das Treffen wie eine Stadt in der Stadt. Und selbst theoretisch vertritt Asor Rosa eine durchaus diskutierbare Position. In der Tat ist die Logik der Bewegung (als Logik der Klasse) anders als die Logik der kapitalistisch produzierenden, bürgerlich verfaßten Gesellschaft: sie läuft und stellt sich ihr entgegen. Dabei bleibt aber die Einheit der Gesellschaft intakt: die Kündigung des Kapitalverhältnisses, von der oben die Rede war, bedeutet nicht Privatisierung des Protestes, sondern Transformation des *gesellschaftlichen* Produktionsverhältnisses in ein Konfliktverhältnis; genauso wie die Autonomisierung, das Herausfallen aus dem Zusammenhang der „Bewegungsgesetze des Kapitals" das Kapital negiert und nicht vor ihm ausreißt. Anders gesagt: die beiden Logiken stehen sich in der gleichen Wirklichkeit, im konkreten Zusammenhang des Kampfes gegenüber. Aus diesem Grund wurde in Bologna diese Form der „Anerkennung“ des Kongresses (seitens des PCI) nämlich als zwar existenzberechtigte, aber zu observierende Fremdartigkeit von der Bevölkerung abgelehnt. Die „radikale“ Gesellschaft wurde von der „Stadt“ nicht als etwas Absonderliches angesehen, sondern am Ende als Wirklichkeit akzeptiert. Insofern kann man sagen, daß die Demonstration der eigenen Existenz, der gesellschaftlichen Relevanz gelungen ist. Die Isolierungsstrategie wurde unwirksam, weil die Bewegung sich nicht in das vorbereitete Ghetto einschließen ließ. In ein ähnliches Ghetto, in das sich in Berlin Tunix mit der Parole der Traumstadt und der Praxis der bewußten Konstituierung der Minderheitenposition freiwillig begeben hatte.

„Bologna“ und Tunix

Das Berliner Tunix-Treffen[3] wurde von „Bologna“ zumindest angeregt. Das Thema war das gleiche; der Gegner, dessen man sich erwehren mußte, zeigt in Westdeutschland zwar ein anderes Gesicht, die gesellschaftliche Verwandschaft ist aber unübersehbar. Es wäre allerdings bedenklich, den von einigen behaupteten Tunix-Anspruch beim Wort zu nehmen, in Berlin hätte ein zweites Bologna stattfinden sollen.

Mir geht es hier nicht darum, einer negativen Einschätzung von Tunix eine Lobeshymne über „Bologna“ gegenüberzustellen. Zu einer Lobeshymne besteht ohnehin kein Anlaß. Nicht weil „Bologna“ als Versuch der Reorganisation der „außerinstitutionellen“ Linie gescheitert wäre, sondern weil das bologneser Treffen zunächst nur die problematischen Aspekte und die Widersprüche einer solchen Reorganisation deutlich hervortreten ließ. Der punktuelle Vergleich kann aber dazu dienen, „Bologna“ in einer Situation (der der deutschen Linken) begreifbarer zu machen, in der die bloße Beteuerung der Kontinuität (Tunix eben als Bolognas deutsche Fassung) einer ratlosen Fehlinterpretation und einer ebenso ratlosen Eingliederung in fremde Realität gleichkäme.

Das gilt schon für die äußere, politisch-geschichtliche Landschaft.

Die Wahl beider Städte enthielt fraglos ein Provokationselement. Waren es in Bologna die März-Ereignisse, so sollte in Berlin ein Jahrzehnt nach dem versuchten Ausbruch aus der deutschen Geschichte Nachdenken, Praxis und ein erneuter und erneuerter Ausbruch provoziert werden. Nur ist Bologna, *la rossa e la grassa*, die „rote und fette" Stadt, ökonomisch und klassengesellschaftlich schlichtweg ganz anders als Berlin. Die politische Provokation bedeutete in Bologna auch Konfrontation und kritische Annäherung an eine historisch gewachsene linke Wirklichkeit: nämlich 30 Jahre PCI-Kommunalhegemonie. Wenn man so will, traf dort die ketzerische kommunistische Bewegung auf die wohlgeordnete Gemeinde der kommunistischen Hochkirche. In Westberlin hingegen, einer Stadt, an der der Kommunismus in jeder Art und Manifestation förmlich und permanent vorbeigeht, berührte die Provokation höchstens die Ordnungsorgane und blieb eine Erscheinung der innerlinken Reflexion und randlinken Bekundung.

Dies zeigt sich an einem der zentralen Widersprüche, der in Bologna aufbrach und dessen Bedeutsamkeit (im Positiven wie im Negativen) in der westdeutschen Linken zwar konstatiert und diskutiert, aber nicht praktisch mitvollzogen werden kann. Ich meine den Konflikt, der, in den Hintergrund gedrängt, sich dennoch durch das ganze Treffen hindurchzog zwischen den Gruppen von Autonomia organizzata (organisierte Autonomie, früher Autonomia operaia, Arbeiterautonomie) als Verfechterin der strategischen Konzeption der „bewaffneten Partei" und dem movimento (Bewegung) in seinen vielfältigen Organisationen (von Lotta continua über die zumindest formell präsente Democrazia Proletaria bis zu den kreativen Gruppen der Stadtindianer) als Artikulation einer viel umfassenderen, zwar außer- und antiinstitutionell, aber prinzipiell *nicht* am bewaffneten Kampf und an Gewaltanwendung orientierten Strategie.

Auch dieser Konflikt kann im Kontrast mit der deutschen Situation verdeutlicht werden. Weder die formell rechtliche Lage (die Übermacht des westdeutschen Gesetzesstaats und seines Repressionsapparats) noch die Organisationsformen der Linken machen einen solchen Konflikt in Wetdeutschland gesellschaftlich unmöglich, verhindern also seine Übersetzung ins Massenhafte, geschichtlich Relevante. Auseinandersetzungen zwischen der RAF und der Linken gibt es gewiß auch hier bei uns. Nur fehlt dabei der konkrete soziale Boden: die Interessiertheit, die Beteiligung, die Betroffenheit der Bevölkerung, die sich in dem Widerspruch des Konflikts wiedererkennen und mit einer der entgegengesetzten Positionen identifizieren könnte. Sich wiedererkennen heißt, daß im Gegensatz zu Westdeutschland die „scelta", die Perspektivwahl zwischen offener Rebellion gewalttätigen Charakters und einer langfristigen revolutionären Strategie, die Massen involviert, einen öffentlichen Charakter erreicht hat. Sonst hätte der PCI wahrlich keine Schwierigkeiten mit sich selbst, mit der eigenen militanten Basis, mit der Wählerschaft – und mit den subproletarischen Schichten in den Großstädten und im Süden. Anders, ideologisch gesagt: der PCI hätte den Rückzug in die „Theorie" der *zwei Gesellschaften* nicht nötig gehabt.

„Bologna" fand also nicht unter Ausschluß der Öffentlichkeit statt – auch nicht in der abfälligen Form, daß die Öffentlichkeit nur nebenbei über ein belangloses Phänomen informiert worden wäre. Die Resonanz ging auch nicht auf reines, erst durch die Presseberichterstattung wachgerufenes Informationsbedürfnis zurück. Die Öffentlichkeit war vielmehr beteiligt und betroffen und erfuhr das Treffen als Ausdruck wirklicher Prozesse und als Ereignis, von dem auch relevante Auskünfte über die Zukunft des Landes erwartet wurden.

Daher bildete das September-Treffen eines der wichtigsten Themen im politischen Tagesgespräch. Hinzu kam noch, daß das politische System Italiens mit einiger Intensität wochenlang um den Kongreß rotierte – etwas, was von der deutschen Berichterstattung gar nicht wahrgenommen wurde. Die Christdemokraten erhofften sich von blutigen Zusammenstößen den Zusammenbruch des Mythos einer konfliktlos funktionierenden kommunistischen Stadtverwaltung. Die Sozialisten ergriffen, mutig wie immer, die ungefährliche Gelegenheit, sich als Beschützer und Freunde einer freien, ungehemmten Entfaltung linker Energien anzubieten.

Die Faschisten spekulierten mit den möglichen Toten und versuchten, das Töten zu provozieren. Aber auch für die historische wie für die Neue Linke bestand ein Dilemma. Das Dilemma hatte sich der PCI selber eingebrockt mit der Überbetonung des angeblich zum Kriminellen tendierenden imaginierten Charakters des

Treffens einerseits und mit dem Plan andererseits, Bologna als „nicht jugendfeindlich“ und „gesprächsbereit“ zu zeigen. Dahinter stand die Einlösung des Anspruchs, eine Partei der Ordnung und in der Lage zu sein, selbst rebellische Massen in die Ordnung zurückzuführen. Schon nach dem ersten Kongreßtag versuchte die Parteizeitung *Unità*, die im Kongreß vollzogene Frontenbildung dafür auszunutzen. Der Widerspruch reproduzierte sich aber auch auf einer anderen Ebene, für die Kongreßteilnehmer selbst in einer vielfach gebrochenen Weise. Zunächst stand einer nach außen notwendigen Solidarität der zwei entgegengesetzten Fronten der interne Kampf um die Hegemonisierung des Treffens gegenüber. Auf nationaler Ebene boten sich Alternativen an, die nicht der Bewegung zugute kommen konnten: entweder beim friedlichen Verlauf des Treffens ein Erfolg des PCI; im umgekehrten Fall ein Triumph der Democrazia Cristiana und nicht zuletzt der Faschisten. Zugleich sollte aber die gesellschaftspolitische Fähigkeit der Bewegung demonstriert werden: ihr Vermögen, die Gesellschaft überhaupt zu erreichen. In der Tat lagen die Pressekommentare in Italien genauso wie die Straßengespräche in dieser Richtung: daß „Bologna“ ein Erfolg gewesen sei, man wüßte nur nicht, für wen und mit welchen Folgen. Nur eines konnte allerdings erzielt werden: gleichgültig, wie die einzelnen politischen Kräfte und Gruppen aus dem Dilemma hervorgingen, die radikale Linke setzte sich selbst im Kommunikationssystem durch und ging als Kristallisationsinstanz des gesellschaftlichen Antagonismus voll in die Widersprüche der italienischen Gesellschaft ein.

Tunix konnte ich mit seiner Perspektive der gewollten, subjektiv durchaus motivierten Absperrung von der „Rest“-Gesellschaft in den Presseberichten zweifellos wiederfinden. Insofern hat Tunix zur Selbstorientierung innerhalb der westdeutschen Linken ebenso beigetragen, wie das Bologna-Treffen zur Integrierung der radikalen Linken in Italien wichtige Ansätze geliefert hat. Im Gegensatz zu Bologna konstituierte sich Tunix nicht als mögliche linke allgemeine Orientierung. Seine Konflikte blieben intern, und die gesellschaftliche Konfliktsituation wurde nicht in die eigene hereingeholt. Bezeichnend: Arbeitslosigkeit, Betriebskämpfe, Streiks und Lohnkämpfe standen in Bologna häufig im Mittelpunkt der Diskussionen; Fabrikdelegationen und Fabrikräte meldeten sich in den einzelnen Veranstaltungen zu Wort. Bei uns blieben Tunix und die Lohnkonflikte der soeben vergangenen Monate zwei völlig geschiedene (und nicht etwa entgegengesetzte) Sachen.

„Modell Deutschland" in Bologna

Eher in der Verschiedenheit der gesellschaftlichen Wirklichkeit beider Länder als in Verständigungsschwierigkeiten ist auch der Grund für das Scheitern einer Veranstaltung zu suchen, die eigentlich als Höhepunkt gedacht war: die öffentliche Diskussion im Kino „Capitol" über das „Modell Deutschland".

Das Problem der „Germanisierung" stand seit längerer Zeit im Vordergrund politischer Auseinandersetzungen nicht nur innerhalb der Linken, sondern in der viel diffuseren Diskussion des italienischen Alltags. Germanisierung bedeutet etwas mehr als nur die Übernahme westdeutscher gesetzlicher Regelungen im Zusammenhang mit der Bekämpfung des politischen Terrorismus. Natürlich spielte auch dieser Aspekt eine wichtige Rolle. Überdies sorgten die deutschen Teilnehmer und Referenten für die entsprechende Gewichtsverschiebung. Aber selbst in dieser Hinsicht wurden Erwartungen enttäuscht. Zunächst läßt sich die Verteidigungsstrategie der deutschen Linken (vom Kampf gegen die Einschränkung der Grundrechte bis zum permanenten Protest gegen Mißbrauch der Macht, Mißhandlung von politischen Gefangenen und Repression der Andersdenkenden) schlecht verständlich machen in einem Lande und für eine linke Bewegung, wo das Vorgehen gegen Unterdrückung sich nur als Teilaspekt einer offensiven Strategie der gesellschaftlichen Veränderung versteht und ebenso offensiv auch als Teilinstrument des Versuchs, entweder die proletarischen Massen vom PCI zu trennen und organisatorisch als Fundamentalopposition zusammenzufassen oder die historische Linke wieder in ihre Bruch-Funktion zurückzuzwingen. Aber auch auf der Ebene des politischen Alltags und des unmittelbaren Konflikts in und außerhalb der Institutionen Italiens läßt sich die deutsche Erfahrung und lassen sich deutsche Widersprüche und Schwierigkeiten kaum in die italienische Wirklichkeit einbringen. Kennzeichnend dafür war der explosive Zusammenstoß eines italienischen Genossen von Lotta continua, der jahrelang in der Bundesrepublik politisch gearbeitet hat und der aus der Sicht der Klassenkämpfe in Italien und der offenen italienischen Konfliktsituation vehement gegen die These eines deutschen Teilnehmers Front machte, in der BRD sei nur noch der bewaffnete Kampf gegen die Repression eine erfolgversprechende Strategie. Auch die Berichte über die (damalige) Situation im Stammheimer Gefängnis und die ins einzelne gehende Schilderung moderner Foltermethoden und der damit verbundenen Aushöhlung rechtsstaatlicher Normen wurden zwar mit großem Interesse zur Kenntnis genommen, konnten aber in einem Land nicht als besonders gravierend erscheinen, in dem es eine Strafanstalt für politische Gefangene namens Asinara[5] gibt. Asinara gegenüber erscheint Stammheim eher als eine Form technisch perfekter und insofern unmenschlicher, aber doch im Elementaren zivilisierte Einschließung.

Eher schon als Warnung vor einer Germanisierung konnten die Ausführungen des Rechtsanwalts A. M. gelten, der eindringlich auf das Problem der bürgerkriegsorientierten Bewaffnung der westdeutschen Polizei mit Maschinenwaffen und Handgranaten einging. Sofern A. M. von den Besonderheiten der deutschen Polizei, von ihrer geschichtlichen Deformation durch den Obrigkeitsstaat, durch die Reminiszenzen des Nazismus und des heutigen Ordnungdenkens sprach, fand er aufmerksame Zuhörer. Er sprach aber an ihnen vorbei, als er die deutsche Polizei und ihre Bewaffnung als besonders gravierendes gesellschaftspolitisches Problem darstellte. Denn das Problem „Polizei" stellt sich in Italien ganz anders als in Deutschland: Nicht als Problem Kollaboration und der Verwandlung des einzelnen Bürgers in einen Polizisten, sondern als Problem einer langen geschichtlichen, inzwischen unterschwellig gewordenen Feindseligkeit zwischen Bevölkerung und sogenannten Ordnungskräften. Was die Bewaffnung angeht, käme eine Germanisierung ohnehin zu spät. Die italienische Polizei verfügt nicht nur über Maschinenwaffen, sondern seit langem schon über zwei mobile Panzerbrigaden, deren Einheiten übrigens gerade in den März-Tagen von Bologna gegen die Demonstranten eingesetzt worden waren.

Was aber die italienischen Teilnehmer erfahren wollten, was sie in die eigene Wirklichkeit und in die eigene Kampfperspektive hätten einbeziehen können, lag nicht auf der Ebene des Konflikts RAF–Staat noch im Bereich der repressiven Maßnahmen gegen politische Gefangene und gegen deren Verteidiger. Vielmehr erwarteten sie Information und Ausarbeitung strategischer Gegenmittel zu der in der BRD in Gang gekommenen Politik der Herstellung eines totalen Konsenses. Germanisierung und „Modell Deutschland“ bedeuten für sie von vornherein und auf Grund der eigenen Situation jene Form der institutionellen Strategie, die fundamentales Dissidententum aus dem politisch Zulässigen hinausdrängt und in die Kriminalität zwingen will. Anwälte werden auch im italienischen Justizapparat eingeengt und behindert, Berufsverbote hingegen gibt es in Italien noch nicht. Sie stehen aber nach Einschätzung der Linken vor der Tür, wenn sich der „konstitutionelle Bogen“ hermetisch schließt und alles Denken und alle Praxis, die nicht in ihn hineinpaßt, der Verfolgung preisgibt. Ebenso wichtig in italienischer Sicht wäre es gewesen, die Transformationen des deutschen Verfassungsstaates näher erläutert zu bekommen: Berufsverbote sollten verständlich gemacht werden nicht als Machtmißbrauch (den gibt es ja in Italien auch), sondern als Konsequenz eines Rechtssystems, das sich als rechtsstaatlich bezeichnet, nur weil Repression die Form konstitutionell gefaßter Gesetze annimmt. Vor diesem Modell wollen sich die italienische Linke, aber auch große Teile der italienischen Bevölkerung schützen. Mit einem Wort: es wurde in Bologna deutscherseits über den Fall Stammheim berichtet. Der Fall Peter Brückner wäre exemplarischer gewesen.

Derart ließ sich ein unmittelbarer Bezug auf „Bologna“ als Treffen und als Austragungsort nicht herstellen. Was sich durchzusetzen droht, ist keine unspezifische Germanisierung, sondern eine allmählich konkrete Formen annehmende Sozialdemokratisierung der ehemals fundamentalen, parteipolitischen wie gewerkschaftlichen kommunistischen Opposition. Historischer Kompromiß und reformistische Linie in der Gewerkschaftspolitik bedeuten für die radikale Linke nicht eine Möglichkeit neben anderen. Sie bilden vielmehr die notwendige Voraussetzung für die allgemeine Germanisierung und insofern ihren gefährlicheren Aspekt. Daß die *herrschende* Klasse und die sie vertretenden Parteien nach dem westdeutschen Ordnungsstaat schauen, läßt sich nicht nur verstehen. sondern auch akzeptieren. Sie betreiben damit ihr Geschäft und finden darin ihre geschichtliche Legitimation. Anders, wenn der PCI nach der Polizei ruft, den Massen Staatsgesinnung einprägen will und die Arbeiter in die Produktionsdisziplin zurückführen will; oder wenn Gewerkschaftsführer die Kampftradition und die alten und neuen Kampfformen der italienischen Arbeiterklasse verleugnen; wenn beide endlich: Partei und Gewerkschaft, die nach 1968 errungene, hart erkämpfte Einheit von Arbeitern, Studenten, Arbeitslosen, teils auch von Frauen wieder auflösen und zerstören wollen aus Gründen, die jenseits der subjektiven Ehrlichkeit und einer Politik als „Kunst des (revolutionär) Möglichen" weiten Sektoren des Proletariats, aber auch der machtpolitisches Kalkül erscheint.

Ökologie und Klassenkampf

Eher auf Interesse stießen die Berichte (unter anderem von K. H. Roth) über die Bürgerinitiativen und über die ökologische Wende im sozialen Konflikt. Im Gegensatz zu der Erfahrung im bewaffneten Kampf half das ökologische Thema stofflich wie auch vom Problem her, neue Aspekte für die Kritik an der kapitalistischen Produktionsweise zu gewinnen. Italienische Diskussionsredner weiteten die Thematik sofort klassenpolitisch aus und fanden, daß der deutsche Kampf gegen atomare Energie und Atomkraftwerke nicht nur als besondere Form der staatspolitischen Auseinandersetzung beispielhaft sei, sondern mehr noch als mögliche Rekonstruktion einer linken offensiven Strategie. Zwei wesentliche Punkte rückten in den Mittelpunkt. Zunächst zeichnete sich für die italienischen Genossen eine bisher nicht klar gesehene Perspektive ab, die eigene Strategie zu bestätigen, das alte Schema einer starren Trennung von Produktion und Verteilung zu durchbrechen. An diesem Schema festhaltend, wurde bisher von der Linken die Frage der gesamtgesellschaftlichen Reproduktion vernachlässigt. In erster Linie von Vertretern von Lotta continua wurde gezeigt, wie die Befangenheit in der starren Fassung der bloßen Bündnispolitik zwischen Arbeiterklasse und Mittelschichten die viel wichtigere Vereinheitlichung von Industriearbeit und gesellschaftlichem Alltag verhinderte. Aus dieser Sicht erfolgte aber auch eine Absage an die bisherige Abkehr von den Wachstumsproblemen unserer Gesellschaft und an die Einkehr in eine neue Innerlichkeit. Wichtiger war die Verbindung vom ökologischen Kampf und der in Bologna sehr stark vertretenen Linie der Bedürfnistheorie. Von der Koppelung der Klassenpolitik mit der Umweltpolitik her konnte die Bedürfnistheorie die engen Grenzen der philosophisch privatistischen Argumentation sprengen und sich in die Versuche einfügen, eine neue revolutionär außerinstitutionelle Praxis anzugehen: die Revolution als erstes Bedürfnis proletarischer Massen. Anders gesagt: Emanzipation nicht als Ideal, sondern als Alltagsbedürfnis, wie schon bei Brecht nachzulesen ist.

Hier setzte die Diskussion über den zweiten Punkt ein: die Beziehung zwischen der Antiatomkampagne und dem politischen System. Dabei wurde die deutsche Erfahrung und ihr Bruch-Potential keineswegs idealisiert. Es ist wohl kein Zufall, daß gerade italienische Beobachter sich darüber wundern, daß die Bürgerinitiativen ihre eigene antikapitalistische Tendenz nicht voll begreifen. Die Erfahrung der Bürgerinitiativen war allerdings einbringbar und wurde zugleich transformiert. Aus dem Umweltschutz als ziviler Verteidigung gegen die Zerstörung der Natur durch die Industrie wurde schnell die Offensivposition einer an Bedürfnissen und Gebrauchswerten orientierten Strategie der subalternen Klassen. Und der Umweltschutz fand seine politische Qualität, indem die Auseinandersetzung mit dem Staatsapparat in den politischen Vorschlag übersetzt wurde, die gesteckten Ziele nur außerhalb der vorhandenen Institutionen (Staatsorgane, Parteiensystem, Justiz – interessanterweise unter Ausklammerung der kommunalen Ebene) und gegebenenfalls gegen sie zu erreichen.

Abschließend konnten die drei Perspektiven verbunden werden: Es gibt keine gesonderte Politik des Umweltschutzes, die als solche wirksam würde; es gibt keine gesonderte Strategie zur Überwindung der kapitalistischen Produktionsweise, die ohne die Lösung des Alltagsproblems auskäme; eine Oppositionspolitik gegen den bürgerlichen Staat, die nur Personen und Institutionen trifft, bleibt machtlos. Wirksam werden diese politischen Strategien nur, wenn sie zusammenfallen.

So gesehen, war das Ergebnis des September-Treffens in Bologna nicht „Tunix“, sondern „Was tun“.

Anmerkungen

„Am 11. März 1977 wurde – während eines kleinen studentischen Konflikts – ein Student (Genosse der *lotta continua*) von der Polizei erschossen. Das war der Funke im Pulverfaß der angestauten sozialen Spannungen in der Stadt: Demonstrationen mit zerbrochenen Schaufenstern und Barrikaden, wogegen das Innenministerium, unter teilweiser Umgehung der Stadtbehörden, die staatliche Repressionsmaschinerie mit voller Kapazität – von Schützenpanzern bis zu Hubschraubern – einsetzte und einen erst nach Wochen langsam abgebauten faktischen Ausnahmezustand in der Innenstadt verhängte." Vgl. Ekkehardt Krippendorff, *Auch Bologna liegt in Italien*, in: *Berliner Hefte. Zeitschrift für Kultur und Politik*. Nr. 8, Berlin 1978.

[2] Im „heißen Herbst" 1969 brach die norditalienische Arbeiterschaft aus der Parteidisziplin aus und leitete die Kämpfe „gegen Fabrik und Staat" ein.

[3] Der Tunix-Kongreß fand Ende Januar 1978 in Westberlin statt, vgl. Geronimo, Feuer und Flamme. Zur Geschichte und Gegenwart der Autonomen, Berlin 1990.

[4] In vermutlicher Anlehnung an diese These entwickelte Senator Glotz seine Auffassung von den „zwei Kulturen". Asor Rosas These knüpft an die alte konservative Auffassung an, daß das Proletariat in der bürgerlichen Gesellschaft eine Gesellschaft für sich darstelle.

[4] In Italien sind die wichtigsten politischen Gefangenen auf einer Insel in der ehemaligen Festung Asinara untergebracht. Unterbringung und Behandlungsmethoden können als mittelalterlich bezeichnet werden.

Versuch, Strafkammer und Staatsanwaltschaft über Faschistoides und Form Staat aufzuklären

Die Göttinger Nachrichten, *Zeitung des Asta der Universität, veröffentlichten in ihrer Ausgabe vom 25. April 1977den Artikiel* Buback – ein Nachruf. *Der anonyme Autor, der sich nach einem Apachenstamm in Neu-Mexiko „Mescalero" nannte, um sich damit als Stadtindianer auszuweisen, konnte zwar ein Gefühl „klammheimlicher Freude" über den Tod des Generalbundesanwalts nicht verhehlen, kam aber in der Reflexion seiner spontanen Empfindungen schließlich zu der Einsicht, daß individueller wie kollektiver Terror grundsätzlich abzulehnen seien. Der RCDS Göttingen, auch dort hochschulpolitisch in der Offensive, verstand den „Nachruf" anders. Er erstattete beim Landgericht Göttingen Anzeige gegen den anonymen Verfasser – wegen öffentlicher Billigung der Ermordung dreier Personen, des Generalbundesanwalts, seines Fahres und des begleitenden Justizwachmeisters.*

Während der polizeilichen und staatsanwaltschaftlichen Ermittlungen bezeichneten verschiedene Zeitungen, lokale wie überregionale, den Nachruf als mörderisch und krank, Passagen wurden aus dem Zusammenhang gerissen, um allenthalben Entsetzen hervorzurufen. In dieser Situation entschlossen sich 48 Hochschullehrer und Rechtsanwälte, unter ihnen Johannes Agnol ud Peter Brückner der dafür seines Lehrstuhls enthoben wurde,, den Nachruf *ihrerseits zu veröffentlichen. Auch gegen sie wurde u.a. wegen Verunglimpfung des Staates und anderer Straftaten ermittelt. (Anmerkung des Verlags)*

Meine Erklärung bezieht sich auf die am meisten verblüffende Konstruktion des kammergerichtlichen Dokuments: Daß für den unverbildet-sorgfältigen Leser unser Hinweis auf die faschistoiden Tendenzen in Westdeutschand in Wirklichkeit eine Gleichstellung zwischen der Bundesrepublik Deutschland und faschistischen Regimen enthalte, gar die Verwandtschaft der Bundesrepublik Deutschland mit dem Dritten Reich feststelle; daß also dieser Hinweis in Wirklichkeit eine böswillige, staatsfeindliche Gesinnung offenbarende Verunglimpfung der Bundesrepublik und ihrer Länder enthalte. Ich gebe zu, daß es mir bis zu einem gewissen Grad peinlich ist, diesen Sachverhalt zu klären. Die Kritik an faschistoiden Tendenzen (nicht nur in Westdeutschland, sondern in vielen anderen Ländern), und die Warnung vor der Gefahr eines neuen Faschismus finden sich nicht nur in der Einleitung zu unserer Dokumentation. Vielmehr bilden sie so etwas wie ein öffentliches Gut aller politischen Wissenschaft, selbst der konservativen, und der politischen Diskussion. Zuweilen wird es viel robuster vertreten als von uns. Es genügt die gelegentliche Lektüre einiger Gewerkschaftszeitungen oder der Verlautbarungen der Jugendorganisationen unserer Parteien oder der Kommentare etwa der Frankfurter Rundschau zu diesbezüglichen Erscheinungen unseres politischen Lebens, um dies zu bestätigen. Neuerdings stimmt auch die CDU – gleich aus welchen Gründen – in den Chor der Warner ein: Vieles, was hierzulande geschieht, gilt auch ihr als „faschistoid".

1. Anders der „unverbildete Leser" des Kammergerichts. Wobei eingangs allerdings zu fragen wäre, wer dies überhaupt ist – der unverbildete Leser. Ist er eine Rechtsfigur? Und zwar keine zufällige, sondern eine kodifizierte, gegen die kein Einwand gälte. Sollte er aber konkreter sein, realer Ausgangspunkt der Anklage, also Subjekt eines Urteils, so muß ich als Wissenschaftler einige Fragen stellen. Wie hat das Kammergericht die Reaktion des unverbildeten Lesers ermittelt? Hat es sich auf gesichertes Material des Statistischen Bundesamts gestützt? Hat das Kammergericht eine wissenschaftlich abgesicherte Fallstudie über unverbildete Leserreaktionen konsultiert? Oder gar – was nötig gewesen wäre – zwei, methodologisch gesehen verschieden operierende Meinungsforschungsinstitute beauftragt, um erstens festzustellen, welcher Leser sich für unverbildet hält, und zweitens, wie der derart festgemachte Leser unseren Text versteht?

Vermutlich trifft nichts dergleichen zu, so daß sich der Verdacht bestätigt, der schon von Remé geäußert wurde: hier handelt es sich nicht um die Äußerung einer Rechtsfigur, sondern um die private Meinung eines kammergerichtlichen Lesers, der kraft Amtes glaubt, diese seine Meinung als Urteil veröffentlichen und sich selbst zur Rechtsfigur hypostasieren zu dürfen.

Nicht mehr Rechtsfigur, sondern schon konkret sollte der Leser sein, der „sorgfältig" liest. Des Kammergerichts seltsame Gestalt liest aber nicht sorgfältig. Sonst wäre es ihm nicht entgangen, daß in unserem einleitenden Text im Zusammenhang mit der Feststellung faschistoider Tendenzen gar nicht vom Staat noch von der Bundesrepublik Deutschland, geschweige denn von ihren Ländern die Rede ist. Ich beziehe mich hier auf die eingegrenzte, inkriminierte Stelle, nicht auf andere Stellen im Text, in denen zu Recht übrigens auf staatliche Mißstände hingewiesen wird. Und die inkriminierte Stelle meint eindeutig einen gesellschaftlichen Zustand und nicht die staatlich-konstitutionelle Ordnung, weist auf Gewaltverhältnisse hin, die in der Gesellschalt stattfinden und auf Tendenzen, die sich in diesen gesellschaftlichen Verhältnissen ungehindert breitmachen. Das kann zwar auch den Staat infizieren – aber darüber wird noch später etwas zu hören sein.

Wir üben aber Kritik an der Gesellschaft, die sich in Westdeutschland als Staat organisiert und nicht am Staat „BRD". Und das bedeutet, daß der nicht sehr sorgfältige Leser vom Kammergericht sich in Wirklichkeit als gänzlich verbildet entpuppt. Er verwechselt offensichtlich verschiedene Ebenen; kennt keinen Unterschied mehr zwischen Staat und Gesellschaft, zwischen politischen Zuständen und Verfassungsnormen, Behördenapparat und Grundgesetz. Vermutlich widerspiegelt seine Verbildung allerdings eine allgemeinere öffentliche Tendenz. Das wird noch zu sehen sein.

Zunächst will ich darstellen, was der gebildete Leser zu dem Ganzen sagen kann: der politisch gebildete Leser, wobei ich unter politischer Bildung etwas verstanden wissen möchte, was weder mit Schulabgang noch mit einem kulturellen Niveau zu tun hat. Politisch gebildet ist vielmehr der Leser, der einige Kenntnisse der ökonomischen, gesellschaftlichen und staatlichen Wirklichkeit nicht nur hat, sondern auf der Ebene der politischen Bewußtheit zur Erkenntnis verdichten und zur Praxis kommen lassen kann – und das kann ein Arbeiter ebensogut machen wie eine Lehrerin, der Intellektuelle wie die Hausfrau, „wie die Köchin", würde der Mescalero sagen.

Der gebildete Leser – im Gegensatz zum verbildeten – kann zunächst unterscheiden zwischen faschistischer Wirklichkeit und faschistoider Tendenz und begreift daher sehr gut, worin sich diese letzteren in unserer Gesellschaft ausbreiten. Er begreift auch, warum sie sich ungehindert ausbreiten: sie werden häufig als solche gar nicht erkannt. Das Wort „faschistoid“ will gar keine Analogie oder Verwandtschaft mit dem Dritten Reich konstruieren oder suggerieren. Gemeint ist vielmehr – und das müßte eben jeder wissen – eine unbewußt-endemische Tendenz, die sich als allgemeine Erscheinung im Denken und Handeln breitmacht, von uns Besitz ergreift und sich auch ohne unser Wollen in unseren Köpfen festsetzen kann – selbst in unseren Köpfen (meinetwegen auch im Kopf des Mescalero), die wir für antifaschistisch halten.

So ist auch der Vorwurf zu verstehen, den J. Kramarz im Berliner CDU-Organ Berliner Rundschau vom 26. Oktober 1978 gegen die Berliner Aufführung von Dario Fos „Bezahlt wird nicht“ erhebt: In dem Stück, vor allem durch die Interpretation des Regisseurs R. Schäfer, käme Faschistoides zum Ausdruck. Obwohl der Verfasser der Besprechung selbst die Beziehung zum Dritten Reich herstellt und von der nazistischen Ausrottungspolitik spricht, schreibt er weder, daß der Verfasser des Stücks (übrigens ein bekannter Antifaschist) und der Regisseur Nazis seien, noch sieht er in ihnen die Fortsetzung des Julius Streicher auf einer anderen Ebene. Beide sind für Kramarz weder Nazis noch Faschisten. Was sie ungewollt bewerkstelligen, nennt er aber – von ihm aus gesehen durchaus zu Recht – „faschistoid“: eine unterschwellige, unbewußte Menschenfeindlichkeit, die in faschistischen Regimen sich offen und von Staats wegen manifestierte und praktiziert wurde. Ich denke zwar, daß der CDU-Theaterkritiker hier Falsches aussagt, daß er falsch zugesehen und zugehört hat. Sein Hinweis gibt mir trotzdem weiter zu denken. Gerade am falschen Objekt kann sich Richtiges zeigen, genauer: das Bestehen der endemischen Tendenz.

2. Daß Verbildung eine öffentliche Qualität annehmen und selbst bei Trägern höchster Gerichtsämter des Staates (ich nehme an, ein Kammergericht verdient diese Einschätzung) auftreten kann, daß es also zu der merkwürdigen Anklage gegen uns kommen konnte, kann seine Gründe in der schlichten geschichtlichen Ignoranz und im daraus sich ergebenden falschen Gebrauch von an sich klaren Begriffen haben. Hinter dem falschen Begriff: dem Mißverständnis in der Gleichsetzung „faschistoid“ mit „Naziregime“ steckt das Mißverständnis der eigenen Geschichte, die falsch verstandene eigene Wirklichkeit, das heißt die Unfähigkeit, Faschismus als umfassende Er-

scheinung zu begreifen, die weder nur in den Gaskammern des Dritten Reiches stattfand noch in den wirren Ideologien der deutschen Faschisten sich erschöpfte. In einem verkehrten Nationalismus wird Faschismus auf Nazismus eingeschränkt, wahrscheinlich zwecks allgemeiner nationaler Exkulpation dieser auf seine schlimmste Folgerichtigkeit reduziert. Dadurch wird der Weg verbaut, die wirkliche Gefahr richtig und rechtzeitig zu erkennen.

Auf eine wissenschaftliche Rekonstruktion all dessen, was Faschismus gewesen ist und also immer noch sein kann, brauche ich nicht näher einzugehen. Einiges muß dazu aber gesagt werden, denn erst aus der Klärung des umfassenden Sachverhalts läßt sich fassen, wie verbreitet die Tendenz ist, wie sie an unerwarteten Stellen auftaucht. Ich denke dabei (das mag vielleicht verblüffen) nicht nur an rechtslastige Prozesse in unserer Gesellschaft, sondern auch an Randerscheinungen einer sich emanzipatorisch verstehenden Bewegung – zum Beispiel an gewisse Formen und Ideologien in einigen Bürgerinitiativen. Aber dies nur vorweg. Erst der umfassende Sachverhalt und der daraus zu gewinnende umfassende Begriff ermöglicht es, das Faschistoide zu erkennen und es aufzulösen und ermöglicht uns überdies zu zeigen, daß wir Tatsachen festgestellt und nicht Institutionen verunglimpft, vor Depravation des Staates warnen und nicht dem Staat „Böses“ antun wollten. Zugleich wird es erst dadurch möglich, wirklich vorhandene Depravation festzumachen, zu begreifen, wo punktuell oder systematisch aus dem Endemischen die offene Krankheit ausbricht; und inwiefern die Gefahr nicht im Zufälligen, sondern notwendigerweise in der gesellschaftlichen Formation steckt, in der wir leben – sowie in der Form Staat, die unser Leben organisiert. Kurz dargestellt lassen sich am Faschismus viele Gesichter erkennen – wie Angelo Tasca ausführlich belegte –, viele Gesichter, im Ideologischen wie im Institutionellen. In der Tat reichen faschistische Strukturen objektiv von der Transformation der ordentlichen Gerichtsbarkeit und von der Militarisierung der Polizei über das parastaatliche Spitzelsystem der sozialen Kontrolle und der Denunziation von und die Mobilisierung gegen Minderheiten bis zu der terroristischen Willkür der Konzentrationslager und der Ausrottung. Der Bezugsrahmen ist also sehr weit, und ebenso weit ist das Spektrum des subjektiven faschistischen Verhaltens.

Uns interessiert hier die Möglichkeit einer allgemeinen und verallgemeinerbaren Qualität, und zwar gerade von der Formseite her. Fraglos wäre die inhaltliche Seite wichtiger zur Aufklärung der Gründe, die zum Faschismus jederzeit führen können: die Krisenerscheinungen einer Gesellschaft, die kapitalistisch produziert und sich bürgerlich-politisch verfaßt. Für uns hier aber – für unser angebliches Delikt – steht die Form Staat zur Diskussion, nicht sozialökonomische Inhalte. Und von der Form her läßt sich ein konkretallgemeines Prinzip des Faschismus feststellen: ein Regime, ein politisches System, das bei der Organisation einer Gesellschaft, die demokratisch sein kann, die Massen der Bevölkerung aus den Entscheidungsprozessen ausschließt und (ein Mittel dazu) die einem jeden zustehenden Grundrechte zunehmend einschränkt, schließlich eliminiert. Man kann es auch anders formulieren: Daß im Faschismus (durchaus verbunden mit dem sozialen Inhalt, aber jenseits der ohnehin belanglosen, zumindest sekundären Ideologien) von der Form her die Zurücknahme der Demokratie und der Artikulationsmöglichkeit der Massen und eines jeden und die Vereinnahmung der Gesellschaft durch den Staat erfolgt. Begriffen kann dies allerdings nur werden, wenn zugleich mitgedacht wird, daß die Zurücknahme selbst nur punktuell und nicht prinzipiell terroristisch vorsichgehen kann. Ebenso punktuell, zugleich aber schon mit einer prinzipiellen Perspektive, kann sie institutionell erfolgen. Dies vergessen, verdrängt zu haben, hat hierzulande zur Verbildung geführt.

Der vom Faschismus verwirklichte Ausschluß der Massen (des Volkes im Sinne subalterner Massen) aus der Politik, gleichzeitig bekanntlich verbunden mit ihrer tendenziell lückenlosen Integration in den Staat (man spricht auch von Helotisierung der Massen, von ihrer Transformation in bloße Instrumente der Herrschaft, in Objekte, die als solche – ich wiederhole es – kein Recht auf freie Artikulation mehr haben) kann erfahrungsgemäß drei verschiedene, ineinander gehende Formen annehmen. Die meistens erwähnte Form ist die des Willkür- oder Maßnahmestaates, in dem die Einschränkung freier politischer Betätigung bis zur Ausmerzung des Dissens terroristisch oder despotisch erfolgt: teilweise jenseits aller institutionellen Formalisierung. Faschismus kann aber auch anders auftreten: als Gesetzesstaat der Freiheit und Beteiligung des Volkes auf dem Weg normaler Gesetzgebung, teils in institutionell vom Parlamentarismus divergierenden Art besorgt, teils aber auch parlamentarisch abgedeckt. Hier schleicht sich Faschismus besonders unbemerkt ein, da die Form des Gesetzes Willkür formell auszuschließen scheint. Und endlich kann auch der Rechtsstaat eine besondere faschistische Qualität entwickeln, wenn er sich total setzt: sich selbst als höheres Rechtsgut durchsetzt gegenüber dem Rechtsgut der freien Artikulation. Das meinte Alfredo Rocco, der Schöpfer des italienischen faschistischen Staates, als er das faschistische Regime den „totalen Rechtsstaat" nannte. Sind das alles Formen des offenen, historischen Faschismus, so haben sie für uns auch einen anderen Aufklärungswert: staatliche Institute bieten per se, bloß weil sie rechtlich korrekt – gar verfassungsrechtlich – fungieren, noch keine Garantie gegen die Gefahr, daß sich in ihnen oder hinter ihrer Fassade faschistoide Tendenzen durchsetzen. Für uns heißt das: die Institutionen unseres Staates, des parlamentarischen Systems, reichen per se nicht aus, die Durchsetzung solcher Tendenzen in der Ausübung von gesellschaftlicher Herrschaft und politischer Macht zu verhindern.

Ebensowenig schützt das subjektiv ehrliche Bekenntnis zur Gesetzes- und Verfassungstreue oder zur Rechtsstaatlichkeit vor dem Abrutschen in faschismusähnliches Verhalten im Denken und Handeln.

3. Von dieser umfassenden Klärung her können wir die wirklich demokratiegefährdenden Tendenzen identifizieren. Wenn ich sage, daß sie zum Teil selbst in den Institutionen des parlamentarischen Systems wirken können, so meine ich nicht, daß die in ihnen tätigen Politiker sie unbedingt unterlaufen oder von innen her zerstören wollen. Es sind häufig gesellschaftliche Kräfte und Gruppen, die ihre Loyalität zum parlamentarischen System gar nicht in Frage stellen. Das heißt: selbst aufrechte Vertreter der parlamentarischen Demokratie sind nicht immun, auch wenn sie Politik nur in der Form der Gesetzlichkeit und der Rechtsstaatlichkeit sich vorstellen. Dabei interessiert uns hier die personelle Frage nicht, auch wenn Personen jeweils als Protagonisten auftreten. Ob Straußens Chile-Erklärung immer noch im Rahmen einer freien demokratischen Grundordnung zulässig ist oder nicht, soll also dahingestellt bleiben. Aber auch die sonst immer wieder diskutierte Möglichkeit des Neonazismus geht

uns hier nichts an: die NPD signalisiert nicht das Sichausbreiten faschistoider Tendenzen, sondern drückt schlicht und einfach offenen Faschismus aus. Daß die NPD vielleicht doch stellenweise behindert wird, hat für uns also nicht viel zu sagen.

Wichtiger ist – wie gesagt – das Unbewußt-Endemische. Dieses äußert sich nicht immer in politischen Bekenntnissen. Ich sagte schon: es gibt Faschistoides in unserer aller Köpfen. Ich will hier nur Emblematisches erwähnen. Wir stellen es zum Beispiel viel diffuser in der politischen Sprache und in den Sprüchen der Politiker fest. Von den Karikaturen, die den Dissens (der Linken natürlich) als Untermensch depersonalisieren, will ich gar nicht reden. Nur ein Beispiel, das – wie gesagt – Emblemcharakter besitzt.

Bei der Auseinandersetzung mit dem politischen Terrorismus kommt es in der Bundesrepublik immer mehr zu einer Ausweitung des Staatsschutzsystems, die eine aktive Beteiligung der Bevölkerung bei Staatsschutzmaßnahmen, Fahndung und Verfolgung involviert. Denn da scheint das „Auge des Gesetzes“ traditioneller Art nicht mehr auszureichen. Das „Auge des Gesetzes“ – das war der vereinzelte, beobachtende und wachsame Polizist sozusagen an der Ecke, der Missetaten und Missetäter ausfindig und dingfest machen konnte. Heute geht es um mehr: Angestrebt wird die Zuhilfenahme eines jeden Bürgers bei polizeilichen Aktionen, sozusagen die Verlagerung des gesetzlich zuständigen Auges in die Gesellschaft. Das Auge des Gesetzes reicht nicht mehr aus – also „muß der Staat Augen bekommen“. So Brandes, nach meinem Wissen Fraktionsvorsitzender der CDU-Fraktion im Niedersächsischen Landtag. Als ich in der Presse (der Frankfurter Rundschau) dies las, schlug bei mir sofort das Alarmzeichen an. Ich nehme an, daß Brandes ein aufrechter Christdemokrat ist, daß er nicht nur subjektiv, sondern auch objektiv, das heißt in der peinlichen Einhaltung aller Verfassungsnormen, auf dem Boden der freiheitlich-demokratischen Grundordnung steht. Dennoch. Ähnliches hatte ich schon einmal gehört oder gelesen: über die Verwandlung aller Bürger in Polizisten, über die Zusammenarbeit der Bürger mit den Organen des Staatsschutzes und über die Aktivierung der Bevölkerung zum Zweck des Schutzes des Staates. Ohne es zu wissen, hat Brandes genau die Worte wiederholt, mit denen Mussolini 1930 das Wirken der faschistischen geheimen Polizei (der OVRA) charakterisierte und lobte – einer Polizei, die weitgehend mit Informationen aus der Bevölkerung arbeitete und daher dem Staat als jederzeit präsentes Auge der Kontrolle diente. „Der Staat muß Augen bekommen" – das ist Faschistoides, ausgesprochen von einem aufrechten Demokraten.

Ein anderes Beispiel. Daß die Notgemeinschaft für eine Freie Univerität freisinnig und demokratisch sei, kann niemand bezweifeln, der Subjektives ernstnimmt. Ihre Mitglieder streiten wacker für die Freiheit. Und im Namen der Freiheit tun sie etwas, was sonst in letzter Zeit namentlich nur die Nazis in Deutschland taten. Sie veröffentlichen und verschicken an alle möglichen öffentlichen und privaten Führungsgruppen, -personen und -stäbe regelrechte Proskriptionslisten. „Juden sehen dich an" betitelten die Nazis ihre Ächtungslisten, mit denen sie schon lange vor der Endlösung die Juden von der Gesellschaft ausmerzen wollten. Die Notgemeinschaft erfaßt periodisch mit Namen und Adressen die „linken" Studenten der Freien Universität. Sie will gewiß keine Endlösung der linken Frage. Sie erstrebt lediglich die Rettung der Freiheit und möchte nur deshalb politisch und beruflich ausmerzen. Die Mitglieder der Notgemeinschaft sind keine Faschisten. Sie sind „bewußte" Liberale, Demokraten, Christen und allemal Feinde der Feinde der Freiheit. Sie tun etwas, was sie für legal und korrekt und verfassungstreu halten. Nur: sie wissen nicht, was sie tun.

Das sind aber nur oberflächliche, obzwar emblematische Erscheinungen. Wichtiger für die Gesellschaft und für ihre demokratische Substanz gefährlicher ist, was sich sozusagen abseits des Spektakulären durchsetzt. Nicht nur als Denkweise, sondern als Programm, als Entwurf neuer gesellschaftlicher Organisationsformen – Programm und Entwurf, die nicht nur in sich endemisch-faschistoid sind. Vielmehr liegt das Gefährliche darin, daß sie gar nicht als faschistoid erkannt werden – der oben gezeigten Ignoranz wegen. Ich denke da an weitverbreitete, sich ungehindert ausbreitende Vorstellung technokratisch-korporativer Art. Sie sind umso bedenklicher und beachtenswerter, als sie offensichtlich teils den Ordnungsforderungen großer und mächtiger Gruppen unserer Gesellschaft entsprechen, teils als unaufhebbare Komponenten der Organisation moderner Staaten betrachtet werden. Jeder redet von Sachzwängen als von einer Selbstverständlichkeit, die Entscheidungen jenseits aller Klassen- und Gruppeninteressen verlangt und zugleich ermöglicht. Den meisten scheint es verborgen zu bleiben, daß in einem solcherart fungierenden, technisch genannten Staat weder das Volk noch die Bevölkerung noch die Volksvertretung im üblich-verständlichen Sinn des Wortes etwas zu melden haben. Burnham wußte noch, was er wollte – und als Vertreter eines „Regimes der Manager“ wußte er den historischen Beitrag des Faschismus für diese seine Perspektive hochzuschätzen. Seine Nachfolger, in Deutschland Schelsky und seine Schüler, wissen schon nicht mehr, was sie sagen. Schelsky? Vielmehr allgemein: wieviel Bürger der bürgerlichen Gesellschaft in Westdeutschland würden dem zustimmen: daß in wichtigen Fragen der Nation Fachleute zu entscheiden haben und nicht die Vertreter des souveränen Volkes. Vom Volk selbst gar zu schweigen. Das findet nicht nur in Akademikerkreisen und bei gelehrten Personen statt, die vielleicht auf Grund unmittelbarer Interessen zum Fachleute-Staat drängen. Das Endemisch-Emblematische zeigt sich wiederum wo anders, in einem Bereich, in dem eher Emanzipation und Freiheit und grenzenlose Demokratisierung vermutet werden. Ich sprach schon von den Bürgerinitiativen. Sie mit faschistischen Bewegungen zu verbinden, wäre gewiß abwegig. Frei von der faschistoiden Versuchung sind sie jedoch keineswegs. Sehen wir uns Gruhls „Grüne Aktion Zukunft“ (GAZ) näher an. Sie hat die Bedürfnisbefriedigung und die Emanzipation von Wachstumszwängen und die freie Entscheidung gesellschaftlicher Gruppen auf ihre Fahnen geschrieben. Gegen alle Systemverkümmerung gibt sie sich also demokratisch und menschenfreundlich. Die Inhalte scheinen zu stimmen. Von der Formseite her aber schiebt sich da etwas hinein, was eher den vorhin angegebenen, allgemeinen Bestimmungen des Faschismus entspricht: die Verlegung der Macht vom Volk und seinen Vertretern weg „in die Hände der dafür ausgebildeten Fachleute“, wie der hessische Landesvorsitzende der GAZ bei einer Pressekonferenz erklärte (Frankfurter Rundschau, 18. September 1978). Ich will hier nicht die ganze Problematik einer „Volksvertretung“ erörtern. Wesentlich ist es, daß einer solchen politischen Perspektive selbst die abgehobene, massenferne parlamentarische Vertretung unzuständig ist für wichtige Entscheidungen – ebenso unzuständig, inkompetent wie der Wähler. Wenn aber die Zuständigkeit politischer Entscheidungen dem Volk und sogar seiner Vertretung genommen und für geschlossene, abgeschlossen arbeitende Kompetenzgruppen reserviert wird, so bereitet sich gesellschaftlich schon die Auflösung der Volkssouveränität vor und die Wiederherstellung der reinen, in der Fachkompetenz – wie früher in den Apparaten des absolutistischen Regimes – sich verkörpernde Staatssouveränität. Die Restauratio magna, die ebenso zum erklärten politischen Programm des italienischen Faschismus gehörte wie zum zwar nicht erklärten, aber praktizierten Programm des Nazismus. Der italienische Faschismus sprach übrigens am Anfang der von ihm betriebenen Staatsreform auch von der Notwendigkeit, wichtige Entscheidungen der „Kompetenz" („Gruppi di competenza" an Stelle demokratischer Organe) zu überlassen.

4. Wir sind schon beim Staat angelangt. Daß wir Herausgeber von Tendenzen in der Gesellschaft reden, bedeutet nicht, daß der Staat davon verschont bliebe. Die angemeldeten bedenklichen Erscheinungen treten auch auf staatlicher Ebene auf. Sie müssen auch kurz angerissen werden, denn sie stellen eine noch unmittelbarere Gefährdung des demokratischen Gemeinwesens und dessen Verfassung dar. Mit faschistoiden Tendenzen im Staat meine ich allerding Äußerungen und Praktiken einzelner politischer Führer oder Gruppen. Selbst die vielfach festgestellte Differenzierung der einzelnen Länder der Bundesrepublik untereinander sollen hier nicht weiter untersucht werden. Vereinzelte Beschimpfungen auf höchster staatlicher Ebene tun auch nichts zur Sache, auch wenn ich darauf hinweisen möchte, daß keinem der Herausgeber bisher bei aller entschiedenen Aufdeckung rechtsextremer Erscheinungen in den Sinn gekommen ist, die Bundesrepublik zum Beispiel einen „Saustall" zu nennen.

Ich spreche auch nicht von Gefahren, die ich oder wir jetzt in überempfindlich-übertriebener Sorge für die demokratische Substanz der Bundesrepublik und der westdeutschen Gesellschaft uns vielleicht einbilden, sondern von solchen, die häufig von Presse und Rundfunk und Fernsehen in Artikeln, Nachrichten und Kommentaren festgestellt werden:

1.: Aus dem Zusammenhang von verstärkter Tätigkeit des Staats-

und-Verfassungsschutzes, von der Bildung der Informations- und Datenbänke und der Erfassungskarteien, von Mobilisierung der „Mitbürger" bei Fahndungsaktionen und Kontrolle der Druckerzeugnisse und sonstiger Verlautbarungen wissenschaftlicher und politischer Art erkennen wir unschwer, daß wir uns auf dem Weg zu einem totalen Überwachungsstaat befinden. Auf dem Weg, nicht mitten drin. Nicht so sehr der Übergriff ist hier wichtig, denn Übergriffe gibt es überall und sind nicht immer dem „Staat" anzulasten; vielmehr die Ausuferung, die ihren eigentlichen Grund in der Tendenz findet, die Schutzaufgaben des Staates von der Garantie der Bürgerrechte gegenüber dem Staat zur Garantie des Schutzrechts des Staates gegenüber dem (unbotmäßigen) Bürger zu verlagern. Wenn aber Staatsschutz höher bewertet wird als der Schutz der Bürgerrechte, wenn Grundrechte zwecks Staatsschutz eingeschränkt werden, so meldet sich in der Tat zumindest die Möglichkeit des Abrutschens ins Faschistische an, also die konkrete Gegenwart faschistoider Tendenzen in den Praktiken des Staates. Das gleiche gilt für die ebenso häufig kritisch vermerkte Ausdehnung der Verwaltung in Richtung auf den „totalen Verwaltungsstaat". Daß Kommentatoren von einem totalen Verwaltungsstaat sprechen, geschieht wohl ohne Arg – aber auch ohne das schlichte Wissen, daß der „totale Verwaltungsstaat" ein Synonym bildete für die Kennzeichnung des korporativen Systems im historischen Faschismus.

2.: Die allgemeine Richtung, in der Demokratie, Freiheit und Volkssouveränität und Grundrechte auf der Strecke bleiben, deutet auf die totale Verstaatlichung der Gesellschaft hin – deren unbewußter Ausdruck die im kammergerichtlichen Dokument vorkommende Verwechslung von Staat und Gesellschaft ist. Was sich da anbahnen kann und wovor zu warnen geradezu Verpflichtung eines jeden ist, geht schon weit über die Tendenz hinaus, mitten in den totalitären Staat hinein: die Gesellschaft wird total vom Staat vereinnahmt, verliert ihre Eigenwirklichkeit und nimmt selbst die Form der Staatlichkeit an. Und das auf verschiedenen Ebenen. Ich lasse hier den wichtigsten Aspekt weg, der Anlaß genug zu schlimmen Befürchtungen gibt, obwohl er inzwischen zur Gewöhnung geworden und daher nicht mehr als Abbau von Demokratie bewußt ist: die zunehmende gesetzlich-staatliche Regelung gesellschaftlicher Bereiche, Prozesse und Konflikte, die in der Tat an faschistische Planungsversuche erinnert. Für uns aktueller, weil überall diskutiert, sind die Auswirkungen des Radikalenerlasses. Ich meine nicht seine Anwendung im Bereich des öffentlichen Dienstes. Da mögen sogar Fragen berechtigt sein, ob die Praxis der Berufsverbote wirklich an die Staatsschutzpolitik des Dritten Reiches anknüpft oder noch weiter zurückreicht: bis in die Metternichsche Begründung der Obrigkeitstradition. Nicht mehr mit der Obrigkeitstradition zu erklären, sondern genau faschistoid ist aber, daß in Westdeutschland der Radikalenerlaß auch die Gesellschaft tangiert; daß die Praxis der Berufsverbote sich auf primär gesellschaftliche, auf private Bereiche ausweitet. Von Anfragen bei Schülern, wie denn die Eltern politisch dächten, sind wir noch weit entfernt. Dahin scheint es aber doch zu tendieren, wenn schon Schüler observiert werden – und man sie (von wem denn?) observieren läßt. Besorgnis erregt aber eine andere Ausweitung, in der Tat ein Emblem der Vereinnahmung der Gesellschaft durch den Staat, der Verstaatlichung einer zwar öffentlichen, aber sonst sorgfältig vom Staat freigehaltenen Sphäre. Was ist das anderes als Verstaatlichung von Gewerkschaften, wenn die Gewerkschaften in ihrem Bereich die gleichen, Grundrechte eliminierenden Maßnahmen ergreifen, wie die staatlichen Behörden für den öffentlichen Dienst, wenn also auch von Mitgliedern eines gesellschaftlichen Verbands das Stehen auf dem bekannten staats- und verfassungstreuen Boden verlangt wird. Was ist anders als Vereinnahmung der Kirchen durch den Staat, wenn kirchliche Institutionen (Krankenhäuser, Pflegeverbände und ähnliches) ebenso mit ihrem Personal verfahren. Ich erinnere daran, daß die Übernahme der Arierparagraphen durch die Brandenburgische Provinzialsynode am 24. August 1933 in Berlin und ihre Anwendung „auf die Geistlichen, Kirchenbeamten und für sämtliche Kirchenangestellten“ den Beginn der großen nazistischen Gleichschaltung in Deutschland signalisierte.

Und Vereinnahmung des Privaten liegt gewiß vor, wenn – soweit ich mich erinnere, in Frankfurt am Main – Wohnungsbaugesellschaften dazu übergehen, Verfassungstreue zum Paragraphen eines Mietvertrags zu machen. Cui bono? Um der Freiheit willen?

Gewiß: solche Erscheinungen scheinen in der letzten Zeit eher rückläufig zu sein. Die Gewerkschaften denken wieder daran, daß nicht die innerverbandliche Säuberung von mutmaßlichen Verfassungsfeinden, sondern die Durchsetzung von Arbeiterinteressen gegen außerverbandliche sogenannte Partner zu ihrer Kompetenz gehört. Selbst in der SPD beginnt das alte Bewußtsein wieder zu funktionieren, daß sie vormals nicht für die Einschränkung, sondern für die Ausweitung der Grundrechte in den politischen Kampf zog. Nur geht diese erfreuliche Wende, diese Wiederentdeckung, daß selbst die streitbare Demokratie zu allererst eine Demokratie sein müsse, zum Teil auf die endlich wirksamen Warnungen derjenigen zurück, die von unverbildeten Richtern der Staatsverunglimpfung angeklagt werden.

3. Meldet sich Gleichschaltung an – übrigens erkennbar auch an der staatlich verordneten Sprachregelung (einige wollen bekanntlich selbst die Abkürzung BRD, wenn nicht unter Strafe stellen, so doch verpönt wissen; Studenten wird nahegelegt, den Ausdruck Kapitalismus zu meiden und lieber von Marktwirtschaft zu sprechen) –, so nähert man sich allerdings einer Schwelle, hinter der von bloßen faschistoiden unbewußt-endemischen Tendenzen nicht mehr gesprochen werden kann. Von der Herstellung des fundamentalen Konsensus ist in der letzten Zeit oft die Rede. Ich befürchte, daß man eher den totalen Konsensus meint, der nur Formen des punktuell-harmlosen Dissens duldet, die den Rahmen der lückenlosen Zustimmung nicht sprengen. Das ist schon Eliminierung und nicht mehr Einschränkung des fundamentalen Rechts auf Kritik und auf Widerspruch gegenüber der konstituierten Ordnung und der herrschenden Gesellschaftsformation. Das tritt ein, ist schon längst dort eingetreten, wo Kritik an Mißständen zwar geduldet, die grundsätzliche Kritik an der Form Staat aber unter Verbot fällt – es also verboten ist, die Staatlichkeit als solche in Frage zu stellen, weil der Staat nicht mehr als bloße Organisation der Gesellschaft angesehen, sondern als frag-, konflikt- und kritikenthobenes Wesen angebetet wird. Dieses Wesen zu kritisieren gilt dann als Delikt, seine Unantastbarkeit anzutasten als unmoralisch („böswillig"), die in ihm sich breitmachenden, demokratiezerstörenden oder zumindest gefährdenden Praktiken anzuzeigen als Verunglimpfung. Es fragt sich also, ob es da beim Endemischen faschistoider Tendenzen bleibt oder ob bei diesem Kritikverbot nicht vielmehr die Krankheit offen ausbricht?

In der Tat gehört es zu den auffallenden Elementen des Faschismus, den Staat als höheres Wesen zu feiern und daher konsequent das Verbrechen laesae majestatis wiederhervorzuholen und auf den Staat zu beziehen. Darin vollendete sich rechtlich die Restauration der Staatssouveränität und die Unterwerfung nicht nur der Gesellschaft, sondern schlicht des Volks unter den Staat. Und es ist auffallend, daß im Dokument des Kammergerichts, wie sonst in den gesetzlichen Bestimmungen, die Verunglimpfung des Staates als crimen erscheint. Warum eigentlich des Staates, wenn durchaus im Sinne der geschichtlichen Entwicklung an Stelle seiner Majestät des absoluten Monarchen als des Souveräns das Volk trat: wird als Objekt der Verunglimpfung nicht das Volk, sondern der Staat festgemacht: heißt das nicht, daß also der Staat und nicht das Volk (das „Volk" des Grundgesetzes) Subjekt der Souveränität ist? Enthüllt sich hier das wirkliche Verhältnis, so gibt es Grund zur Frage, wie es mit der Verfassungsmäßigkeit gewisser strafrechtlicher Bestimmungen bestellt sei.

Politisch, abgesehen von dieser Problematik, ist es ohnehin geboten, Kritik am Staat zu üben, gegen seine Ausweitung, die Einschränkung des Bürgers bedeutet (das wußte schon Wilhelm von Humboldt, das ist altliberale Kritik). Man muß gegen den Staat sich kritisch verhalten, damit seiner Form und der ihr immanenten Komponente zur totalen Verstaatlichung eine Grenze gesetzt wird, damit sie daran gehindert wird, die von der Gesellschaft und deren Konfliktualität ausgehende demokratische Substanz zurückzudrängen; damit die Institutionen dieser Form ihre möglicherweise noch vorhandene demokratische Substanz behalten.

Wer dies inkriminiert, zeigt ein Staatsverständnis und ein Verständnis des besonderen Staates Bundesrepublik Deutschland, das besorgniserregend ist:

Wie soll ein Staat genannt werden, in dem Kritik an Mißständen, an Zuständen und vor allem an der Art der Verwirklichung der Staatlichkeit (der Form Staat) als strafbar gilt. Demokratisch? Bürgerlich-demokratisch? Militant-demokratisch, „freiester Staat der deutschen Geschichte"?

Die politische Wissenschaft kennt für einen solchen Staat ganz andere Begriffe.

„Ist eine Demokratie“ – formulierte kürzlich ein in London lebender deutscher Dichter, der hier heute schon zitierte Erich Fried in einer Gedichttafel – „ist eine Demokratie, in der man nicht sagen darf, daß sie keine wirkliche Demokratie ist, wirklich eine wirkliche Demokratie?“

Oder, in der Umkehrung der Positionen und um auf den Gegenstand dieser Verhandlung zurückzukommen: Für uns, die Herausgeber, ist die Bundesrepublik ein Staat, in dem vor faschistoiden Tendenzen in Gesellschaft und Staat, vor demokratiefeindlichen Komponenten, die sich in die Wirklichkeit des Staates einschleichen, gewarnt werden darf und soll. Für die Anklage ist die Bundesrepublik offensichtlich ein Staat ohne Makel, in dem den Staat zu kritisieren, vor dessen Depravationen zu warnen, einen strafrechtlichen Tatbestand erfüllt.

Nun, Herr Vorsitzender Richter, wer führt hier Analogisches zum Faschismus ein, wer „verunglimpft“ hier die Bundesrepublik Deutschland: Die Angeklagten oder die Anklage?

Deutscher Herbst und italienischer Winter
Terrorismus und Repression in Italien

Noch vor einem Jahr stand die italienische Öffentlichkeit im Bann und unter dem Alptraum der „Germanisierung". Nicht der soziale Friede, die Sozialpolitik oder die Parteienstabilität lieferten den Inhalt des vielgepriesenen „Modell Deutschland"; vielmehr hatte man Angst vor der Einführung der westdeutschen Staatsschutzpolitik. Modell Deutschland hieß: allgemeine Repression als Antwort auf vereinzelte Terroraktionen, Berufsverbote, Kriminalisierung der kritischen Meinung, Kontaktsperregesetz, die Entwürfe zu einem einheitlichen Polizeigesetz. Der deutsche Herbst '77 signalisierte für die Italiener die vorläufige Kulmination in der Entwicklung zu einer „autoritären Demokratie".

Im gleichen Jahr aber, in dem in der BRD vor allem seitens der sozialliberalen Koalition Nachdenklichkeit über die repressive Politik einsetzte, holte Italiens politische Klasse zum Einholen und Überholen aus. Von den Aktionen gegen die intellektuelle Führung der Autonomia operaia (April bis Dezember 1979) bis zu den jüngst mit den Stimmen fast aller Abgeordneten – von den Faschisten bis zu den Kommunisten – verabschiedeten Antiterror-Gesetzen hat das Modell Italien das Modell Deutschland in Sachen Staatsschutz um Längen geschlagen.

Die Schärfe der staatlichen Reaktion auf den Terror entspricht der Verschärfung des gesellschaftlichen und politischen Konflikts im Lande. Richtete sich in der BRD der Staatsschutz gegen eine isolierte Minderheit (die RAF) und bildeten die Aktionen der RAF eher den Anlaß als die Ursache der Repressionsmaßnahmen, so sieht in Italien das Verhältnis, die gegenseitige Bedingtheit von Terror und Repression, ganz anders aus. Der Staatseingriff muß in dem Maße härter ausfallen und die Gesamtgesellschaft treffen, in dem der Terrorismus keine isolierte Erscheinung darstellt, die aus der Gesellschaft herausfiele. Er ist in Italien in der Gesellschaft endemisch verwurzelt: Ausdruck eines viel allgemeineren Dissenses und eines verbreiteten Widerstands gegen „l'ordine costituito", gegen das ökonomische, soziale, politische System. Schon aus diesem Grund findet der politische Terror oder, wie er sich nennt: Kampf gegen den bürgerlichen Staat und gegen den Kapitalismus auf einem ganz anderen gesellschaftlichen Niveau statt. Das ist nicht nur quantitativ gemeint, obwohl auch quantitativ erhebliche Unterschiede zwischen (emblematisch gesprochen) RAF und Brigate Rosse bestehen – in der zeitlichen wie in der räumlichen Dimension.

Zum Verständnis dieser anderen Qualität einige Bemerkungen:

Erstens: Anders als in der deutschen Tradition gilt der Staat den meisten Italienern in diffuser Weise – bei der subalternen Klasse gewiß stärker als bei der herrschenden – seit Jahrhunderten als der alltägliche Feind. Staatliche Organe (allen voran die Carabinieri) und die Masse der Bevölkerung stehen in einem Verhältnis zueinander, das im geringsten Fall durch gegenseitiges Mißtrauen gekennzeichnet ist. Identifiziert der deutsche Volksmund die schöne Wetterlage mit der staatlichen Autorität („Schönes Wetter – Kaiserwetter"; und später: „Schönes Wetter – Führerwetter"), so kehrten die Italiener die Identität um und lasteten das schlechte Wetter der Regierung an: „piove – governo ladro". Bewegte sich die RAF in einer Gesellschaft des beinah totalen Konsenses, so gibt es in Italien weite Gruppen der Bevölkerung, die der bestehenden Ordnung aus vielfältigen Gründen die Zustimmung verweigern. Das hat übrigens nicht nur klassenpolitische, sondern zum Teil schlichte moralische Ursachen: nach dreißigjähriger Fast-Alleinherrschaft der Democrazia Christiana löst sich das politische System in Korruption, Verlogenheit und Sozialbetrug auf.

Zweitens: Daher der angestaute Protest, die „insofferenza" (die „Staatsverdrossenheit"), aus der die Roten Brigaden und die anderen bewaffneten Gruppen eine Art alltäglicher Legitimation herleiten wollen. In der Tat haben die Roten Brigaden – im Gegensatz zur RAF – einen konkreten gesellschaftlichen Hintergrund in der sozialen Wut weiter Bevölkerungskreise, die den terroristischen Angriff auf die Repräsentanz des Systems (Institutionen und Personen) zwar weder selber vorantreiben noch öffentlich bejahen, auf jeden Fall aber als ein Mittel des Widerstands gegen die Mißstände zumindest registrieren.

Daraus ist drittens erklärlich, warum in Italien der Terror in seinen vielen Formen: von der Sabotage über die Zerstörung von Produktionsanlagen bis zum physischen Anschlag auf Personen „in den Fabriken präsent" ist, das heißt, in der Arbeiterklasse eine, wenn auch eingeschränkte Resonanz findet. Das macht wahrscheinlich den wichtigsten Unterschied zu der RAF aus, die sich in Westdeutschland mit einer Subversion und Gewaltanwendung traditionell ablehnenden Arbeiterklasse konfrontiert sah.

Viertens kommt ein unmittelbar politischer Aspekt hinzu, den wir – zumindest analogisch – allerdings auch bei der RAF feststellen können. Die RAF-Strategie hatte einen politischen Hintergrund, aus dem sie ihre Legitimation herholte: Sie entstand als Antwort auf eine Veränderung im politischen System, auf die Bildung der sozialliberalen Koalition, wobei es noch nicht auszumachen ist, ob diese Antwort sehr realistisch die enttäuschten Hoffnungen in die versprochene Reformpolitik antizipierte; oder ob die RAF den Versuch unternahm, eine mögliche Reformpolitik als Verhinderung revolutionärer Entwicklungen zu bekämpfen. Auch in Italien bedingen Veränderungen im politischen System die jahrelange Tätigkeit der Roten Brigaden. Nur griff der politische Wandel in Italien tiefer als in Westdeutschland. Bis Anfang der 70er Jahre konnte der erwähnte endemische Dissens seine spezifisch politische Artikulation und Repräsentanz finden in der fundamentalen Opposition der kommunistischen Partei. Mit ihr und ihrer Politik – gesellschaftlich wie staatlich-parlamentarisch – konnte sich in Italien ein jeder identifizieren, der gegen die kapitalistisch produzierende, bürgerlich verfaßte und von der Bourgeoisie beherrschte Gesellschaft Front machte. Mit der Einleitung der neuen Strategie des historischen Kompromisses bei der KPI hörte die Identifikationsmöglichkeit auf. Der fundamentale Dissens verlor den großen, historisch anerkannten Orientierungspunkt und sah sich aus der „Normalität" des politischen Lebens hinausgedrängt – praktisch aus der Konstitutionalität entlassen. Gerade diese Situation begünstigte bei vielen Genossen die Entscheidung für die Illegalität . Darin liegt meines Erachtens die historische Verantwortung der KPI für den Terror in Italien.

Nach der Zustimmung der KPI zu den neuen Antiterror-Gesetzen scheint sich die parteipolitische Lage „stabilisiert" zu haben. Gesellschaftlich hat sie sich aber verschlimmert. Das Einschwenken der KPI auf die Staatsschutzlinie machte aus dieser Partei, die jahrzehntelang Symbol des revolutionären Dissenses war, eine Partei, die den Klassenkonsens gegenüber Kapital und Staat organisiert. Es wird daher noch weniger als früher möglich sein, die identitätslosen Massen in die Konstitutionalität zurückzuführen.

Hier mag zukünftig vielleicht eine Änderung eintreten, sobald der nach wie vor durch die Democrazia Cristiana beherrschte Staat eines Tages die neuen Gesetze auch gegen die Kommunisten anwenden wird. (Ähnliches ist bekanntlich Sozialdemokraten in der BRD mit dem Radikalenerlaß widerfahren.) In der heutigen Situation aber bedeutet der Eintritt der KPI in den Kreis der totalen Konstitutionalität, des totalen Verfassungsstaates, daß die Fundamentalopposition – „heimatlos“ geworden und ohne Repräsentanz in den Institutionen – gezwungen sein wird, außerhalb der Institutionen ihren eigenen empanzipatorischen Weg zu finden. In diesem Kontext wird in Italien das Problem der Gewaltanwendung und des bewaffneten Kampfs neu diskutiert.

Zwischen Bewegung und Institution

Ein Gespräch mit Wolfgang Kraushaar

Wolfgang Kraushaar: Die Parlamentarismus-Kritik der außerparlamentarischen Bewegung vom Ende der sechziger Jahre bezog sich an zentraler Stelle auf den von Dir zusammen mit Peter Brückner herausgegebenen Band „Die Transformation der Demokratie". Der Titel Deines gleichnamigen Einzelbeitrags könnte nun suggerieren, daß es sich dabei einfach um einen mehr oder weniger neutralen Wandel der Demokratie handelt. Es wird damit noch nicht ausgesagt, in welche Richtung sich dieser Wandel, dieser Transformationsprozeß vollzieht. Im Text selber hast Du dann eindeutig klar gemacht, daß Du damit einen Wandel zum Schlechteren meinst ...

Agnoli: Eine Involution ...

Kraushaar: Nämlich im Gegensatz zur Evolution eine Involution und damit eine Rückentwicklung des parlamentarisch-demokratischen Prozesses zu dem, was man als ein zwar noch rechtsstaatlich zu benennendes, aber vom Kern her autoritär ausgerichtetes Staatswesen bezeichnen könnte. Wenn diese Analyse, die Du damals vorgelegt hast, heute noch stimmt und sich die Grünen an Wahlen beteiligen, wie ist dieser Widerspruch, daß nämlich bei den Grünen sehr, sehr viele Linke sind, die zum Teil immer noch auf der „Transformation der Demokratie" – also Deiner negativen Analyse des Parlaments – insistieren, wie ist dieser Widerspruch zu erklären, daß diejenigen nun meinen, den parlamentarischen Weg auch für sich beanspruchen zu können?

Agnoli: 1. Die Grünen sind eine in sich sehr zerrissene Gruppe und es läge näher, zu fragen, ob die Grünen, die sich auf die „Transformation der Demokratie" beziehen, die gleichen Grünen sind, die sich am parlamentarischen Weg beteiligen. Denn von meinem Seminar her weiß ich, daß diejenigen, die sich an Wahlen beteiligen wollen, auch die von der „Transformation der Demokratie" vertretene Perspektive, zum Teil mindestens, kritisieren. Es gibt aber in meinem Text selber eine Möglichkeit der Ausnutzung parlamentarischer oder staatlicher Institutionen in der Form der fundamentalen Opposition.

2. Laß mich das so theoretisch wie nötig und so kompakt wie möglich darstellen. Zunächst muß ich sagen, daß ich in einem Punkt Marxist geblieben bin: Daß nämlich die Beziehung einer Emanzipationsbewegung zur Politik keine partizipative, sondern eine destruktive sein soll.

Ich bin also der Ansicht, daß Marxens Kritik der politischen Ökonomie ergänzt werden soll durch eine Kritik der Politik. Genauso wie die Kritik der politischen Ökonomie zugleich die Absage an die kapitalistische Produktionsweise ist, so wäre die Kritik der Politik die Absage an die Form „Staat". Ich erinnere an die berühmte Einleitung „Zur Kritik der Hegelschen Rechtsphilosophie". Die Kritik der Religion wird dort zur Kritik des Rechts und die Kritik der Theologie zur Kritik der Politik. Das ist übrigens der Grund, warum unsere Zeitschrift in Italien „Critica del diritto" heißt. Das knüpft unmittelbar an diese Position an. Ich sehe also in einer politischen Bewegung, die ich bejahen würde, immer auch eine Bewegung, die praktische Kritik der Politik, also praktische Kritik der Form „Staat" sein sollte. Das hat nicht zur Folge, daß jede Form der „Beteiligung am politischen Leben", wie man so schön sagt, auszuschließen sei. Es kommt darauf an, mit welcher Perspektive sich diese Beteiligung vollzieht und es ist genau dieser Punkt, an dem ich in der Analyse der parlamentarischen Demokratie von der Fundamentalopposition spreche.

Ein Beispiel, um das zu konkretisieren: Ein parlamentarischer Untersuchungsausschuß wird nur darin funktionsfähig sein, nur dann wirklich untersuchen, wenn eine Fundamentalopposition sich daran beteiligt, die nicht daran interessiert ist, irgendwelche Probleme sanft und versöhnlich zu klären, weil die institutionelle Opposition auch eines Tages Regierung werden kann und die Unterstützung der zur Opposition gewordenen Regierungspartei braucht; sondern eine Opposition,die von vornherein – das scheint mir auch der entscheidende Punkt für die Grünen zu sein – auf keinen Fall mit Koalitionsabsichten ins Parlament geht, sondern mit der Absicht, im Parlament die gesellschaftliche Fundamentalopposition nicht mehr einfach zu vertreten im Sinne des bürgerlichen Staates, sondern grundlegend zu Wort zu bringen. Das heißt also, eine permanente Obstruktionspolitik, zu betreiben.

Kraushaar: Das ist genau die Position, die Du schon 1966 vertreten hast. In Deiner „Transformation der Demokratie“ schriebst Du: „Nur Fundamentalopposition ist daran interessiert, politische und gesellschaftliche Mißstände schonungslos aufzudecken“. Und 1975 hast Du in einem Beitrag über „Revolutionäre Strategie und Parlamentarismus“ Deine Einstellung noch einmal unterstrichen, indem Du davor warntest, die parlamentarische Beteiligung als Mittel zur Gewinnung staatlicher Macht anzusehen. Die Opposition müsse Opposition, also fundamentale Opposition bleiben.

Ist in Deinem Sprachgebrauch und in Deinem Denken damit das Gleiche gemeint wie im gegenwärtigen Richtungsstreit unter den Grünen, wo eine heftige Auseinandersetzung zwischen „Fundamentaloppositionellen“ auf der einen Seite und sogenannten „Realpolitikern“ auf der anderen Seite schwelt?

Agnoli: Zunächst nehme ich an, daß die Fundamentalopposition der Grünen heute eher auf Bebel zurückgeht als auf die „Transformation der Demokratie“. Und das wäre schon fatal, weil Bebel bekanntlich nicht etwa das Symbol, das Emblem einer emanzipatorischen Bewegung gegenüber hierarchischen Strukturen – oder wie man heute sagt, bürgerlichen Institutionen – gewesen ist, sondern er war ja der Anti-Kaiser, selber eine Institution, die sich an die Stelle der alten Institution setzen wollte. Aber lassen wir das.

Ich weiß natürlich nicht, inwiefern unter den Grünen Realpolitiker sind, die unter Realpolitik genau das meinen, was ich darunter verstehe, nämlich einen ganz weiten und langfristigen Prozeß der Anpassung an und der Integration in den Staat. Dann wären diese Grünen gewissermaßen nicht meine Grünen. Sie sollen sich an der Wahl beteiligen, aber ich wäre bestimmt nicht bereit, ihren Wahlaufruf zu unterstützen. Das heißt also, und das ist im Grunde genommen immer das gleiche Argument, eine alternative Bewegung, die sich von vornherein mit der Perspektive an den Wahlen beteiligt, eine Koalition mit einer der bestehenden Parteien einzugehen, hat zwar größere Wahlchancen, das ist ganz klar, aber sie zieht sich zugleich von ihrer eigenen gesellschaftlichen Aufgabe zurück. Und ihre eigene gesellschaftliche Aufgabe wäre, dann im Parlament oder in den Institutionen des bürgerlichen Staates, die Negation, diese gesellschaftliche Negation zu repräsentieren.

Wobei ich noch eine Unterscheidung machen möchte, die sehr häufig vernachlässigt wird: ich halte es für einen qualitativen Unterschied, ob sich eine alternative, oppositionelle Bewegung, die sich auch als basisdemokratisch versteht, an Wahlen beteiligt auf kommunaler Ebene, auf regionaler Ebene oder auf der Bundesebene. Und zwar deshalb, weil die Möglichkeit des unmittelbaren Eingriffs jeweils verschieden ist. Sie wird immer schwächer, je höher die allgemeine politische Ebene ist.

Da beginnen meine Bedenken, ob die eigentliche Kraft der Bewegung nicht dadurch aufs Spiel gesetzt wird, daß man sich in die Institution begibt. Die Frage lautet also, ob die alternative Bewegung stärker oder schwächer wird, wenn sie sich institutionalisiert. Für mich ist das keine Ansichtsfrage, sondern das Ergebnis einer langjährigen Analyse.

1. Es ist für eine Fundamentalopposition allemal wichtiger, Bewegung zu bleiben als Institution zu werden; 2. Auch die Arbeiterbewegung ist zunächst immer davon ausgegangen, daß das Parlament die Tribüne des Klassenkampfes und insofern die parlamentarische Tätigkeit der Parteivertreter nur etwas Sekundäres sei, nur einen instrumentalen Charakter hätte. Danach ist es aber im Laufe der geschichtlichen Entwicklung und des gesellschaftlichen Prozesses, aufgrund des Wissens- und Entscheidungsmonopols doch dazu gekommen, daß die außerparlamentarische Bewegung nur als Stütze der parlamentarischen Fraktion ausgenützt wurde, Es ist also zu einer Umkehrung dieses Verhältnisses gekommen. Und ich frage mich, inwiefern die alternative Bewegung wirklich jene massenhafte Kraft und jene geschichtliche Kraft hat, um von sich aus zu behaupten – und einige tun es – „bei uns wird es anders sein, bei uns wird das Außerinstitutionelle, das Außerparlamentarische immer das strategisch Wichtigere sein und das Parlamentarisch-Institutionelle nur das Taktische". Bis jetzt hat die Taktik die Strategie immer aufgefressen.

Kraushaar: Da der parlamentarische Weg aber weder vom Himmel gefallen ist noch das erste Ziel der außerparlamentarischen Protestbewegung in der Bundesrepublik war, und man an vielen Beispielen nachweisen kann, daß sehr große Anstrengungen unternommen worden sind, um gegen konkrete Projekte mit außerparlamentarischen Formen anzukämpfen, will ich dazu noch eine Frage stellen.

Ein Beispiel aus der letzten Zeit: der Kampf im Rhein/Main-Gebiet gegen den Bau der Startbahn West. Dort sind auch Mittel und Wege gesucht worden, das übliche Procedere durch einen Volksentscheid zu ergänzen, das ist jedoch abgelehnt worden. Lassen sich nicht aus den verbauten politischen Wegen, sowohl von der militanten Ebene der Bewegung, die unmittelbar im Wald versucht hat, Widerstand auszuüben, als auch von der gewaltlosen Ebene der Herstellung von Gegenöffentlichkeit aus, lassen sich aus diesen verbauten Wegen überhaupt noch andere als parlamentarische Konsequenzen denken? Oder umgekehrt formuliert: Welche Empfehlung könnte man z.B. denjenigen geben, die gegen die Startbahn West angekämpft haben, für eine Fortsetzung ihres politischen Kampfes?

Agnoli: Man könnte wirklich meinen, es bleibt nur der institutionelle Weg übrig und der Weg eines institutionellen Kompromisses – daß man in diesem Fall wohl die SPD in die Disposition bringt, zu sagen: Wir geben das Projekt der Startbahn West auf, wenn Ihr uns den Bau eines Schnellen Brüters genehmigt. Damit wäre überhaupt nichts erreicht.

Kraushaar: Das Problem stellt sich aber nicht so, weil von den Grünen aus ganz klar Grundpositionen definiert worden sind, die nicht zum Gegenstand von Verhandlungen gemacht werden können und z.B. die Frage der Atomenergie, insbesondere die doppelt brisante des Schnellen Brüters, in einem solchen Tauschgeschäft ohnehin nicht zur Disposition stehen würde. Es war ein anderes Beispiel in der Diskussion: Die Frage, ob nicht die Grünen zulassen würden, daß ein Holger Börner zum Ministerpräsident durch Stimmenthaltung der hessischen Grünen im Landtag gewählt werden könnte, wenn gleichzeitig der Weiterbau der Startbahn West gestoppt werden würde.

Agnoli: Das wäre ein Erfolg. Wie ist es aber, wenn der Erfolg dadurch erkauft wird, daß die Fraktion der Grünen im Wiesbadener Landtag nichts weiter wird als eine koalitionsfähige Fraktion, die dann konfrontiert wird mit anderen Problemen. Es gehört vielleicht zu dem anfangs punktuellen Charakter dieser Bewegung – denn die Bewegung ist aus punktuellen Anlässen entstanden – daß man meint, sie hätte schon das Ziel erreicht und ihre politische Präsenz sich schon als wirksam erwiesen, wenn die Startbahn West nicht gebaut würde.

Jetzt frage ich mich, was ist nun der Sinn der Sache? Vertretung einer fundamentaloppositionellen Position gegenüber dem ganzen kapitalistischen System des bürgerlichen Staates zu sein oder Vertretung dieser punktuellen Interessen, Bau oder Nichtbau einer Straße bzw. eines Atomkraftwerkes? Da muß ich den Vorwurf der bürgerlichen Presse für richtig halten, wo da die für eine Fundamentalopposition notwendige allgemeine Perspektive bleibt, in der nicht nur diese partiellen Probleme, die sehr wichtig sind, eine Rolle spielen, sondern die Frage etwa nach der Umgewichtung der Staatsausgaben, Sozialpolitik oder Rüstung, die Frage der inneren Sicherheit usw. bis hin zur Verfassungsreform? Das alles sind Sachen, in denen sich meines Erachtens der destruktive Charakter einer Fundamentalopposition äußern könnte. Gerade bei diesen Fragen finde ich bei der alternativen Bewegung Leerstellen; die Leute scheinen nicht einmal zu wissen, was für Probleme das sind.

Kraushaar: Läuft Deine Vorstellung einer destruktiven Funktionsbestimmung der Fundamentalopposition nicht auf das hinaus, was von der konservativen Presse als Problem der „Unregierbarkeit" bezeichnet wird?

Agnoli: Nein, nein. Mit dem Begriff der „Unregierbarkeit" stehe ich auf Kriegsfuß, aber aus italienischen Gründen!

Kraushaar: Das Problem war hier auf die Bundesrepublik bezogen!

Agnoli: Das Problem der „Unregierbarkeit" ist nichts anderes als eine politische Formel im Sinne von Gaetano Mosca, erfunden, um bestimmte Machtpositionen zu decken und abzusichern. Wer von der Unregierbarkeit eines Landes spricht, hat ganz eindeutig Regierungsabsichten; hat ganz eindeutig die Absicht, die Regierungsmacht anzutreten. Aus keinem anderen Grund wird von der „Unregierbarkeit" gesprochen. Für mich stellt sich das Problem etwas anders, vielleicht komplizierter und terminologisch nicht so elegant. Ich sehe in der endemischen Krise, in die der Kapitalismus geraten ist, das Problem der Reproduzierbarkeit unserer sogenannten industriellen Gesellschaft. Das ist das eigentliche Problem und das ist eben der Punkt, an dem diese gesellschaftliche Negation einhaken könnte. In dem Moment, in dem sich eine alternative Bewegung in die Institutionen begibt, ist es ja nicht unbedingt gesagt, daß sie auch eine schlechte Politik machen muß, eine Kompromißpolitik usw., aber im dem Moment wird sie ihren Beitrag leisten zur Bewältigung der Reproduktionskrise der Gesellschaft. Und ich muß sagen: an der Lösung dieses Problems bin ich nicht interessiert; es sollte nicht das Problem sein, das die alternative Bewegung mitlösen soll.

Ein italienisches Beispiel: Ich erwähnte vorhin die Zeitschrift „Critica del diritto", „Kritik des Rechtes". Zur Zeit gibt es da auch eine „innerredaktionelle" Auseinandersetzung (an der leider Toni Negri nicht teilnehmen kann – er gehört auch zu der Redaktion –, weil er seit drei Jahren im Gefängnis sitzt). Es geht jetzt darum, daß man in Italien dabei ist, ein Parteiengesetz zu verabschieden, genau wie in Deutschland, und zwar sehr orientiert am deutschen Modell. Die Spaltung innerhalb der Redaktion ist ganz eindeutig: Die Mehrheit ist der Ansicht, die Position als „Critica del diritto" sei allemal die, die Verrechtlichung des Parteiwesens genauso zu kritisieren, wie sonst rechtliche Regelungen von gesellschaftlichen Prozessen kritisiert werden sollen. Die Minderheit sagt: Wir müssen uns bessere Vorschläge einfallen lassen als die offiziell verkündeten, denn nur dadurch bekunden wir politische Präsenz. Während ich der Ansicht bin, daß unsere Präsenz eben in der radikalen Kritik bestehen soll. Das war das erste Beispiel, vielleicht erläutert es das, was die Alternativen machen sollten.

Beispiel Nr. 2: Es gibt hier unter den Professoren die Tendenz, einen symbolischen Streik zu machen, wegen der Misere der Universität. Zuerst erklärte ich mich bereit, an diesem Streik teilzunehmen, weil ich meinte, er richte sich gegen die Umverteilung der Staatsausgaben, nämlich von der Sozialpolitik zur Rüstung und zur inneren Sicherheit. Ich bekomme dann ein Papier, in dem steht, daß wir Streikenden dem Staat vorschlagen, wie zusätzlich Arbeitsplätze zu sichern sind, indem die besser Verdienenden auf bis zu 15% ihres Gehaltes verzichten. Da frage ich: Sollte ich also dem Staat Hilfe leisten, um ihm aus der Misere zu helfen, die er selber geschaffen hat? Da mache ich natürlich nicht mit, das ist klar. Die Alternativen müssen sich also überlegen: Ist es ihre Aufgabe, diesen Ablösungsprozeß von der jetzt bestehenden Gesellschaft voranzutreiben oder ist es ihre Aufgabe, mitzuarbeiten an der Lösung der gesellschaftlichen Krise? Haben sie die gesellschaftliche Krise auf die Spitze zu treiben oder haben sie sie zusammen mit dem Staat zu lösen und zu verwalten?

Kraushaar: Überforderst Du damit aber nicht die alternativen Bewegungen, letztlich die Grünen als Partei? Ihr Protest verdankt sich ja sehr heterogenen Zusammenhängen und hat sich aus ganz konkreten Motiven entwickelt. Wenn sie nun, wie Du sagst, die Krise auch noch radikalisieren würden, verlören sie dann nicht zugleich ihre zum Teil doch sehr anschaulichen Antriebsmomente?

Agnoli: Ich bestätige das und ich will es sogar noch erweitern, vor allem bezogen auf die Wähler, denn die Wähler hätten diese Perspektive bestimmt nicht im Auge, wenn sie die alternative Bewegung wählen; sie wählen aus Protest gegen die Unfähigkeit der bisherigen Parteien, wirkliche soziale Interessen in konkreter Weise zu vertreten. Meines Erachtens sind die Parteien heute nicht mehr Repräsentanten der gesellschaftlichen Struktur, sondern gehobene Machtorganisationen des Staates.

Kraushaar: Gerade deshalb sind die Alternativen ja auch entstanden.

Agnoli: Das meine ich. Und nun ist es so, daß der Wähler, der die Alternativen wählt, dies zum Teil gerade aus Protest gegen diesen Verdinglichungsprozeß der Parteien tut. In einem Punkt würde ein Erfolg der Grünen durchaus in meine negative Einstellung zur Form Staat gehören, wenn sie nämlich einen der vielgelobten Punkte der staatlichen Stabilität in der Bundesrepublik, die 5%-Klausel, außer Kraft setzen würden. Denn die 5%-Klausel – man braucht nur die Akten des Parlamentarischen Rates durchzulesen – ist genau gegen eine solche Bewegung erfunden worden. Und genau als solche Sperre gegen die soziale Wirksamkeit von alternativen und oppositionellen Bewegungen wird die 5%-Klausel etwa in der italienischen Diskussion der Gegenwart, vor allem von Craxi, dem Chef der Sozialisten, so hochgelobt. Insofern würde der Wahlerfolg der Grünen schon das politische System in eine Situation bringen, in der zweifellos Ablösungs- und Auflösungselemente enthalten sein können; allerdings nur unter der Voraussetzung, daß dann aus den Grünen nicht eine neue FDP. wird, eine für Koalitionen verfügbare Partei.

Kraushaar: Nun haben aber die Grünen selber versucht, dieser Gefahr, in die Rolle des innerparlamentarischen Mehrheitsbeschaffers hineinzurutschen, einen Riegel vorzuschieben. Das Stichwort heißt Basisdemokratie, heißt imperatives Mandat. Durch die Anbindung grüner Abgeordneter an die Mitgliederbasis der eigenen Partei soll der Gefahr einer machtpolitischen Funktionalisierung begegnet werden.

Das wirft aber die grundsätzliche Frage auf, ob angesichts der parlamentarischen Demokratie, die ja bekanntlich ein Repräsentationsprinzip darstellt, überhaupt eine Basisdemokratie möglich ist.

Agnoli: Auch hier ein Grund, um den Grünen Erfolg zu wünschen. Ich möchte mal wissen, wie der Deutsche Bundestag und das Bundesverfassungsgericht mit der Tatsache fertig werden, im Bundestag eine Fraktion von Abgeordneten zu haben, die sich an das imperative Mandat halten, das schlichtweg verfassungswidrig ist. Das wäre auch ein Grund zur Dekomposition der staatlichen Ordnung. Insofern könnten die Grünen, weil sie weder die Verfassung kennen, noch die Institutionen, noch das Funktionieren der Institutionen, insofern könnten sie wirklich ein Ferment bilden, das diese berühmte und berüchtigte Stabilität des deutschen Staates durcheinanderbringt. Wenn ich von der berüchtigten Stabilität spreche, so meine ich, daß es im Ausland wirklich einen Mythos der Stabilität der Bundesrepublik gibt. Einen Mythos, dem auf der anderen Seite Bewunderung gezollt wird – dem „Modell Deutschland" – und vor dem man zugleich Angst hat.

Kraushaar: Wolf Dieter Narr hat kürzlich geschrieben, daß nicht so sehr die neuen Inhalte oder unerfüllbare Forderungen den herrschenden Bestand des Staates gefährden, sondern vor allem Vorschläge für andere politische Verfahrensweisen. Du bist selber auf das imperative Mandat eingegangen, es gibt nun noch eine Reihe von anderen Verfahrensregeln, die sich die Grünen gerade in Abgrenzung von den parlamentarischen und parteilich gepflegten Verfahrensregeln zu eigen gemacht haben: Das Rotationsprinzip ...

Agnoli: Das Rotationsprinzip ist verfassungsgemäß einholbar, denn die Rotation wird heute auch akzeptiert, wenn ein Abgeordneter krank wird oder stirbt oder ihm etwas anderes einfällt. Insofern würde das Rotationsprinzip ohne weiteres in die konstitutionelle Ordnung passen, das würde keine Schwierigkeiten geben.

Kraushaar: Diese Verfahrensregeln kann man ja nicht nur auf die Fragen hin diskutieren, inwieweit sie dem parlamentarischen System selber angemessen sind, sondern auch dahingehend, ob sie die Intention überhaupt erfüllen können, die von seiten der Grünen damit verknüpft wird. Denn das große Etikett, das über all diesen Verfahrensregeln schwebt, heißt doch „Basisdemokratie" und die Frage ist zunächst einmal die, ob diese neuen, selbstauferlegten Verfahrensregeln wirklich dazu beitragen können, daß in der Konfrontation zum parlamentarischen Repräsentationsbetrieb solche basisdemokratischen Ziele auch wirklich umgesetzt und realisiert werden können?

Agnoli: Ich habe vorhin gesagt, daß da zwischen der lokalen und nationalen Ebene Unterschiede gemacht werdet müssen. Daß auf der lokalen Ebene Repräsentationsprinzip und Basisdemokratie durchaus funktionieren können, daran habe ich keinen Zweifel. Auf der Bundesebene beginnt schon meines Erachtens die Infragestellung des basisdemokratischen Prinzips durch die geographische Distanz. Ich habe über die Form „Partei" gerade gestern im Seminar diskutiert und von der Situation eines Abgeordneten der AL oder der Grünen gesprochen, der plötzlich in der Fragestunde des Bundestages die Möglichkeit vor Augen sieht, sofort einzugreifen. Ironischerweise hat ein Student gesagt „Soll er sich doch telefonisch mit seiner Wahlbasis in Verbindung setzen, damit ist die Fragestunde schon zu Ende". Das sind die schwächeren Momente des imperativen Mandats. Damit will ich nur anekdotisch darauf hinweisen, daß gerade die berühmte Partizipation an diesen an sich schon von der Gesellschaft und der Basis abgehobenen Institutionen wie das Parlament, von der Exekutive ganz zu schweigen, die Einwirkungsmöglichkeit des basisdemokratischen Projekts in die große Politik mindestens hemmen. Wahrscheinlich wird es das sogar zum Scheitern bringen.

Anders, wenn das basisdemokratische Projekt sich nicht etwa versteht als in parlamentarische Kategorien übersetzbar, sondern wenn man von vornherein davon ausgeht, daß die eigentlich wesentliche Sache die Basisdemokratie ist. Die parlamentarische Vertretung ist etwas relativ Sekundäres, wobei ich noch hinzufüge – ich erinnere an meine Kritik des Parlamentarismus – daß es nicht nur gegenüber der Bewegung relativ sekundär ist, sondern weil im politischen System das Parlament ohnehin keineswegs das Zentrum der Macht ist. Das darf man nicht vergessen. Man kann natürlich die Dialektik bemühen und sagen, es sei gerade das dialektische Moment, daß das basisdemokratische Projekt sich in eine Institution einbringt, die in ihrem Fundament die Negation der Basisdemokratie ist.

Kraushaar: Gäbe es aber nicht die Möglichkeit – da Du gerade skizziert hast, wie aufwendig und begrenzt im Grunde genommen die Realisierung eines solchen basisdemokratischen Anspruchs ist – sich von vornherein auf ganz wesentliche Fragen zu konzentrieren, in denen man dann den Versuch macht, diesen basisdemokratischen Anspruch auch wirklich zu erfüllen.

Beispielsweise, wenn in einer Konstellation, die vor kurzem noch als „Hamburger Verhältnisse“ bezeichnet wurde, und wo man inzwischen nur noch von „Hessischen Verhältnissen „ sprechen kann, wenn eine solche Konstellation auch im Bundestag auftreten würde und sich die Chance böte, daß die Grünen in einem Duldungsbündnis der SPD zur Macht verhelfen könnten. Um darauf eine Antwort zu bekommen, gäbe es natürlich die Möglichkeit, eine derart wichtige Entscheidung an die Basis der Partei rückzukoppeln. Wäre das nicht zumindest ein realistischer Gesichtspunkt, in solchen entscheidenden Fragen die Basis vor den parlamentarischen Abgeordneten entscheiden zu lassen?

Agnoli: Ja, bei den großen „Fragen der Nation“ sollte man das tun und man sollte vielleicht die Technik und die Informatik einmal umkehren, um basisdemokratische Projekte zu verwirklichen. Eine technologisch unmittelbare Informationsmöglichkeit zwischen Basis und Abgeordneten, das wäre vielleicht denkbar. Nur befürchte ich, daß vielleicht die Basis, sofern sie überhaupt homogen ist, in einer Weise reagieren könnte, die zu völliger Verwirrung der eigenen Vertretung im Parlament führen könnte. Die Rückkoppelung zur Basis würde möglicherweise bedeuten, um das mal regional zu fixieren, daß von der Basis Stuttgart eine ganz andere Anweisung kommt, als von der Basis Schleswig-Holstein oder Hamburg. Was sollen dann die Abgeordneten machen?

Kraushaar: Damit wird das Problem einer zusätzlichen Verfahrensregel aufgeworfen, daß nämlich das Konsensprinzip vor dem Mehrheitsprinzip zu rangieren habe, und es für den Fall, daß man nur auf das Mehrheitsprinzip zurückgreifen kann, um eine Entscheidung herbeizuführen, einen Minderheitenschutz geben soll.

Agnoli: Wollen wir den konkreten politischen Fall nehmen: Die SPD als Minderheitsregierung schlägt ein Gesetz eines gewissen Typs vor. Dieses Gesetz kann den Bundestag passieren, wenn von der 17 Abgeordnete starken Fraktion der Grünen 10 Abgeordnete dafür sind, dann kommt das Gesetz durch. Wie sieht der Minderheitenschutz der anderen sieben aus? Daß der entsprechende Teil der Bevölkerung nicht verpflichtet ist, dem Gesetz Folge zu leisten, oder wie? – Das ist doch eine Fiktion, der Minderheitenschutz. Es ist schon richtig, entweder Konsensus- oder Mehrheitsprinzip. Die Institutionen haben ihre eigene Gesetzlichkeit, ihre Eigendynamik, und der einzige, im Prinzip der Mehrheit enthaltene Schutz der Minderheit ist das Recht der Minderheit, Mehrheit zu werden. Das ist eine sehr kluge, aber auch richtige Erfindung der Bourgeoisie.

Aber solange die Minderheit nicht zur Mehrheit wird, bleibt nichts anderes übrig – das Gesetz gilt für alle, ist für alle gleich –, als daß die Minderheit sich darum bemüht eine neue Konstellation zu finden, damit das Gesetz wieder zu Fall gebracht werden kann, und dann könnte es zu der höchst spannenden Situation kommen, daß die Minderheit der grünen Fraktion doch in der Lage ist, das Gesetz wieder zu Fall zu bringen, indem sie nämlich mit der CDU koaliert, mit der CDU-Opposition. Dann bekommt die CDU-Opposition soviele Stimmen, daß das vorgelegte Gesetz dann doch wieder zu Fall gebracht wird. Nun ist es so, daß die Grünen wohl auf einem höheren moralischen Niveau als die FDP-Abgeordneten stehen. Aber wir haben ja den Fall in Berlin, daß die FDP, die sonst immer politisch eine sehr intelligente Strategie verfolgt hat, zur Hälfte Regierung und zur Hälfte Opposition ist. Vielleicht passiert es den Grünen auch so, das wäre nicht die Einleitung eines aufrührerischen Prozesses des bürgerlichen Staates, sondern eines aufrührerischen Prozesses der Bewegung.

Kraushaar: Noch einmal zurück zur Frage des Mehrheitsprinzips. Es gibt unter Konservativen eine traditionelle Kritik am Mehrheitsprinzip, zurückzuführen auf Edmund Burke, Tocqueville u.a., die erst kürzlich in einer konservativen Zeitschrift wie den „Scheidewegen" erneuert worden ist. Das Interessante ist nun, daß von linken Sozialwissenschaftlern einzelne Motive der Kritik am Mehrheitsprinzip aufgenommen worden sind, und z. B. Claus Offe, Iring Fetscher und Ulrich Preuß eine sehr intensive Debatte darüber führen, inwieweit das Mehrheitsprinzip, überhaupt noch politisch legitimationsfähig ist. Um es kurz zu sagen, keiner schlägt eine völlige Änderung des Mehrheitsprinzips vor, dennoch aber werden in diesen Diskussionen die Grenzen aufgezeigt, die dieses Mehrheitsprinzip hat.

Um die Frage praktisch zu wenden: Die Schwierigkeit, die sich gerade beim geplanten Bau von Atomkraftwerken herausgestellt hat, ist ja die, daß die negativen Folgen auf die unmittelbar Betroffenen in der Region rings um ein Kernkraftwerk abgewälzt werden sollen, während die Mehrheit eines Bundeslandes nicht unmittelbar tangiert ist, andererseits aber eine von der Mehrheit des Bundeslandes gewählte Regierung darüber zu entscheiden hat, ob es tatsächlich zum Bau eines Kernkraftwerkes oder einer Wiederaufbereitungsanlage kommen soll. Ist dieses Beispiel dazu geeignet, die Grenzen des Mehrheitsprinzips aufzuzeigen und wenn ja, gibt es andere, demokratischere Möglichkeiten zur Durchführung politischer Entscheidungen?

Agnoli: Ja, das ist natürlich etwas schwierig, darauf sofort eine Antwort zu geben. Erstens scheint es mir bei aller Kritik des Mehrheitsprinzips – Du sagst es selber, diese Autoren kennen keinen anderen Ausweg – angesichts des Charakters unserer Gesellschaft, vom Antagonismus angefangen bis zum Verteilungspluralismus, keine Alternative zu sein, mit dem Prinzip eines allgemeinen Konsensus zu arbeiten. Ich halte das eher für eine Gefahr. Ich meine, daß gerade in der Bundesrepublik, aber nicht nur in der BRD, die Entwicklung des bürgerlichen Staates in Richtung auf das System eines totalen Konsensus geht. Gegen einen totalen Konsensus hätte ich sehr viele Einwände vorzubringen. Das Mehrheitsprinzip ist also etwas, das meines Erachtens in dieser prinzipiellen Weise gar nicht zur Diskussion zu stellen ist.

Nur mal ein paar historische Beispiele: Die Konservativen haben etwas gegen die Mehrheitsentscheidung, aber nur dann, wenn die Mehrheit des Volkes entscheidet. Der Papst wird nach dem Prinzip der Mehrheit gewählt und man kann nicht sagen, daß die Wahl des Papstes das Produkt eines revolutionären Prinzips sei. Aber interessanterweise handelt auch das Zentralkomitee der Kommunistischen Partei nach dem Mehrheitsprinzip. Weil vorläufig keine andere Möglichkeit gefunden wurde, angesichts der vorhandenen Widersprüche, die Möglichkeit eine politische Entscheidung überhaupt zu treffen, das Problem der politischen Entscheidung überhaupt zu klären. Das Beispiel, das Du brachtest, zeigt aber nicht etwa die Grenze des Mehrheitsprinzips, sondern vom Inhalt her die Grenze seiner Anwendbarkeit. Denn die berühmte Regierung vertritt nur formell die Mehrheit einer Bevölkerung, aber nicht unmittelbar die Mehrheit der Bevölkerung, in der etwas zu geschehen hat. Ich sehe da gar kein Problem, zu sagen, die Betroffenen müssen dann entscheiden. Denn auf einem ganz anderen Gebiet gibt es diese Schwierigkeit nicht. Das ist natürlich ein ganz anderes Gebiet und man kann sagen, die Analogie hinkt. Alle Analogien hinken; es ist mir völlig gleich, ob sie hinken, auch ein hinkendes Wesen ist ein reales Wesen. Man könnte genauso gut sagen, daß Universitätsentscheidungen nicht von der Universität getroffen werden sollen. Aber jeder ist doch überzeugt, Universitätsentscheidungen sollen von der Universität getroffen werden, was hat die Mehrheit der Bevölkerung damit zu tun?

Das Gleiche gilt auch für viele andere konkrete gesellschaftliche und ökonomische Probleme. Ich meine, im Falle der Kernenergie müßte die Regierung tatsächlich mit den Betroffenen reden und dürfte sich nicht zurückziehen auf das wirklich formal konstitutionelle Prinzip, „sie sei ja von der Mehrheit der Bevölkerung gewählt." Sie ist doch auch sonst in bezug auf die Autonomie bestimmter gesellschaftlicher Bereiche nicht so zimperlich. Das scheint mir wirklich ein Problem zu sein, ein Problem, das für die alternative Bewegung zugleich eine politische Aufgabe darstellen könnte, etwas durchzusetzen, was im Zuge der Entwicklung des bürgerlichen Staats immer mehr abgebaut wird, sich dafür einzusetzen, daß die autonomen Räume, die autonomen Sphären unserer Gesellschaft ausgeweitet werden. Zu den autonomen Sphären der Gesellschaft und zu dem autonomen gesellschaftlichen Prozeß gehört wirklich, daß dann die berühmten Betroffenen auch mindestens die Möglichkeit haben, mitzuentscheiden. Das ist zwar schon eine abschwächende Position, aber sie haben dann wenigstens die Chance, mitzuentscheiden. Selbst die Möglichkeit des Angehörtwerdens wird abgelehnt, das muß man sich mal überlegen. Nicht mal eine Volksbefragung darf stattfinden. Das wäre eine Aufgabe der alternativen Bewegung, die sie nicht im Parlament durchführen kann, sondern nur in Form einer entsprechenden Massenbewegung, deren Präsenz dann politisch als Bewegung konkret wird.

Die Studentenbewegung – sie mag sein, was sie gewesen ist – sie hat aber ihre Parlamentsreformen, ihre Reformen der Universität ob – sie gut oder schlecht waren, ist eine andere Frage – und sie hat sie durchgesetzt von der Straße aus, nicht durch Sitze im Parlament. Im Gegenteil: Sobald der Prozeß des Rückflusses, der berühmte „Marsch durch die Institutionen" begann, war es aus mit der politischen Präsenz und der politischen Macht der Bewegung. Warum? Weil die Institutionen stärker waren.

Kraushaar: Aber richtig begriffen sollte der „Lange Marsch durch die Institutionen" nicht in diese hinein, sondern durch diese hindurch führen. Statt an eine Einnahme war ja ursprünglich an eine grundlegende Umwälzung des bürgerlichen Machtapparates gedacht worden. Als Rudi Dutschke vor nunmehr fünfzehn Jahren diesen Weg durchaus mit einer antiinstitutionellen Akzentsetzung propagierte, da war die Verbindung mit dem „Langen Marsch" Mao Tse-Tungs durch China und der Übertragungsversuch dieses Konzepts von Régis Debray auf Lateinamerika noch lebendig. Könnten – richtig verstanden – die Grünen nicht diejenigen sein, die den „Langen Marsch durch die Institutionen" heute erst chancenreich antreten, von vornherein in klarer Abgrenzung von den Etablierungsformen des Parlaments und anderer Institutionen?

Agnoli: Nicht was, Rudi Dutschke meinte, ist wichtig, sondern was daraus gemacht worden ist. Daraus ist die berühmte Gremienpartizipation geworden und wir wissen, was daraus entstand. Man kann natürlich keine genaue Aussage machen, höchstens die Grünen davor warnen, den „Langen Marsch durch die Institutionen" anders zu fassen als Mao ihn gefaßt hat. Das heißt also, der „Lange Marsch durch die Institutionen hindurch" ist etwas anderes als der „Lange Marsch in den Institutionen" bis zur Regierung, um dann die politische Macht im Staat zu übernehmen.

Ich muß das etwas näher erläutern: Die Präsenz in den politischen Institutionen ist ganz etwas anderes, das ist eben das, was ich mit der Fundamentalopposition meine. Der „Lange Marsch", verstanden als Präsenz in den Institutionen, ist etwas ganz anderes als der naive Glaube, es sei ein alternativer Gebrauch der Institutionen möglich. Diese Möglichkeiten, die übrigens zum Teil zur abgelegten Strategie der KPI gehören, stehen im Zusammenhang mit dem Historischen Kompromiß. Sie gingen davon aus, daß bürgerliche Institutionen gar nicht bürgerlich wären, sondern sozusagen für jeden nur möglichen sozialen Inhalt zur Verfügung stünden. Meines Erachtens liegt aber der eigentliche Inhalt des Staates darin, eine Form zu sein, eine bestimmte Verfahrensweise und diese Verfahrensweise ist immer die eines bestimmten Inhalts. Wenn wir also eine andere Gesellschaft wollen, dann können wir mit den Institutionen dieser Gesellschaft ebensowenig zu tun haben, wie wir mit den Institutionen dieser Gesellschaft eine neue Gesellschaft aufbauen können. Die berühmte parlamentarische Durchführung der proletarischen Revolution, der alternative Gebrauch der Institutionen – das ist ein Irrglaube oder eine Hoffnung, ich weiß nicht was das ist ...

Kraushaar: Eine Illusion!

Agnoli: Eine Illusion, zuweilen aber auch keine Illusion, sondern eine politische Formel, eine Legitimationstheorie für bestimmte Politik, das dürfen wir auch nicht vergessen. Mit anderen Worten, wenn die Präsenz in der Institution sich versteht als Präsenz eines negativen Elements, dann ist dagegen nichts einzuwenden. Wenn die Präsenz in den Institutionen sich jedoch als eine Strategie ausgibt, um die Institution alternativ zu gebrauchen, oder gar mittels der Institutionen eine radikale Veränderung vorzunehmen, so kann ich schon jetzt den Propheten spielen und sagen, über kurz oder lang werden die Institutionen die Leute zur Räson bringen, zu der der Institution eigenen Räson.

Kraushaar: Bei Deiner Argumentation läßt du allerdings ein Problem unbeantwortet. Wenn man einmal die Logik Deines Gedankengangs unterstellt, dann steuert man zwangsläufig einen blinden Fleck an: Denn wenn es keinen alternativen Gebrauch der parlamentarischen Institution geben kann, wenn die Rolle der Fundamentalopposition nur darin bestehen darf, destruktive Zwecke auszuüben, also eine konsequente Obstruktionspolitik im Parlament zu betreiben, und wenn sich zudem auf der Straße und den Bauplätzen herausgestellt hat, daß die Bewegung in die Sackgasse des repressiven Staates geraten ist, wo können dann überhaupt noch Schritte beginnen, um einen qualitativen Veränderungsprozeß der Gesellschaft in Gang zu bekommen? Und wo überhaupt ist, wenn sich die Fundamentalopposition nur als Präsentsein der außerparlamentarischen Bewegungen definiert, die originäre Demokratie zu lokalisieren?

Agnoli: Mit der Frage der originären Demokratie will ich mich gar nicht abquälen, bleiben wir doch lieber im Konkreten, fragen wir uns, inwiefern da doch mindestens ansatzweise die ersten Schritte zu einer Veränderung zu finden wären. Ich muß sagen, die oppositionelle Präsenz im Parlament könnte, könnte durchaus ein erster Schritt sein und ich geh auch davon aus, daß wir alle Erfolgserlebnisse brauchen; denn das stärkt ganz zweifellos eine Bewegung, zu sehen, daß man bei Wahlen Erfolg hat. Das ist eine ganz klare Sache. Das ist aber kein alternativer Gebrauch einer Institution, sondern das ist ein taktischer Gebrauch einer Institution, ohne zu meinen, diese Institution sei dann schon alternativ, weil sie die Möglichkeit bietet, ins Parlament zu gehen.

Kraushaar: Aber gibt es keine Möglichkeit, diese Institution von ihrer Struktur her zu verändern?

Agnoli: Diese Möglichkeit bezweifle ich aus einem sehr einfachen Grund. Das setzt voraus, daß die oppositionelle Bewegung von vornherein in einer derartigen Machtposition ist im Parlament, daß sie die institutionelle Änderung auch durchführt. In dem Moment, in dem diese Frage gestellt wird, wird es sofort zur Koalition zwischen CDU/CSU und SPD kommen, zur Aufrechterhaltung der bürgerlichen Institutionen.

Die Chance der partiellen Veränderung liegt eher in der Stärkung einer außerparlamentarischen Bewegung als in der parlamentarischen Präsenz. Für die parlamentarische Präsenz sprechen sehr viele Argumente, aber zu meinen, diese parlamentarische Präsenz könne dazu benutzt werden, die alternativen Projekte auch in Wirklichkeit umzusetzen, das würde eine politische Konstellation voraussetzen und damit eine SPD, die bereit ist zu einer radikalen Veränderung der Gesellschaft. Und meines Erachtens ist das jetzige Bündnisangebot der SPD an die Grünen wirklich nur ein kluges strategisches Angebot, um die Grünen einzunehmen, keineswegs aber substantiell gemeint. Vogel – ein sehr kluger Kopf übrigens – hat entdeckt, daß es viel besser ist, mit den Grünen zu reden, um sie zu schlagen, als gegen sie vorzugehen – das ist aber auch alles. Wenn es zum Schwur kommt und die Barrikade errichtet wird, dann wirst Du sehen, daß eher CDU und SPD sich auf die Einführung der Mehrheitswahl einigen oder auf die Erhöhung des 5-Prozent-Quorums oder auf irgendein anderes institutionelles Spiel, als daß den alternativen Vertretern die Möglichkeit gegeben wird, wirklich alternative Politik durchzusetzen.

Kraushaar: Die parlamentarische Präsenz ist Deiner Argumentation nach an die Logik der außerparlamentarischen Bewegung geknüpft. Die Frage ist, wohin kann die außerparlamentarische Bewegung führen; denn es stellt sich ja doch offensichtlich immer neu die Machtfrage, und die Frage nach der Macht ist Deiner Argumentation zufolge auf der Ebene des Parlaments nicht zu lösen. Der Geschichte sind natürlich verschiedene Antworten zu entnehmen, die sich auf je eigene Weise Bewegungen, Organisationen und andere Gruppierungen außerhalb der Parlamente gegeben haben – wie müßte aber unter den gegenwärtigen Bedingungen diese Frage, nämlich die nach der Entmachtung der Herrschaftsapparate, gestellt und beantwortet werden?

Agnoli: Ich sagte schon, daß eine der Hauptgefahren in einer weiteren Involution des bürgerlichen Staats, unseres Staats, in dem System eines totalen Konsenses besteht. Und mir scheint, wenn Du die Machtfrage stellst, daß es schon eine Möglichkeit gibt, dieses System des totalen Konsenses zu desintegrieren, indem auf gesellschaftlicher Ebene – nicht auf der parteipolitischen, staatspolitischen Ebene –, auf der gesellschaftlichen Ebene sich eine Dissensbewegung herausbildet. Fast alle politischen Denker sagen, daß selbst die größte Despotie zumindest des passiven Konsenses der Bevölkerung bedürfe. Was wir sonst immer im Hinblick auf die Länder des sich real nennenden Sozialismus begrüßen, die Dissidentenbewegung, das ist es, was wir eigentlich brauchen, eine Dissidentenbewegung. Nicht nur der real existierende Sozialismus kann überwunden werden in Richtung auf eine größere Emanzipation durch eine Vermassung –

ich gebrauche den Begriff positiv – des Dissidententums, sondern auch der real existierende Rechtsstaat, den wir haben, kann überwunden werden in Richtung auf eine größere Emanzipation durch den Dissens und die Organisation des Dissenses.

Das heißt also, die Gegenmacht, die ich meine, ist gar keine politische, sondern eine gesellschaftliche Gegenmacht, denn wenn immer weitere Teile der Bevölkerung, weitere Teile der Gesellschaft der bürgerlichen Politik, der Staatspolitik den Konsens verweigern, dann stellt sich die Machtfrage ganz anders. Langfristig scheint mir für die Machtfrage eine außerinstitutionelle Ausbreitung des Dissenses viel wichtiger zu sein – auch auf der Ebene der Organisation übrigens – als eine Partizipation an den Instituten des Staates.

Kraushaar: Aber wo ist diese Machtfrage zu lokalisieren? Und als Zusatzfrage: Ist ein Hinweis zur Lokalisierung immer noch die Idee der Rätedemokratie?

Agnoli: Ja, das geht in diese Richtung... Es geht allerdings nicht um die Lokalisierung einer institutionellen Art von Rätedemokratie. Ich würde eher den Terminus Rätekommunismus vorschlagen. Die Rätedemokratie ist eine Späterfindung des menschlichen Geistes, das Rätesystem hat sich immer als kommunistisches System verstanden: Entweder Parteikommunismus oder Rätekommunismus, aber nicht Rätedemokratie. Gewiß soll diese Dissensbewegung auch eine eigene institutionelle Phantasie entwickeln. Die Einwände, die dagegen gemacht werden, daß es nicht funktioniert habe, daß es geschichtlich nie möglich gewesen sei und daß die Komplexität der Gesellschaft usw. das nicht möglich machen könnte, diese Argumente sind für mich nur ein beredtes Zeugnis für die menschliche Vergeßlichkeit. Ich lese immer mit großem Vergnügen alte Texte und finde dort die gleichen Argumente, die auch gegen die Einführung der parlamentarischen Demokratie vorgebracht wurden: Widerspricht der menschlichen Natur, widerspricht den menschlichen Widersprüchen etc. pp. Es sind immer die gleichen Argumente. Wenn sich das Problem institutionell stellt, wird die Menschheit das Problem auch lösen können.

Die Lokalisierung, die ich meine, die im übrigen viel schwieriger ist, ist die soziale, die gesellschaftliche Lokalisierung. Und da bin ich allerdings der Ansicht, daß eine konstitutionelle Schwäche der Alternativbewegung – oder wie ich sie nenne, der Autonomiebewegung, denn es geht ja um gesellschaftliche Autonomie, um die Autonomie der Gesellschaft gegenüber dem Staat – darin liegt, daß diese autonome oder alternative Bewegung immer mehr Gefahr läuft, sich gesellschaftlich und klassenpolitisch abzukapseln und aus diversen Gründen den Sprung nicht schafft, sich mit der anderen alternativen Kraft, nämlich mit der Arbeiterklasse, zu verbinden. Das ist persönlich mein Hauptproblem. Ich sehe, daß da der Gedanke der Autonomie, den ich für wesentlich halte, offensichtlich in Deutschland nur geringfügig bei der Arbeiterklasse Fuß gefaßt hat. Ich denke etwa an Willi Hoss in Stuttgart, das heißt, es gibt auch in der deutschen Arbeiterschaft minimale, aber immerhin vorhandene Tendenzen.

Kraushaar: Willi Hoss ist aber gerade in Baden-Württemberg zum Spitzenkandidaten der Grünen für die Bundestagswahlen gewählt worden ...

Agnoli: Soll er werden. Das soll man vielleicht nicht so prinzipiell sehen. Wenn es nicht strategisch gemeint ist, sondern experimentell, dann habe ich gar nichts dagegen einzuwenden. Wenn natürlich eine parlamentarische Strategie dahinter steht, dann geht die Sache ohnehin schief, insofern braucht man sie nicht mehr zu kritisieren. Und in der Tat, wer das Problem gesehen hat, das ist die Gegenseite. Ich nenne sie die Kapitalseite, obwohl der Ausdruck völlig abstrakt und leicht hirnrissig ist, aber die Kapitalseite weiß ganz genau, daß es das Wichtigste ist, daß es keine Verlötung gibt zwischen der Autonomiebewegung und der Arbeiterklasse.

Kraushaar: Würdest Du in diesem Zusammenhang auch das Angebot von Wolff von Amerongen sehen bezüglich einer Allianz zwischen Kapital und Gewerkschaften gegen die Grünen... ?

Agnoli: Genau deshalb meine ich, daß die Kapitalseite das erkannt hat. Ich kann mich noch dunkel daran erinnern, daß 1968 oder 69 der damalige Präsident des Bundesverbands der deutschen Industrie, Berg, in einem Brief an den Regierenden Bürgermeister forderte, daß der Berliner Senat für die Aufrechterhaltung der Berlin-Investitionen sorgen müsse, damit zwischen der Studentenbewegung und den Arbeitern in Berlin keine Verbindung entstünde. Und das, was Amerongen jetzt vorschlägt, das geht in die gleiche Richtung.

Er weiß ganz genau, daß dieses Feld des Dissenses politisch wirksam wird und sofort Macht als negative Kraft freisetzt, wenn wirklich auch die Arbeiter mitmachen. Und was die Arbeiterklasse betrifft, da ist man vor Überraschungen ja nie sicher.

Kraushaar: Aber im Augenblick scheinen die Arbeiter, wenn man bestimmten Wahlanalysen zumindest trauen darf, wieder verstärkt SPD zu wählen und sich damit gerade jener Partei zuzuwenden, von der sie als Regierungsmacht doch selbst stark gebeutelt worden sind.

Agnoli: Ja, früher ...

Kraushaar: Ist es einfach der Unterschied zwischen Regierungs- und Oppositionspartei innerhalb so kurzer Zeit, der diesen Ausschlag gegeben haben könnte?

Agnoli: Ich habe der Arbeiterklasse immer mehr Intelligenz zugetraut als die meisten meiner intellektuellen Kollegen. Ich glaube schon, daß die SPD, seitdem sie in der Opposition ist und eine andere Sprache spricht, daß das schon bei vielen Arbeitern als Wähler eine Rolle spielt. Das Argument, die Arbeiter seien dumm genug, SPD zu wählen, statt meinetwegen DKP oder Grüne, das akzeptiere ich nicht; denn sie machen auch lange Bewußtseinsprozesse durch. In diesem Moment würde ich sagen – und das ist genauso wie bei den damaligen KP-Parteien –, es kann nicht Aufgabe des Arbeiters sein, zu kapieren, daß die Grünen seine Sachen vertreten, sondern es muß eher umgekehrt die Aufgabe der Grünen sein, den Arbeitern das klar zu machen. Statt zu sagen, offensichtlich sind wir nicht in der Lage gewesen, unser Projekt den Massen klar zu machen, heißt es immer, die Massen sind noch nicht reif genug. Institutionelle Lokalisierung in Richtung auf ein Rätesystem, das könnte gewissermaßen ein Orientierungspunkt sein.

Ich geh natürlich viel weiter; denn ich bin ja in dieser Hinsicht ein hoffnungsloser Utopist. Das Orientierungsziel sollte das sein, was Marx mit einem sehr schwachen Ausdruck das „Absterben des Staates“ nannte, und was ich eher umfassender die Überwindung und Zerstörung des objektiven Zwangscharakters der gesellschaftlichen Reproduktion nenne. Und dafür kann das Rätesystem auch nur den Anfang schaffen. Ob das möglich ist oder nicht, das will ich ja gar nicht diskutieren. Es mag eine Utopie sein, aber eine Politik, die sich an dieser Utopie orientiert, dürfte ganz anders aussehen als eine Politik, die sich an dem naturgegebenen System orientiert, in dem es immer ein Oben und ein Unten, immer Herrscher und Beherrschte gibt.

Kraushaar: Deinen Ausführungen glaube ich unterstellen zu dürfen, daß die Klassenfrage für Dich immer noch eine entscheidende Rolle spielt zur Beantwortung dieser politischen Probleme ...

Agnoli: Ja, mehr als die Gattungsfrage ...

Kraushaar: Deshalb nun meine Frage: Sind für Dich die Grünen, was eine Reihe von Interpreten heute im Unterschied zur Situation von vor drei oder vier Jahren meinen behaupten zu können, eine linke Partei?

Agnoli: Ich will indirekt anfangen mit der Antwort. Ich war in Italien, als der erste große Erfolg der Grünen bei den hessischen Wahlen bekannt wurde, und da las ich in einer italienischen Zeitung – ich glaube in der „Repubblica" – die erste Presseerklärung des Sprechers dieser neu gebildeten Fraktion, in der stand, der Sieg der Grünen hätte die Links-Rechts-Achse gesprengt. Ich muß sagen, ich habe Angst bekommen vor dieser Aussage, und zwar aus dem einfachen Grunde: Die Sprengung der Links-Rechts-Achse ist seit jeher ein Programm der Rechten gewesen. Wer glaubt, über der Links-Rechts-Achse zu stehen, steht rechts über der Links-Rechts-Achse. Oder er steht in der Mitte, und die Mitte ist die schlimmste Form der Rechten, die es bekanntlich gibt.

Ich denke, daß nicht von ungefähr die politische Mitte in den Versammlungen der französischen Revolutionszeit der Sumpf genannt worden ist. Die schlimmste Form der Rechten ist die Mitte. Daher die berühmte Definition von Lipset, dem amerikanischen Soziologen, der Faschismus sei der Radikalismus der Mitte oder der Extremismus der Mitte. Sind die Grünen eine linke Partei? Es kommt wirklich darauf an, ob sie in ihren Projekten nur den Schutz der Natur haben will und der Umwelt – alles sehr wichtige Sachen –, und das Überleben der Gattung (ich möchte Bahro nicht zu nahe treten) ist auch eine sehr wichtige Sache, ob sie aber dieses Überleben und den Umweltschutz und den Schutz für die neue Qualität des Lebens immer sieht im Hinblick auf eine Massenemanzipation. Denn der Schutz der Gattung kann auch von dem großen Bruder besorgt werden, das darf man nicht vergessen. Und eine Partei, die sich den Schutz der Gattung zur Aufgabe stellt, muß von vornherein einen linken Schutz gewissermaßen beantragen, d.h. die Gattung schützen, die aber eine emanzipierte Gattung, nicht nur eine geschützte Gattung zu sein hat.

Und jetzt links und rechts und Klassen. Die Grünen, soviel ich vorläufig sehen kann, rekrutieren sich weitgehend aus den Zwischenschichten. Da ist nichts gegen einzuwenden. Aber auf der anderen Seite muß man sagen, daß es viele revolutionäre Bewegungen gab, die zunächst aus den Zwischenschichten kamen. Da stellt sich wieder das Problem, das in den 20er Jahren in Italien sehr akut war, und das von Gramsci sehr gut analysiert wurde, ob es nicht eine Allianzmöglichkeit gebe zwischen diesen fortschrittlich eingestellten Zwischenschichten oder Mittelstandsgruppen und der Arbeiterklasse. Ohne Lösung dieser Frage können die Grünen in die Rolle einer Partei der Mitte rutschen. Und da sind sie absolut verfügbar für alle möglichen politischen Richtungen und Parteien, links wie rechts, Kommunisten, Strauß-Anhänger, das spielt überhaupt keine Rolle. Mit anderen Worten, wann sind sie eine linke Partei? Wenn sie ihre gesellschaftlichen Funktionen wirklich realisieren wollen, die sie projektieren, dann müssen sie eine linke Partei sein, sozusagen die rote Fahne der Emanzipation zu ihrer Fahne machen. Das ist das eine. Das zweite ist ein Bedenken, das ich gegenüber dieser Bewegung habe. Ein Bedenken, daß ich in Berlin nicht habe; denn in Berlin versteht sich die alternative Bewegung als eine linke Bewegung. Um ein Bonmot hier anzuführen, möchte ich doch sagen, daß nicht alles rot ist, was da grünt. Es gibt da Komponenten, die vielleicht noch stärker zum Ausdruck kommen könnten, wenn eine Institutionalisierung der Bewegung erfolgt.

Kraushaar: Welche Komponente meinst Du z.B.?

Agnoli: Die Komponente konservativer Art. Denn in den Grünen gibt es ja auch ein konservatives Element, das darf man nicht vergessen. Offensichtlich gibt es sogar auf der Ebene des Selbstverständnisses innerhalb der Grünen eine heillose Verwirrung. Ich höre einige sagen, sie seien als Grüne die wahren Konservativen, weil sie die Natur konservieren wollen. Das ist natürlich Unfug. Da verliert die politische Begrifflichkeit jeden Inhalt. Sie wird völlig zur Verfügung gestellt für die phantasievollsten Konstruktionen. Wenn die Grünen konservativ sind, so wären sie eine Bewegung, die sich zur

Aufgabe setzt, die vorhandenen Herrschaftsstrukturen der Gesellschaft aufrechtzuerhalten. Sie sollen links sein, d.h. sie sollen diese Strukturen in Frage stellen.

Und das gilt natürlich nicht nur für die Ebene der Staatspolitik, das gilt um so mehr – ich spreche ja von gesellschaftlichem Dissens – für die Ebene der wirklich gesellschaftlichen Prozesse. Sobald die Grünen in der Lage sein werden, ihren Horizont zu erweitern, dann werden sie scheu, daß sie auch Stellung nehmen müssen zum Problem der Organisation der Arbeit in den Fabriken und nicht nur zur Reinerhaltung der Luft. Denn die Organisation der Arbeit in den Fabriken hängt mit der Nötigung des Kapitals zusammen, gerade in einer solchen Situation ohne Rücksicht auf Naturzerstörung z.B. zu akkumulieren. Insofern sind die Probleme viel mehr ineinandergekoppelt, als die Grünen es wahrhaben wollen.

Kraushaar: Ein Kollege von Dir, Martin Jänicke, der ebenfalls Politologe an der FU ist, ist inzwischen Mitglied der Alternativen Liste und als deren Abgeordneter im Berliner Repräsentantenhaus. Wäre ein solcher Schritt für Dich überhaupt vorstellbar?

Agnoli: Nein. Eine gewisse Kohärenz, ich will nicht sagen, Einheit von Theorie und Praxis, aber eine gewisse persönliche Kohärenz muß man doch haben. Ich kann unmöglich von einer theoretischen Position, die ich ohne weiteres als extra-institutionell bezeichne auf der politischen Ebene, auf einmal zum Sprecher einer institutionellen Gruppe werden ...

Kraushaar: Trotz der von Dir durchaus anvisierten Möglichkeit der Präsenz in den Institutionen?

Agnoli: Ich hin bereit, diejenigen, die diese Präsenz verwirklichen, zu unterstützen. Schon um sie daran zu hindern, daß aus der Präsenz ein Konsensus wird. Ich sperre mich ja keineswegs dagegen ab. Aber schon die Vorstellung, ich wäre in einem Parlament drin – nun, es gibt Wichtigeres zu tun.

Kraushaar: Eine letzte Frage: Hast Du hier in Berlin gewählt?

Agnoli: Ja, und ich habe überhaupt keine Schwierigkeit, zu erklären, daß ich natürlich in Berlin die Alternative Liste wähle. Und zwar nicht etwa aus einem affirmativen Grund, sondern weil vorläufig – dies gehört zu dem Problem der Ausweitung des Dissenses auf einer institutionellen Ebene – eine Dissensinstitution, die in Italien inzwischen ein gewisses Gewicht erlangt hat, in der Bundesrepublik nicht realisierbar ist, das ist die Abgabe des ungültigen Stimmzettels. In Italien ist das bekanntlich schon die drittstärkste Partei geworden.

Wäre in der Bundesrepublik diese Bekundung der Kritik der Politik möglich, so würde ich sagen, die Grünen sollten sich das zu eigen machen. An dem Wahlakt schon präsent sein, aber mit dem Ziel, der politischen Klasse des Landes zu bekunden, daß ihr millionenfach Absage erteilt wird. Das ist in der Bundesrepublik vorläufig nicht möglich. Aber wenn man institutionell denkt, so würde ich darin doch eine mögliche Perspektive der politischen Arbeit einer alternativen Bewegung sehen: Den Leuten klar zu machen, daß der Wahlzettel auch eine negative Waffe sein kann.

1983

[1] Zuerst 1975 erschienen in *Überlegungen zum bürgerlichen Staat*, jetzt in Johannes Agnoli, *Der Staat des Kapitals*, Freiburg 1995, S. 90 ff.

Marx, der Staat, die Anarchie

Ein Gespräch mit WolframBeyer für die Zeitschrift
Schwarzer Faden

Wolfram Beyer: Johannes, Du verstehst Dich als ein Marxist, aber es gibt ja *den* Marxismus nicht, sondern verschiedene Ausprägungen. Wie würdest Du Deine Position in diesem Zusammenhang sehen?

Agnoli: Da gibt es eine ganz einfache Antwort. Da es *den* Marxismus nicht gibt, bin ich auch kein Marxist. Marxismus ist für mich ein Kampfbegriff: Ich bin ein Marxist, wenn ich auf Gegner kommunistischer revolutionärer Positionen treffe. Aber sonst bin ich einer, der, wie Kant sagte, sich seines Verstandes bedient. Etwas anderes ist es mit der Frage, wie es mit den Theorien von Marx bestimmt sei. Marx ist für mich ein ganz normaler Mensch, „Sohn einer Mutter", wie man auf italienisch sagt. Also muß er auch Fehler gemacht haben. Ich lese Marx nicht in der Annahme, alles würde stimmen, sondern irgendwo müssen auch Fehler sein, man muß ihn also kritisch lesen. Ich halte jedoch *vier* Positionen in seiner Theorie für unverzichtbar:

– Erstens seine Analyse der kapitalistischen Produktionsweise. Er hat den Kern der Sache begriffen und richtig analysiert. Da brauchen wir nur Ergänzungsarbeit zu leisten.

– Zweitens die Schlußfolgerung aus seiner Analyse. Es ist nicht die geschichtsphilosophische Schlußfolgerung, es müsse zum Kommunismus kommen, sondern die Schlußfolgerung: Die Produktionsweise ist zerstörerisch, ist menschenfeindlich, also muß sie abgeschafft werden. Sie ist nicht nur menschenfeindlich, sondern auch naturfeindlich, Kritik am Fortschritt und an der Akkumulation orientierten Technik ist auch bei Marx zu finden. Ich habe mich gefragt, warum wir das nicht früher gemerkt haben. Sehr einfach, ich habe das „Kapital" vor 20 Jahren gelesen. Damals war die Ökologie kein Problem und wir haben diese Seite der Analyse überlesen. Marx hat aber schon festgestellt, daß die Kapitalverwertung die Menschen ausbeutet und die Natur zerstört.

Beyer: Von anarchistischer Seite wird oft kritisiert, daß Marxisten mit wissenschaftlichen Eindeutigkeiten operieren. Es wird kritisiert, daß die marxistische Auffassung von der Beherrschung der Natur auch eine Beherrschung, bzw. Unterdrückung des Menschen impliziert.

Agnoli: In der Realität gibt es auf der einen Seite die technologische Innovation, die zerstörerisch ist. Auf der anderen Seite ist es ebenso eindeutig, daß eine Weltgesellschaft von vier Milliarden Menschen ohne technologische Innovation zum allgemeinen Sterben verurteilt wäre. Das sind Widersprüche, die ich für wichtiger halte als die Frage, ob sich ein Unterdrückungssystem aus Marxens Texten ergibt. In den mitteleuropäischen, kulturellen Traditionen gibt es bestimmte Denkverfestigungen, die es in anderen Kulturen nicht gibt. Eine Denkverfestigung ist z.B. der Begriff „Vater Staat"; es gibt keinen anderen Kulturkreis, der diesen Ausdruck kennt. Bei der „Mutter Natur" ist es das Gleiche. In Italien wird die Natur z.B. „Stiefmutter" genannt. In Ländern, in denen Naturkatastrophen an der Tagesordnung sind, hat man von der Natur keinen idyllischen Begriff. In Deutschland wächst alles von selber. Der süditalienische Bauer muß das ganze Jahr arbeiten, um ein bißchen Wein zu gewinnen. Weil es entweder bittere Kälte, große Wolkenbrüche oder im Sommer absolute Hitze gibt. Dort ist die Natur keine Mutter mehr.

Beyer: Hier mischt sich aber der Marxismus ein und gibt für die Naturbeherrschung eine Ideologie vor.

Agnoli: Nein, nicht der Marxismus, sondern der Mensch mischt sich ein und stellt sich die Aufgabe, mit der Natur fertig zu werden. Ich bin zwar auch ein Naturwesen. Aber als Naturwesen will ich auch weiterleben und dies ist mein gutes Recht. Die Humanisierung der Natur halte ich für unerläßlich. Alles andere ist für mich politische Romantik oder Natursentimentalität. Bei Marx geht es aber um die Wiedereingliederung des Menschen in die Natur und um die Humanisierung der Natur. Der Mensch muß wieder sein Bewußtsein als Naturwesen bekommen, und die Natur muß eine menschenfreundliche Natur sein. Dieses Projekt finde ich vollkommen richtig. Die

These von der Beherrschung der Natur steht in der Bibel und hat mit Marx nichts zu tun! Man muß unterscheiden zwischen der Konfrontation des Menschen mit der Natur und der Notwendigkeit, in der Tat „Dämme“ zu bauen, und der ungehemmten Ausnutzung der Natur. Die Atomkraft ist übrigens nicht eine die Natur zügelnde Kraft, sondern setzt Naturgewalten frei. Sie ist nicht eine Humanisierung der Natur, sondern setzt Naturkräfte frei, die man nicht mehr beherrschen kann. Damit wurden nicht Dämme errichtet, sondern „Dämme“ gebrochen. Naturbeherrschung im Sinne der Selbstverteidigung des Menschen als Naturwesen bedeutet etwas ganz anderes. Durch die Atomkraft schafft der Mensch der unkontrollierten technisierten Naturgewalt freie Bahn.

Beyer: Ein anderes Problem sehe ich im historischen Materialismus, dem Fortschrittsdenken bei Marx, aus dem eine Schlußfolgerung gezogen werden könnte, fortschrittshemmende Kräfte in der Gesellschaft zu eleminieren und damit Unterdrückung zu rechtfertigen

Agnoli: ...und die Anarchisten? Wir müssen der Freiheit die Gasse frei machen, werfen Bomben und erschießen auch Leute. Bitte schön, wo ist der Unterschied? Als ob die Anarchisten nicht unter dem gleichen geschichtsphilosophischen Druck stünden: daß am Ende die Freiheit kommen muß. Sie haben zwar kein System gehabt wie Hegel, der sagte, Geschichte ist Fortschritt im Bewußtsein der Freiheit, aber im Grunde war die Richtung die gleiche.

Beyer: Sicherlich war dies eine historische Phase im Anarchismus, aber dennoch ist die Toleranz ein wichtiges anarchistisches Prinzip. Ich möchte noch mal auf meine vorherige Frage zurückkommen und sie mit der Behauptung ergänzen, daß Toleranz und Fortschrittsdenken schwer miteinander zu vereinbaren sind ...

Agnoli: ... das ist eine völlig unzulässige intellektuelle Operation, und zwar deshalb, weil es Kreislaufdenker gibt, die genauso zur Brutalität in der Politik geraten haben. Machiavelli war z.B. ein Kreislaufdenker (es gibt keinen Fortschritt, es gibt immer nur die Wiederkehr des Gleichen). Es gibt eine Theorie, die meint, die Geschichte sei auf ein Ziel hin orientiert, und um dieses Ziels willen seien „Menschenopfer unerhört“ notwendig, wie Goethe sagte. Das interessante ist aber, daß auch Menschenopfer von Systemen oder Regimen oder Bewegungen verursacht wurden, die überhaupt kein absolutes Ziel in der Geschichte kannten. Nehmen wir den Faschismus, der den Krieg um des Krieges willen führte, Zerstörung um der Zerstörung willen propagierte. Eine Parole der spanischen Frankisten war, „Viva la muerte!“ (es lebe der Tod). Anders gesagt, die Konzentrationslager sind nicht die Folge von Luthers Reformation, wie man nach 1945 sagte. Genauso, wie das Gulagsystem nicht die Folge des Denkens von Karl Marx ist. Eine andere Frage ist viel fruchtbringender: Ist die Geschichtskonstruktion bei Marx in sich stringent, ist sie widerlegt worden, oder kann sie vorläufig beiseite gelegt werden?

Beyer: Für eine revolutionäre Perspektive ist wohl die geschichtsphilosophische Ausgangsbasis wichtig. Im „Schwarz-Roten Kalenda“ 1984 steht: „Was Du auch tust, tue es aktiv! Bequemlichkeit und Stillstand sind das Ende von Bewegung.“ Was hälst Du von der Position: „Die Bewegung ist alles, das Ziel ist nichts“.

Agnoli: Dies kann politische Romantik sein, in dem Sinne, daß es sehr schön klingt. Andererseits warne ich aber vor dieser Haltung, denn es gehört zum genuinen Wesen des italienischen Faschismus: die Bewegung ist alles, Krieg um des Krieges willen. Genauso gefährlich ist es, zu sagen, das Ziel sei alles und die Bewegung nichts. In der Geschichte hat dies häufig dazu geführt, daß das Ziel-Mittel-Verhältnis zerstört wurde. Ich möchte hier die Sowjetunion anführen. Es werden Mittel benutzt, die das Ziel von vornherein zerstören, anstatt es zu antizipieren. Die Inhalte der Bewegung werden nicht bedingt durch ein bestimmtes Ziel. Es müßte eigentlich die Assoziation der Freien und Gleichen sein, aber dies ist völlig verloren gegangen. Die Sowjetgesellschaft bewegt sich von selbst, bewegt sich, um sich selber am Leben zu halten, sich selber zu expandieren. In *diesem* Sinn ist es auch „richtig“, daß Dissidenten unterdrückt werden; Hauptsache, die Bewegung lebt. Auch im Alltagsdenken meinen wir, es werden Opfer gebracht, um des Ziels Willen, und dann merken wir auf einmal, daß es genau umgekehrt ist. Die Opfer sind da, weil man das Ziel aus den Augen verloren hat.

In der Sowjetunion geht es nicht darum, eine kommunistische Gesellschaft zu errichten, sondern darum, die Macht, die man hat, zu erhalten. Das ist Bewegung ohne Ziel. Auch die kapitalistische Akkumulation ist eine typische Bewegung ohne Ziel. Sie ist um der

Akkumulation willen da. Es wird produziert, um zu tauschen, nicht um Massenbedürfnisse zu befriedigen.

Beyer: Wie würdest Du den Begriff Staat bestimmen?

Agnoli: Der Staat ist eine historische Erscheinung. Herrschaft hat es immer gegeben, aber den Staat im modernen Sinne des Wortes gibt es erst seit dem 16. Jahrhundert. Man kann schon sagen, daß geschichtlich die Entwicklung der kapitalistischen Produktionsweise, der Machtantritt der Bourgeoisie mit der Ausbildung des modernen Staates gebündelt voranschreiten. In diesem Zusammenhang neige ich sehr unmarxistisch zur Ansicht, daß die organisatorische Frage des Staates schon vor der Kapitalakkumulation geklärt wurde. Es gab zwar schon das Handelskapital, aber die Theorie des souveränen Staates wurde vor der kapitalistischen Akkumulation entwickelt. Dies ist eine sehr erfreuliche Bestätigung, daß der menschliche Geist antizipieren kann. Der Staat ist für mich nicht ein Wesen außerhalb der Geschichte, sondern die Organisationsform einer kapitalistisch produzierenden und bürgerlich verfaßten Gesellschaft. Das ist der Staat.

Beyer: Auch im real existierenden Sozialismus?

Agnoli: Das ist für mich Staatskapitalismus. Wenn Lenin glaubte, etwas Präzises gesagt zu haben, mit dem Satz, der proletarische Staat sei der bourgeoise Staat ohne Bourgeoisie, dann hat er wirklich das Richtige getroffen. Man hat zwar die Bourgeoisie als Klasse abgeschafft, man hat die Eigentumsverhältnisse verändert, aber nicht die Produktionsweise.

Beyer: Und wie könnte eine Überwindung des Staates aussehen?

Agnoli: Ich versuche immer das berühmte Wort vom „Absterben des Staates“ in Kategorien zu übersetzen, die auch den Inhalt angeben: Abschaffung des Staates bedeutet, den objektiven Zwangscharakter der gesellschaftlichen Reproduktion, zu eleminieren. Unsere gesellschaftliche Reproduktion, oder im Alltagsdeutsch, unsere ganze Existenz wird durch einen objektiven Zwang geregelt, organisiert etc. Das Ende des Staates signalisiert nichts anderes als eine gesellschaftliche Reproduktion und gesellschaftliche Prozesse, die optimal zwanglos sind. Ich sage optimal, weil es schwierig ist, bestimmte Grenzen zu ziehen. Ein Problem sehe ich z.B. im Naturzwang, der inzwischen gesellschaftlich geworden ist. Darunter haben z.B. die Frauen zu leiden. Du kannst also den objektiven Zwang der Gesellschaft politisch, gesellschaftlich, ökonomisch aufheben, biologisch aber nicht. Die gesellschaftliche Reproduktion ist auch daran gebunden, daß Frauen Kinder bekommen, auch ein objektiver Zwang. Hierbei geht es darum, diesen Zwang so weit wie möglich zu humanisieren, zu befreien von den gesellschaftlichen Zwängen. Befreiung vom Zwangscharakter der gesellschaftlichen Reproduktion ist nicht idyllisch gemeint. Konflikte wird es immer geben, und es muß immer wieder nach Möglichkeiten gesucht werden, Konflikte zu lösen. Grundlegend dabei ist, den Herrschaftscharakter dieser Konflikte aufzuheben. Gesellschaftliche Konflikte als Herrschaftskonflikte sind z.B. die Klassenkämpfe im klassischen Sinne. Man hört immer wieder, daß die Abschaffung des Staates eine Utopie sei. Meiner Einschätzung nach ist es aber der einzig realistische Weg für eine humanere Zukunft.

Beyer: Es gibt die Auffassung, daß mit der Konfrontation und dem direkten Kampf mit der Polizei als Vollstrecker staatlicher Gewalt der Staat bekämpft wird...

Agnoli: Es ist ein Fehler, Polizisten zu verteufeln. Sie üben ihren Beruf aus. Natürlich, da ich gegen den Staat bin, bin ich auch gegen Polizei, aber ich verteufele die Polizisten nicht. Bekämpfung des Machtapparats Staat? Die Roten Brigaden in Italien sind darin gescheitert, obwohl sie am Anfang einen großen sozialen Hintergrund hatten. Es ist wirklich sinnlos, den bewaffneten Kampf gegen den Waffenträger, den Staat, aufzunehmen. Er wird immer der stärkere sein. Also muß man sich eine andere Strategie überlegen. Es gibt dazu viele Überlegungen der Autonomie-Bewegung in Italien. Die Gehorsamsverweigerung wäre eine Strategie. Ich halte den richtig praktizierten Ungehorsam für einen möglichen Weg. Natürlich muß jeder tun, was er kann, aber auch wissen, daß der moderne Staat in der Lage ist, individuellen Ungehorsam zu brechen. Trotz alledem können Nadelstiche in dieser Hinsicht einen Grad erreichen, wo sie unerträglich werden.

Beyer: Siehst Du in der Gegenwart nur eine Nadelstichtaktik, oder gibt es Deiner Auffassung nach einen praktischen Hebel zur Änderung der gesellschaftlichen Verhältnisse?

Agnoli: Vorläufig nur Nadelstiche. Es kommt aber darauf an, wie sich die Situation weiterentwickelt. Ich bin etwas pessimistisch oder optimistisch mit Trauerflor, wie Ernst Bloch einmal sagte. Denn Marx hat in einem Punkt leider Recht behalten gegenüber Bakunin: Die Institutionen sind stärker als der Wille des Einzelnen. Die Institutionen entwickeln eine eigene Dynamik und Klebrigkeit. Wenn man bedenkt, daß die Grünen als Fundamentalopposition in den Bundestag kamen und sich jetzt als prinzipiell koalitionsfähig bezeichnen, merkt man, wie die Institution die Menschen einkassiert. Ich war schon damals gegen den langen Marsch durch die Institutionen. Also *vorläufig* geht es darum, die Loyalität zu bestimmten Ordnungen aufzukündigen. Ungehorsam, Gehorsamsverweigerung ist ein wichtiges Mittel. Ich betone *vorläufig* und wende mich damit gegen eine Hypothese der bürgerlichen Wissenschaft, bzw. der Soziologie, Revolutionen seien nicht mehr möglich. Sicherlich ist es Prophetie zu sagen, die Revolution kommt! Dies hat sich bisher nicht bewahrheitet. Aber die Hypothese, daß es keine Revolution mehr geben wird ist auch nur eine Prophetie, um die wir uns nicht zu kümmern brauchen.

Beyer: Aber bei Marx gibt es sehr konkrete Hinweise und Bezugspunkte für die marxistischen Ideologen, die damit ihre Ausprägung von Marxismus begründen.

Agnoli: Konkrete Hinweise? Man hat aus einigen Bemerkungen einen theoretischen Berg gemacht. Bei Marx gibt es eine Stelle, die das Ende des Kapitalismus mit dem berühmten Wort beschreibt: der Expropriation der Expropriateure. Stell Dir mal vor, diese Stelle ist etwa ein dutzend Zeilen lang, steht völlig verloren im „Kapital". Ein paar Zeilen in einem Werk mit ein paar tausend Seiten, und daraus hat man ein ganzes System gemacht. Es ist genauso wie mit dem Begriff „Diktatur des Proletariats". Der Begriff taucht bei Marx vielleicht drei oder viermal auf; jeweils eine Zeile, und daraus hat man ein politisches System konstruieren, legitimieren wollen. Die *Inhalte* dieses Systems kommen nicht von Marxens Kritik der politischen Ökonomie her! Die leninistische Organisation der sowjetischen Gesellschaft übernimmt vielmehr das Organisationsmodell der kapitalistischen Produktion. Lenin war begeistert von der Organisation der Trusts und der Deutschen Reichspost. Stalin hat die klassische Formulierung geprägt: Die Sowjetunion sei revolutionärer russischer

Impuls plus amerikanische Sachlichkeit. Hier gibt es einen weiteren Grund, weshalb die Oktoberrevolution am Ende gescheitert ist.

Beyer: Für Marxisten ist die Frage des revolutionären Subjekts eindeutig bestimmt mit der Arbeiterklasse und wird als wichtiger Bestandteil der Theorie von Marx angesehen.

Agnoli: Die Frage des revolutionären Subjekts ist für mich eine rein akademische Frage. Revolutionäres Subjekt ist das Subjekt, das die Revolution vor hat. Das revolutionäre Subjekt kann nicht abgeleitet werden von einem abstrakt analysierten Produktions- und Reproduktionsprozeß. Auf einer Konferenz in Agape, nördlich von Turin, mit den damals noch existierenden Basiskomitees der norditalienischen Fabriken, wurde die Frage nach dem revolutionären Subjekt gestellt. Das Mitglied einer Basisgruppe von Alfa Romeo antwortete darauf, daß sich die Antwort am Tage X herausstellen würde, nämlich, wer dann auf der Seite der „revolutionären Barrikade" stehen würde, auch wenn jemand im Beruf ein Pfaffe sei. Wenn jemand einwenden würde, dies sei nicht mehr marxistisch, dann würde ich antworten: das ist mir doch egal. Was ich bei meinen hochverehrten orthodoxen Genossen als komisch empfinde, ist der Legitimationsdruck, unter den sie sich freiwillig und ohne Grund stellen. Ganz gleich, was sie sagen, alles muß mit Marx übereinstimmen. Leo Kofler zum Beispiel, ein Mensch, den ich sehr schätze, ebenso wie seine interessante Analyse, eine Kombination von Soziologie, Kritik der politischen Ökonomie und Psychoanalyse. Er könnte doch einfach seine Thesen darstellen, sagen, daß nach seiner Auffassung die Sache so und so ist. Aber er steht unter dem Legitimationsdruck und muß daher beteuern: Seine Aussage stünde in völliger Übereinstimmung mit Marx. Als ob das der Nachweis der Wahrheit wäre. Da denke ich anders. Wenn in meinen Seminaren die Marxistische Gruppe auftaucht und sagt: „Johannes, was Du sagst stimmt nicht mit Marx überein", dann antworte ich: „um so schlimmer für Marx!".

Beyer: Was hälst Du von der anarchistischen Praxis, sich aus diesem Gesellschaftssystem auszukoppeln und „Inseln der Freiheit" zu gründen?

Agnoli: Dagegen ist nichts einzuwenden. Nicht etwa deshalb, weil es „im Prinzip" systematisch richtig sei, sondern weil die Zeit wirklich so weit ist. Die Zeit ist wirklich so weit, daß ein Aussteigen sozusagen ein konkreter Schritt sein könnte, wenn dies Massencharakter annimmt. Nur wird auch daraus ein Dogma gemacht. Viele Anarchisten konstruieren aus einem unsystematischen Konglomerat von Impulsen, Ideen, Vorstellungen, Perspektiven und Projekten ein Denksystem. Ich bin der Ansicht, daß die romanischen Länder gut beraten sind, wenn sie Anarchie sagen und nicht Anarchismus. Ich glaube, daß es auch das Gute an Marx gewesen ist, wie auch an der Anarchie, nur Entwürfe, Vorschläge zu machen. Marx selbst bezeichnet sein Werk „Das Kapital“ als Entwurf: er war damit überhaupt nicht zufrieden – das sehr zurecht!

Beyer: Woher nimmst Du die Gewißheit, daß die Zeit wirklich so weit ist, um Perspektiven einer anderen Gesellschaft heute schon zu leben? Vor ca. 50 Jahre haben auch schon Marxisten behauptet, daß der Kapitalismus am Ende sei.

Agnoli: Nun, die Gewißheit, sie kommt in der Tat aus Marxens Analyse. Ich sehe zum Beispiel die Entwicklung des technischen Fortschritts. Sie hat eine Höhe erreicht, bei der sich das Kapital selber frißt. Marx meinte einmal, wenn es vollautomatische Fabriken gibt, dann können diese Fabriken tatsächlich nur Gebrauchswerte herstellen, und keine Tauschwerte. Wenn kein Mensch mehr arbeitet, dann bekommt niemand mehr Lohn, und dann gibt es keinen Markt mehr. Wir befinden uns allerdings in einer endemischen Krise, die Marx noch unbekannt war – bekannt höchstens in der verkürzten Form des Dilemmas: entweder Revolution oder Untergang aller Klassen. Nun zur Krise: In diesem Jahr soll es z.B. mit der Wirtschaft wieder aufwärts gehen. Dies bedeutet aber nicht den Rückgang der Arbeitslosigkeit. Es geht aufwärts mit der Rationalisierung und der techischen Innovation, das heißt, es wird nächstes Jahr mehr produziert und es wird mehr Arbeitslose geben. Der Wirtschaftszyklus ist aber aus den Fugen geraten. Ein normaler Wirtschaftszyklus hat immer einen normalen Regenerationscharakter: Niedergang der Wirtschaft, Arbeitslosigkeit und dann wieder Akkumulation. Dies ist durch die technische Innovation unterbrochen worden, die zwar dafür sorgt, daß die Produktion wieder angekurbelt wird, ohne zugleich die Akkumulation zu garantieren. Früher war ich ein Kritiker der Theorie des „tendenziellen Falls der Profitrate”. Jetzt merke ich aber, daß etwas daran richtig ist, in der Tat: es wird immer mehr produziert, aber nicht mehr so geschwind akkumuliert wie früher. Es fehlt der absorbierende Markt. Dieser war seit jeher nie der Luxussektor des Marktes gewesen, sondern der Massenmarkt (z.B.: die Massenproduktion von Autos hat zur Akkumulation des Kapitals in diesem Sektor geführt). Ausgerechnet diejenigen, die normal konsumieren, stehen jetzt da ohne Lohn. Sie können sich zwar elementare Güter leisten, sie haben aber nicht mehr die absorbierende Funktion, die sie früher hatten.

Beyer: Welche Funktion haben die Länder der sogenannten Dritten Welt in diesem Zusammenhang?

Agnoli: Hier ist kein Geld und auch kein Markt vorhanden. Die Dritte Welt hat nur eine Funktion als peripherer Kapitalismus. Er produziert mit ungeheurem Profitzuwachs Güter, die aber dort keine Profitrealisierung haben, weil der Markt dafür fehlt. Was nutzt es dem Volkswagenkonzern ,in Brasilien bei extrem niedrigen Löhnen zu produzieren, wenn kein Mensch dort Autos kaufen kann. Brasilianische Arbeitskraft ist noch keine brasilianische Kaufkraft. Daher die enorme Verschuldung dieser Länder.

Das Dritte ist Marx' Negation des Staates; einer Negation des Staates, die bei ihm allerdings nur ein Projekt, ein Vorschlag gewesen ist: diese Erbschaft, die er auf dem Weg hinterlassen hat, die er liegen gelassen hat, die müssen wir antreten. Marx hat in der „Kritik des Gothaer Programms" gegen die von Lasalle herkommende Perspektive der deutschen Sozialdemokratie gezeigt, daß der Aufbau des Sozialismus Stück für Stück mit dem Abbau des Staates beginnen muß, um zum Kommunismus zu führen.

Schließlich gibt es den vierten Punkt, den ich abgekürzt nennen will: die Unbedingtheit einer revolutionären Perspektive.

Beyer: Also, Deine zwei theoretischen Säulen in Anlehnung an die Theorie von Karl Marx sind die Kapitalismuskritik und die Staatskritik.

Agnoli: Meine theoretische Arbeit, die sich an Marx orientiert, ist die Fortsetzung der Kritik der politischen Ökonomie zu einer Kritik der Politik hin.

Beyer: In der Realität können wir feststellen, daß der Marxismus zum Wegbereiter einer Staatsideologie wurde, menschenfeindliche Systeme entstanden, die sich auf Karl Marx beziehen.

Agnoli: Zur Klärung eine Analogie: der Marxismus ist dies geworden, genauso wie das Christentum eine Staatsideologie seit Augustinus geworden ist. In den Anfängen war das Christentum eine staatsfeindliche Ideologie. Daß das Christentum eine Staatsideologie wurde, daß Augustinus das römische Reich aufrief zum Kampf gegen die Manichäer, hat nichts mit dem armen Jesus Christus zu tun. Mit Marx hat dies auch nichts zu tun: eigentlich sind dies unzulässige Vergleiche, weil Marx kein Religionsstifter war! Nehmen wir es anders: was hat Hegel mit Hitler zu tun? Trotzdem hat man gesagt, die Staatsvergötterung Hitlers stamme von Hegel. Marxismus als Staatsideologie ist kein Marxismus mehr, sondern bezeichnet sich so. Es ist das Gleiche, wie wenn sich ein wirtschaftliches und soziales System „realer Sozialismus" nennt. Richtig ist nur, daß es real ist und sich sozialistisch nennt. Oder nehmen wir unseren Staat, der sich als Demokratie bezeichnet. Wo ist hier denn eine Demokratie? Daraus aber eine theoretische Position zu entwickeln und zu folgern, daß die Demokratie etwas schlechtes sei, da man ja sehe, wie die Bundesrepublik funktioniere, oder die USA funktionieren, ist das Zeichen eines Hirnrissigen. Marx kritisieren, weil Ideologen der sich so nennenden real sozialistischen Länder sich auf ihn berufen, wäre genauso falsch, als wenn man irgend einen Denker kritisieren würde, weil andere sich auf diesen beziehen. Man macht also einem Denker einen Prozeß, der Intentionen betrifft und nicht Realitäten.

1984

Lockerungen für ein neues linkes Denken

„Die Linke neu denken – acht Lockerungen“: Der Wagenbach-Verlag hat wieder Lesenswertes veröffentlicht[1], Lesenswertes und Verdienstvolles, wobei das Verdienst schon darin liegt, in einer Zeit, in der Oppositionelles sich darin gefällt, weder links noch rechts, vielmehr geradeaus zu sein und über allen gesellschaftlichen Spaltungen zu stehen („Ich kenne keine Klassen mehr. Ich kenne nur Mensch.“), die Linke wieder in Erinnerung zu bringen. Mit gemischtem Ergebnis, versteht sich. Ist bei einer Rezension von Sammelbänden Brauch, von Beiträgen unterschiedlichen Werts zu sprechen, so wäre, dem Titel des Buches entsprechend, in diesem Fall zu sagen: Hier wird in den einzelnen Beiträgen unterschiedlich gelockert und manchmal gar nicht. Zunächst zwei Prologe, wobei für den Leser vielleicht die Erwähnung nützlich ist, daß mit der sogleich genannten Unterwelt nicht die Mafia, sondern der Hades gemeint ist.

Prolog in der Unterwelt

„... müssen die Proletarier, um persönlich zur Geltung zu kommen, ihre eigene Existenzbedingung... die Arbeit aufheben. Sie befinden sich daher im direkten Gegensatz zu der Form, in der die Individuen der Gesellschaft sich bisher einen Gesamtausdruck gaben: zum Staat, und müssen den Staat stürzen, um ihre Persönlichkeit durchzusetzen“ (Karl Marx, Deutsche Ideologie, MEW 3, S. 77).

„Der wirkliche Reichtum der Gesellschaft und die Möglichkeit beständiger Erweiterung ihres Reproduktionsprozesses hängt also nicht ab von der Menge der Mehrarbeit, sondern von ihrer Produktivität... Das Reich der Freiheit beginnt in der Tat erst da, wo das Arbeiten, das durch Not und äußere Zweckmäßigkeit bestimmt ist, aufhört; es liegt also der Natur der Sache nach jenseits der Sphäre der eigentlichen materiellen Produktion... Die Freiheit in diesem Gebiet kann nur darin bestehen, daß der vergesellschaftete Mensch, die assoziierten Produzenten, diesen ihren Stoffwechsel mit der Natur rationell regeln, unter ihre gemeinschaftliche Kontrolle bringen, statt von ihm als von einer blinden Macht beherrscht zu werden; ihn mit dem geringsten Kraftaufwand und unter den, ihrer menschlichen Natur würdigsten und adäquatesten Bedingungen vollziehen. Aber es bleibt dies immer ein Reich der Notwendigkeit. Jenseits desselben beginnt die menschliche Kraftentwicklung, die sich als Selbstzweck gilt, das wahre Reich der Freiheit, das aber nur auf jenem Reich der Notwendigkeit als seiner Basis aufblühen kann. Die Verkürzung des Arbeitstages ist die Grundbedingung" (Das Kapital III, MEW 25, S. 828).

„Freier Staat – was ist das? ... Es ist keineswegs Zweck der Arbeiter, die den beschränkten Untertanenverstand losgeworden, den Staat 'frei' zu machen... Die Freiheit besteht darin, den Staat aus einem der Gesellschaft übergeordneten in ein ihr durchaus untergeordnetes Organ zu verwandeln... Ganz verwerflich ist eine 'Volkserziehung durch den Staat'... Vielmehr sind Regierung und Kirche gleichmäßig von jedem Einfluß auf die Schule auszuschließen... Jeder muß seine religiöse wie seine leibliche Notdurft verrichten können, ohne daß die Polizei ihre Nase hineinsteckt" (Karl Marx, Kritik des Gothaer Programms, MEW 19, S. 27 f).

Engels, der die „religiöse und leibliche Notdurft" in der 1891er Ausgabe des soeben zitierten Textes dezent in „religiöse Bedürfnisse" übersetzt hatte, denkt in salopp-zeitlichen Kategorien: „Der Umkreis der die Menschen umgebenden Lebensbedingungen, der die Menschen bisher beherrschte, tritt jetzt unter die Herrschaft und Kontrolle der Menschen... Es ist der Sprung der Menschheit aus dem Reich der Notwendigkeit in das Reich der Freiheit" (F. Engels, Antidühring, MEW 20, S. 264).

Prolog auf Erden

Die schönste Lockerung kommt gleich am Anfang vor, auf dem Umschlag und auf Seite 2: Zwei Bilder aus dem Familienalbum des Karl Marx. Auf dem einen sieht man den großen Karl auf einem offensichtlichen Südseestrand in Begleitung von Frau Akkumulation. Auf dem zweiten präsentiert sich Marx im Alter von zwei Jahren am und im Meer in dem damals üblichen beblümten Badeanzug und mit modischer Badekappe. Der Verlag klärt den Leser über das Zustandekommen der zwei Bilder auf: „Umschlaggestaltung: Rainer Groothius unter Verwendung einer Zeichnung von Joto Gino“.

Joto Gino: „Chi e costui?“ Zum Einstieg bietet uns der Verlag eine Lockerung der Sitten und Gebräuche deutscher Sorgfalt, die schnell revidiert werden müßte. Der Verlag hat nämlich ein F für ein J gehalten. Denn das Bild auf Seite 2 hat zwar ein Signum, das aber nicht Joto Gino heißt, sondern vielmehr schlicht „Foto Gino“. Es handelt sich also gar nicht um eine Zeichnung, sondern anscheinend um ein Bild aus dem Fotoatelier eines nicht näher bezeichneten Gino. Wer dieser in Wirklichkeit ist (es gibt in Italien einige hunderttausend Gini), weiß nur Daniele Panebarco, der „unter Verwendung“ des Namens erfundener und existierender „Photographen“ im Marx-Jahr die bekannteste und zu Recht bewunderte Ausstellung organisierte: „Il grande Karl. 100 foto inedite dall'album di famiglia di Carlo Marx.“ Zu Deutsch: „Der große Karl. 100 unveröffentlichte Fotos aus dem Familienalbum des Karl Marx.“ Panebarco, Kommunist und Zeichner und Literat aus der ravennatischen Sektion des ARCI-Comics, gab dem Marx-Jubiläum einen italienischen Akzent, lockerte damit kritisch-liebevoll die ganze Feierlichkeit und zeigte, wer Marx in Wirklichkeit war: un figlio di mamma, das heißt: ein ganz normaler Mensch. Jedes „Foto“ versah er korrekterweise mit dem Signum des entsprechenden Ateliers. So steht zum Beispiel unter dem Bildnis des frisch gebackenen Doktor Marx, der laut Text „in Bologna mit einer glänzenden Dissertation über 'Kommunismus und Nudelsoße' promovierte“, das Signum „Foto Zangheri“, denn Zangheri war der kommunistische Bürgermeister des roten Bologna. Und als Signum des Gruppenbilds „Die Fußballmannschaft der Internationale“, auf dem der große Karl an hervorragender Stelle steht (wahrscheinlich als Libero), finden wir – wen denn sonst als den Trainer der italienischen Fußballmannschaft: „Foto Bearzot“.

Dem fröhlichen Anfang folgt deutscher Ernst. Ironie und Satire fehlen, weil ihnen offensichtlich keine tiefere Bedeutung mehr zuerkannt wird.

Der deutsche Ernst des ersten Beitrags hat aber gewichtigere Gründe. Zwar wird im Titel des Buches Linkes in Aussicht gestellt. Die gefahrvolle Unterstellung muß aber vermieden werden, durch die Lockerung könnte die alte Linke, also der alte Marx sich in das neue Denken wieder einschleichen. Also muß vor aller möglichen Lockerung zunächst einiges gefestigt und zugemacht werden. Zeigt Panebarco mit seinen Fotos, daß Marx ein figlio di mamma gewesen ist, so folgt dem Gunnar Heinsohns schriftliche Zusicherung, daß er vielmehr ein gar schrecklicher Mensch sei, dessen Vorstellung von Sozialismus (eigentlich war Marx ein Kommunist, aber das macht nichts) sich auf eine allgemeine, polizeilich durchgesetzte Verbotspraxis reduzieren läßt. So betrachtet, ist Heinsohns Frage: „Wer will denn überhaupt Sozialismus?" ein ziemlich rhetorisches Neudenken. Heinsohn, bekannter Diplomsoziologe, gelehrter Kollege und Propagandist der Kinderlosigkeit (siehe Spiegel 24. 12. 84, S. 7) aus dem Bremischen, findet in Marxens „Inauguraladresse der Internationalen Arbeiterassoziation" (MEW 16, S. 11 ff) erstens eine allgemeine „Verbotsthese" als Wesen des Sozialismus; und er ertappt ihn bei einer „epochalen Lebenslüge": daß die Polizei der Kapitalherren die (proletarischen) Genossenschaften verbieten würde, sodaß daraus zu schließen wäre, „daß die Polizei der Arbeiterklasse den Herren vom Kapital und ihren Polizisten das Verbot von Genossenschaften zu verbieten hat" (S. 10). Von alledem steht bei Marx allerdings nichts. Die Verbotsthese samt polizeistaatlicher Folgerung ist vielmehr aus der krausen Interpretations- und Kombinationsgabe des Diplomsoziologen entsprungen, genauer aus der Vermischung Marxscher Texte und Hoffnungen mit den im Osten des deutschen Vaterlandes verwirklichten Saint-Simonschen Utopien. Die „epochale Lebenslüge" entpuppt sich derart als gar nicht epochale Korrektur der fortune seitens Heinsohns. Anstelle des Polizeieinsatzbefehls findet sich bei Marx die eher brave und naive Forderung, die Arbeiterklasse habe die geschichtliche Pflicht, „die einfachen Gesetze der Moral und des Rechts, welche die Beziehungen von Privatpersonen regeln sollten, als die obersten Gesetze des Verkehrs von Nationen geltend zu machen“ (MEW, a.a.O., S. 13). Kein Gulag also, noch sonstige Gewalttätigkeit, sondern ein Stück von Kants kategorischem Imperativ.

Mit der Korrektur der fortune wird das erste große Fenster zur Landschaft der traditionellen Linken zubetoniert. Die Gefahr, daß Altes hereingeschmuggelt wird, ist also gebannt. Das Unternehmen legitimiert sich vor den Augen der Öffentlichkeit. Heinsohns nächste Abschnitte bestätigen die Absicht und machen das nächste Fenster zu. Volkswirtschaftlich-historisch wird auch die Sicht auf eine jede Kritik der politischen Ökonomie versperrt (S. 11 f).

Was danach folgt, gleicht einem Rembrandt-Gemälde, ins Negative übersetzt. Die Gräßlichkeit des Sozialismus wird in runden Formen und grellen Farben dargestellt: vom Urkommunismus über die Erfahrung des Kibbuz bis hin zu den alternativen Versuchen. Neues wird dabei nicht mitgeteilt noch hinzugedacht. Geliefert wird eine, wenn man so will, lockere, kurzweilige Zusammenfassung aller Argumente, Sprüche, Polemiken und Einwände, die sonst langatmig-seriös von Rohrmoser, Löwe, Scheuch, Schoeck, Schwan und den anderen aktuellen Protagonisten der seit hundert Jahren andauernden Marx- und Sozialismustötung vorgebracht worden sind. Nur in einem Punkt sprengt Heinsohn den eigenen Kreis, verläßt die soeben erwähnte Tradition und begibt sich voll in den linken Emanzipationsprozeß: bei der Frage der proletarischen Sexualität findet er unerhört-innovatorische Antworten, die – vermutlich ohne sein Wissen – sich kühn an Vicos Analyse der plebejischen Venus Girovaga (*Scienza Nuova*, 1744) anschließen.

Es ist gewiß nicht alles falsch an Heinsohns Kritik. Und das Recht der Zubetonierung hat er auch, für das wir alle wie weiland Voltaire bereit sind, auf die Barrikaden zu steigen. Dennoch: Es will mir scheinen, als ob der erste Aufsatz der Sammlung eine literaturstrategisch wichtige Funktion erfüllt. Ist dem gängigen Antikommunismus und dem modischen Antimarxismus der links-wendetheoretisehe Tribut einmal entrichtet, kann sich die Lockerung um so freier entfalten.

So zum Beispiel bei Lothar Baier: „Für eine linke Kultur“. Knapp und nicht ohne sprachliche Eleganz nimmt sich Baier die Zermalmung des heutigen Kulturlebens vor und startet zugleich einen entschlossenen Angriff auf die „linke Kulturfeindlichkeit“, ohne uns allerdings genauer zu sagen, was sie denn sei. Wird ein Beispiel gebracht, dann ausgerechnet aus „einem Außenposten des Wuppertaler Pietismus“, als ob gerade der eine Form des „linken Pietismus“ sei (S. 38). Zermalmt wird also auch der linke Kulturbetrieb: die alternative Kultur, die weder das eine verwirkliche noch das andere darstelle; Frank Wolff, der anders als in seiner Frankfurter SDS-Zeit sein Cello nunmehr nicht mehr versteckt, sondern öffentlich spiele (was er, unter uns gesagt, gar nicht so schlecht und gar nicht unpolitisch macht). Als letzte untaugliche Rettung scheint nach Baier die Linke auf das „Beispiel des russischen Proletkults“ zurückzugreifen als den Beweis, daß „kulturelle Produktion und revolutionäre Gesellschaftsveränderung“ sich doch irgendwie zusammenführen ließen (S. 29). Russischer Proletkult? *Den* hat es – nebenbei und pedantisch vermerkt – in Sowjetrußland nie gegeben; wohl aber des verewigten Volkskommissars für das Erziehungswesen Anatolij Lunatscharskij „proletarische Kultur“, typisch sowjetisch in *die* Proletkult abgekürzt. Man möge also darüber nachdenken, ob die linkskulturelle Verrenkung in Deutschland zum Teil aus der falschen Übersetzung hervorging, die aus der proletarischen Kultur den Kult des Proleten machte.

Seite 39 fragt sich Baier hoffnungsvoll-verzweifelt, ob es eine linke Kultur geben könnte, die weder kunstfeindlich noch gegen „Querstehendes“ gerichtet, „antimilitaristisch, aber nicht friedlich“ wäre. Schöne, wahre Worte, die uns nicht im geringsten darüber aufklären, worin die herbeigesehnte linke Kultur bestünde. Aufklärerisch klingt aber ein anderer Satz: „Die neue Kulturseligkeit, in der sich die getrennten Lager und Richtungen vereinigt finden, ist nicht einfach die entsetzte Abkehr von der Realpolitik, sondern auch ihre Fortsetzung mit anderen Mitteln.“ Clausewitz steht immer und jedem zur Verfügung.

Ob also die deutsche Linke weiß, was Kultur ist und sein soll, ist mir nach der Lektüre von Baiers Aufsatz nicht klar geworden. Um so klarer läßt sich aber erkennen, daß den deutschen Linken Deutschland selbst ein unbekanntes Land ist, das erst zu entdecken und für eine Veränderung zu gewinnen sei: Thomas Schmids „Terra incognita“. Schmid informiert uns über das unbekannte Land und fordert die Linke auf, in ihr Land zurückzukehren. Es ist nichts dagegen einzuwenden. Schmid spricht mir direkt aus der Vernunft und erinnert mich als einen Veterolinken an vergebliche Kämpfe gegen die „Dritte-Welt-Orientierung“ und die spätere Mittelmeersehnsucht der 60er und 70er Jahre. In der Tat hat die deutsche Linke das Ruhrgebiet und die fränkische Gesellschaft zur Explosion (Schmid würde freilich sagen: zur Evolution) zu bringen. Nur das hülfe dem Rest der Welt.

Schmid meint es allerdings anders. Er beklagt eher den *Heimat*verlust der deutschen Linken, möchte sie sozusagen zurück ins Reich heimholen. Die westdeutsche Linke, sich selbst aus der Heimat vertreibend, glich zwei Jahrzehnte lang einem Vertriebenenverband mit Hoffnung auf eine Rückkehr ins Bewußtsein der Bevölkerung: in zwanzig Jahren Fremdorientierung blieb Deutschland die Zukunft. Schmid zeigt uns nun, welches Deutschland Heimat der Linken sein könnte. Gewiß nicht das DGB-Deutschland der 35-Stunden-Woche. Was Schmid darüber schreibt, befreit in der Tat aus der Beklemmung, in die irrige und irreführende Parolen und Programme (Arbeitszeitverkürzung ohne Blick auf das Reich der Freiheit) die westdeutsche Öffentlichkeit hineingezwängt hatten. Aber auch nicht das kritische, rebellische, ausgestiegene Volk. Schmid entwirft das Bild eines ganz „anderen Deutschlands“, das endlich als zurückgewonnenes Haus zu begreifen sei: individualisiert, nicht mehr arbeits- und leistungsorientiert; nicht klassenbewußt, vielmehr „konvivial“ und privatbewußt. Beinahe italienisch also. Aber im Italienschen liegt ein Element, das Schmid eher ausklammert: die Negation des Staates, der Grunddissens. Die reichlich vorhandenen neuen Lebensformen weitet er aus zu einem neuen Gesamtbild: zur neuen fraglos lebendigen Konsenstotalität, die nicht unvermuteter-, vielmehr konsequenterweise Schmid zu einem völlig neuen Vorschlag veranlaßt. Er möchte die Linke ins neu gezimmerte Reich der parlamentarischen Republik heimbringen. Anfangs erwähnt er zwar Anarchisches als Emblem des Neuen. Die Schlußfolgerung aber erstaunt niemanden mehr. Sie liegt in der Methode: Schmid thematisiert die wünschenswerte Gesellschaft, lockert in der Tat vieles, was sich an Dogmen und Prinzipien in unseren Köpfen verkrustet hatte, aber er problematisiert nicht. Auf Seite 82 kommt auch er auf Marx zu sprechen – in obligater Negation, versteht sich, einer Zwangsvorstellung, der sich andere Autoren des Bandes (Reiche, Sichtermann, Preuss) nicht beugen: „In gewisser Weise ist die Industriegesellschaft die Voraussetzung für dèn Wertewandel – aber nicht in jenem Marxschen Sinne, demzufolge dem Reich der Freiheit das Jammertal vorausgehe.“ Abgesehen davon, daß hier Marx mit Engels verwechselt wird: „Jammertal“ ist emblematisch – die Schmidsche entsäkularisierende Rückübersetzung des „Reichs der Notwendigkeit“ ins Christologische.

Bei Thomas Schmid finde ich viel neue Innerlichkeit und ein gehöriges Maß an Betroffenheit und Gefühlsbezogenheit. Für die Wiederherstellung eines gewissen Gleichgewichts, das will heißen: für Objektivität der Betrachtung und Rationalität des Urteils sorgt Gisela Anna Erler mit ihrem Beitrag über den Wohlfahrtsstaat Schweden. Gisela Erlers lange Mitteilung über Schweden problematisiert gründlich die Zustände einer Gesellschaft, die mehrfach als mustergültig (vor allem für die Frauen) gepriesen wird. Ihr Beitrag ist äußerst wichtig und klärend in einer Zeit, in der sich alle linke Welt über das „Ende des Sozialstaats“ beschwert und in dem gerechten Zorn gegen den Abbau der Sozialaufgaben die Kritik an der Sozialbürokratisierung der Menschen vergißt.

Nirgends habe ich in so gedrängter Form und auf derart überzeugende Weise Bekanntes und Neues über Schweden erfahren können – das Neue, das von den Frauen in die Diskussion eingebracht und uns Männern unbekannt geblieben ist: die Situation der Frauen in einer formell auf Gleichheit der Geschlechter fußenden Gesellschaft. Aber nicht nur das. Frauen und Männer trifft gemeinsam das Phänomen, das für mich im Zentrum des Erlerschen Aufsatzes steht. Bei aller Sicherung des privaten und sozialen Lebens, bei allem Schutz gegen gesellschaftliche und natürliche Unbill (ein Schutz, über deren Mängel übrigens ausführlich berichtet wird) sorgt das wohlbestallte Haus auch für die Einschränkung des schlichten menschlichen Alltags. „Austrocknen der Nachbarschaften“ (S. 111): dem vollblühenden Sozialstaat droht alle Autonomie der Gesellschaft (Synonym für befreite Menschlichkeit) abhanden zu gehen.

„Veteromarxisten"

Ulrich K. Preuss denkt „über Grenzen und Möglichkeiten kollektiver Rationalität" nach. Sein Beitrag hätte am Ende des Bandes stehen sollen, um das Gleichgewicht der neu durchdachten Linken gegen den ersten Beitrag herzustellen (man lese auf S. 147 seine Ehrenrettung Marx', die mich sozusagen versöhnlich stimmt). Er geht auf die Aufforderung des Verlegers ein und schlägt für die Linke einiges vor, das wir alle gut brauchen können. Mich interessiert vor allem die „Aufgabe für die linke Theorie", die neu zu formulieren wäre angesichts der Tatsache, daß „die traditionelle linke Theorie der unmittelbaren Demokratie ein Holzweg" ist. Wenn Preuss aber vorschlägt, Politik nicht auf Machtbeziehungen zu beschränken, sondern als Kultur zu verstehen (a.a.O.), so melden sich bei mir Bedenken an. Ich sehe die konkrete Aufgabe der linken Theorie nicht darin, daß die Politik in die Kultur übersetzt und also humanisiert wird; vielmehr liegt die richtige Perspektive in einer Humanisierung der Gesellschaft, die darin liegt, daß Politik als Machtkampf, und das heißt als real existierende Politik kritisiert und am Ende ins Museum gebracht wird. Über Preuss' Beitrag will ich mich nicht länger äußern. Wir – er und ich – sind Veterogenossen, Veteromarxisten, überhaupt, Veteranen. Wir waren vor bald zwanzig Jahren zusammen in der Novembergesellschaft, einem Verein, gegründet zur Herbeiführung linker Unruhen und neuer sozialistisch-kommunistischer Umtriebe. Dabei ist er offensichtlich geblieben. Auf eine Stelle möchte ich hinweisen, in der er der unsäglichen Apologie des Privateigentums eine sanfte Ohrfeige versetzt. Auf Seite 138 wird die „Rationalität" des Kapitalismus und der privaten Anhäufung von Reichtum schlicht enthüllt. „Sie (die Privateigentümer, d. A.) haben sich alle gemeinsam durch individuell rationale Entscheidungen in den Ruin getrieben." Sich und leider auch die anderen.

Alexander Kluges Ausführungen über das Politische als Intensität alltäglicher Gefühle haben einen wunderschönen Titel. Sie führten allerdings bei mir nicht zur Lockerung, sondern zum Teil zur Ernsthaftigkeit. Teils aber haben sie mir einen Gewinn gebracht, in sachwidriger Weise (aber vielleicht doch den hintergründigen Absichten des Verlags entsprechend), da mit Lust verbunden: Ich habe Kluges Aufsatz mit Genuß gelesen. Ich habe zwei Aufsätze nicht vergessen, sondern ausgespart. Jochen Reiches „Ökologie und Zivilisation" und Barbara Sichtermanns „Gleicher Lohn – andere Arbeit". Über diese kann ich nicht kurz berichten, denn die beiden Beiträge verdienten wahrlich eine lange ausführliche Antwort. Jedem Grünen, dem Emanzipation Menschlichkeit bedeutet (und nicht nur Rettung der Natur), und jeder Frau, der Emanzipation Rettung der Menschlichkeit bedeutet (und nicht nur Gleichheit in und an der Macht), wird hiermit die Lektüre der genannten Aufsätze zur Pflicht gemacht. Barbara Sichtermann will der „unbezahlten Arbeit ihre Respektierlichkeit" zurückgewinnen. Sie fordert im Gegensatz zu gängigen linken oder neolinken Thesen, daß der Tauschwert nicht in die Bereiche eindringt, die sich der Kapitalsupsumption bisher entzogen haben und in denen immer noch Gebrauchswert produziert wird. Ich mache mir ihr Plädoyer (voll kühler Leidenschaft) zugunsten der aus dem Tausch befreiten Tätigkeit zu eigen. Ebenso zu eigen mache ich mir Reiches kritische Reflexionen an der Ökobewegung, deren teilweise emanzipations- und linksfeindliche Qualität er schonungslos, wenn auch höflich enthüllt. „Die Natur des Menschen ist die Kultur." Zu Recht wendet er sich gegen die in ihrem Kern unmenschliche Parole von der Gleichberechtigung der Tiere, Pflanzen und Menschen. Gewiß hat der Mensch die Tiere gut zu behandeln. Aber Kant lag durchaus richtig mit seiner Bemerkung: Der Mensch habe nicht in Ansenung der Tiere, sondern der Menschen die Tiere gut zu behandeln. Dies sei der Mensch der eigenen Würde schuldig und nicht einer erdachten Tierwürde. Und auch Hegel behält Recht: Der Verbrecher stünde höher als die Ordnung der Gestirne und die Unschuld der Pflanzen, denn das, was sich im Verbrecher irrt, sei immer noch menschlicher Geist. Das nennt man Humanismus. Das heißt: Schutz der Natur, ja, aber „in Ansehung der Menschen". Das Neue an der Ökologie soll darin liegen, daß das Ziel links bleibt: die Emanzipation. Daß die Ökologie in Widerspruch mit dem Bestehenden (mit dem Industriesystem) gerät, macht aus ihr noch keine linke Bewegung. Ich erinnere daran, daß auch Orwells Großer Bruder für Umweltschutz sorgen kann, wahrscheinlich sogar besser als jede Basisdemokratie. Und ich erinnere auch daran, daß Emanzipation nicht immer im Einklang mit der natürlichen Natur steht. Die Natur kann auch ein Zwangssystem sein, eher rabenmütterlichen als matriarchalischen Charakters.

Erstaunlicherweise wird in diesem Sammelband ein zentrales Problem sorgsam ausgeklammert, obwohl darin die neu durchdachte Linke ihr eigenes gesellschaftliches Zentrum findet. Fasziniert von der Perspektive einer auf uns zukommenden postindustriellen Gesellschaft, wird vergessen, daß die von uns zu lösenden Probleme immer noch solche der Industriegesellschaft sind. Und daß diese eben ein Zentrum hat, zu dem die Ränder in Verbindung gebracht werden müssen, damit eine explosive Mischung entsteht. Die Brüchigkeit der früheren „Arbeiterzentralität" ist so offenkundig geworden, daß man sich unmöglich auf die Arbeiter beschränken kann. Ihre Existenz aber zu leugnen, ist politische Romantik. So wichtig die Gruppe und das kleine Kollektiv auch sein mögen: Ohne die abhängigen Massen läuft keine gesellschaftliche Veränderung – es sei denn, man meint damit lediglich die Verbesserung in der Situation und im Wohlstand und in der Freiheit der eigenen Gruppe und des eigenen kleinen Kollektivs.

Der Gedanke der Lockerung ist erfreulich und notwendig. Barbara Sichtermann und Jochen Reiche allein genügen, um dem Verlag für das vielleicht doch gewagte Unternehmen zu danken. Zum Schluß aber ein Vorschlag für Klaus Wagenbach: Er soll sich schnell mit Autor und Verlag (ARCI Comics Ravenna) ins Benehmen setzen und der neuen deutschen Linken Panebarcos Zeichnungen in einem Album zugänglich machen. Das Marx-Jahr ist zwar längst vorbei und Marx abermals zu Grabe getragen worden. In letzter Zeit hat sich aber Seltsames ereignet. Die für Tod und Leben *wirklich und allein* zuständige Instanz, das Römische Heilige Uffizium (oder das, was von ihm geblieben ist), hat auf dem Umweg der Verurteilung aller „Theologie der Befreiung" beschlossen, Marx wieder zum Leben zu erwecken. Die Aktualität der „100 Fotos aus Karl Marxens Familienalbum" wäre somit garantiert.

1985

Und immer noch kein Staatsfreund

Gespräch mit Clemens Nachtmann und Justus Wertmüller für die Zeitung Arbeiterkampf

Arbeiterkampf: Johannes, ein erstes Wort von Waffenbruder zu Waffenbruder[1]: Seit dem Versanden der Protestbewegung der 60er Jahre, und seit der Marxismus in der BRD nicht die Massen ergriffen, sondern die Lehrstühle erobert hat, – dies oft um den Preis seiner Entsubstantiierung – bist Du einer geblieben, der mit seiner Theoriebildung nach wie vor einen emanzipatorischen Anspruch verfolgt, der es also nicht als seine Aufgabe ansieht, den hiesigen Lehrbetrieb „produktiv" um den „marxistischen Ansatz" zu bereichern", sondern der – im neudeutschen Jargon gesprochen – ein „kontraproduktives" Element geblieben ist und sich auf seinem theoretischen Gebiet, der „Kritik der Politik", als ein entschiedener Staatsfeind zu erkennen gibt. Habe ich das richtig geschildert?

Agnoli: Ich ziehe die Definition von Sternberger vor. Er meinte, ich sei „kein Freund des Staates", und zwar ziehe ich das vor aus – sagen wir mal – polizeirechtlichen Gründen, denn Staatsfeinde werden bekanntlich verfolgt und dürfen auf keinen Fall Professoren sein. Ich wollte nur ganz kurz etwas über die – sagen wir – wissenschaftstheoretische Position sagen, die ich vertrete. Ich habe das einmal im Kontext einer OSI-Veranstaltung[2] über Sinn und Zweck der politischen Wissenschaften formuliert: meines Erachtens ist die einzig richtige Aufgabe politikwissenschaftlicher Forschung heute, subversive Wissenschaft zu betreiben. Viel mehr bleibt nicht übrig angesichts des allgemeinen politischen Rückflusses der Linken.

Alles andere, was nicht subversiv läuft in unserer Wissenschaft, ist im Grunde genommen am Ende doch affirmativ. Ich will nicht sagen, daß ich der einzige sei, der diese subversive Wissenschaft betreibt. Ich denke zum Beispiel an Ekkehart Krippendorff: er ist zwar kein Marxist, aber er hat von seinem Gesichtspunkt aus den Kampf gegen den Militärstaat aufgenommen und führt ihn konsequent weiter. Die Frage ist, ob andere linke Professoren – ich will nicht sagen, daß sie nach rechts gegangen seien – von der objektiven Lage her gezwungen sind, kleine Brötchen zu backen. Andererseits würde ich mir wünschen, daß sie doch etwas mehr – ich will nicht sagen „Mut" – kritische Entschlossenheit zeigten. Es geht darum, daß man – ob Marxist oder nicht – die Grundlagen der politischen Form der Kritik unterzieht; während inzwischen durch die sogenannte Krise des Marxismus, die in Wirklichkeit eine Krise vieler Marxisten ist und sonst gar nichts, viele Genossen, Professoren, die ich nach wie vor als Genossen betrachte, dazu übergegangen sind, Mißstände zu kritisieren und Mißbräuche zu denunzieren, während es meines Erachtens gerade darauf ankommt, Zustände zu kritisieren und den normalen Gebrauch der Politik zu denunzieren. Mißstände und Mißbräuche sind sozusagen Begleiterscheinungen eines jeden Systems und sind nicht so wichtig; wichtig ist, daß der Zustand ein falscher ist, und der Gebrauch der Politik ein richtiger in dem Sinne, daß die Politik als Methode der Ausübung von Macht ernstgenommen und effektiv gehandhabt wird. Daß Politik Eroberung und Ausübung von Macht ist – das sollte kritisiert werden in der politischen Wissenschaft.

AK: Auf der anderen Seite: man muß ja sehen, daß seit den 70er Jahren zahlenmäßig ziemlich viele links sich nennende Leute in den Uni-Betrieb reingegangen sind. Nun sind aber die meisten von ihnen auf einer recht allgemeinen Sorte der Kritik stehengeblieben, haben zum Beispiel „Staatsableitung" betrieben, haben zwar einen linken Anspruch, zeigen aber, wenn sie jenseits der Seminare in Erscheinung treten, eine liberale ...

Agnoli: ... liberale Protesthaltung. Das deutsche Volk ist kein Volk von Revolutionären, sondern ein Volk von Resolutionären geworden, das linke Volk, das linke Professoralvolk. Das ist der Grund, warum ich mich weigere – manchmal muß man es ja tun –, irgendwelche Protestresolutionen zu unterschreiben. Resolutionen haben genau die umgekehrte Wirkung, die sie haben sollen: sie dienen als Ausdruck des Protestes, das heißt als Nachweis, daß wir in einem anständigen Staat leben, wo jeder protestieren kann, solange und soviel er will.

AK: Woher meinst Du, daß gerade bei den linken Professoren diese Erscheinung herkommt?

Agnoli: Ist es eine Erscheinung der Professoren oder, wenn wir gesamteuropäisch denken, mit oder ohne Einschluß der Perestroika, ist es nicht so, daß der geschichtliche Ablauf wieder einmal zeigt, daß er durch Sprünge charakterisiert ist? Man kann sagen, daß in ganz Westeuropa zur Zeit nicht nur die linken Professoren, sondern die Linken überhaupt sich in einem Totalrückzug befinden. Nun kommt es darauf an, wie man reagiert. Die einen reagieren derart, daß sie voll in die Institutionen hineingehen – ich meine hier nicht die wissenschaftlichen, sondern die politischen Institutionen – und meinen, in diese Institutionen ein linkes Element hineintragen zu können. Andere resignieren einfach. Wenn ich an Kollegen denke, die nach wie vor links stehen, rational gesehen, so finde ich, daß hier eine allgemeine Müdigkeit eingetreten ist, eine Kampfmüdigkeit. Und dann gibt es die andere Möglichkeit, die natürlich sehr mühsam ist und die zuweilen auch nicht verstanden wird, das ist – mittlerweile ja hinlänglich bekannt, auch durch das *Stern*-Interview – die Möglichkeit, Maulwurfarbeit zu betreiben. Das ist natürlich ein mühsameres Geschäft, als einfach im normalen Wissenschaftsbetrieb mitzumachen. Andererseits haben sie durchaus eine Rechtfertigung, indem sie sagen, daß die Studenten studien- und prüfungsrelevante Stoffe brauchen. Und in der Tat muß ich selbstkritisch sagen (natürlich freue ich mich auch darüber): das, was ich mache, ist nicht so prüfungsrelevant, denn es ist unmöglich, daß etwa bei einem Staatsexamen der Student auf eine Frage hin eine von mir vorgeschlagene Antwort gibt – dann wäre er schon durchgefallen. Andererseits: ich versuche, diese Kollegen in Schutz zu nehmen. Erstens sind sie alle jünger als ich, und wenn man ein gewisses Alter erreicht hat, ist man einer charakterlichen Verbesserung nicht mehr fähig. Und zweitens: nicht jeder hat diese Tendenz, einfach destruktiv zu wirken; das ist auch bei mir etwas, was durchaus negativ einzustufen wäre. Man kann sagen: ich bin eines konstruktiven Denkens nicht fähig.

AK: Was könnte denn „konstruktives Denken“ Deiner Ansicht nach heißen?

Agnoli: Ich fühle mich da sehr einig mit dem Kant der „Kritik der reinen Vernunft", dem „Alles-Zermalmer", und mit Karl Marx! Wenn du dir die Schriften von Karl Marx durchliest, dann zeig mir eine Stelle, die „konstruktiv" ist! Marx hat die Destruktion als sein Geschäft betrachtet, und das mache ich auch. Natürlich kommt dann der berühmte Einwand: was hast du denn Besseres anzubieten? Und da zieh' ich mich auf eine historische Analogie zurück. Wenn man sich überlegt, wie die bürgerliche Revolution vor sich ging: die vorbereitete bürgerliche Revolution hatte Ideen anzubieten – Freiheit, Gleichheit, Brüderlichkeit – hatte auch bestimmte institutionelle Formen anzubieten, zum Beispiel, daß die Vertretung des Volkes die Entscheidungsmacht haben soll – aber mehr nicht! Alles andere war Philosophie. Sie haben doch keinen fertigen Staatsapparat vorgeschlagen, wie er sein sollte nach der Revolution. Und das ist bei allen Revolutionen so: die Idee, die allgemeine Perspektive ist da – zusammengefaßt in der berühmten Assoziation der Freien und Gleichen –, aber es wäre wirklich schlechte Utopie in der Art der frühen Utopisten (die in ihrer geschichtlichen Situation gute Utopisten waren), eine vollendete Gesellschaftsform und -organisation zu entwerfen.

Einige Elemente können schon heute ausgearbeitet werden, und zwar im Vorfeld gewissermaßen, im Prozeß der Bewegung. Das ist etwas, das ich für ausgemacht halte. Das gilt etwa auf der operativen Ebene einer politischen Bewegung. Darin liegt ja auch meine euch sicher bekannte und euch sicher nicht ganz genehme Kritik am Leninismus: die Organisationsform einer auf Emanzipation gerichteten Bewegung soll die Emanzipation vorwegnehmen. Eine revolutionäre Organisationsform, die stramm hierarchisch ist, wird eine stramm hierarchische Gesellschaft hervorbringen. Die Geschichte zeigt es, und daran läßt sich auch theoretisch nichts ändern – lassen wir die geschichtliche Erfahrung weg, denn die Geschichte hat nicht immer recht: von der theoretischen Perspektive gibt es eine zu enge Ziel-Mittel-Verbindung, als daß man da sagen könnte, es wird die Revolution gemacht, das Ziel erreicht. Und dann bauen wir? – eine Gesellschaft mit den Kategorien, die man im Kopf hat und diese Kategorien sind: Kommando, Verfügung, Hierarchie, Unterordnung, Disziplin usw.

AK: Auf die Organisationsfrage kommen wir später nochmal zurück, vorerst wollen wir aber noch ein wenig bei der Theorie bleiben. Du hast sinngemäß gesagt: marxistische Theorie habe sich negativ, kritisch und destruktiv zu verhalten; würde sie sich anmaßen, positiv die Gesellschaft auszumalen, so würde sie sich – in der Konsequenz des Gedankens – selber als historisches Subjekt unterstellen, welches allein die um Emanzipation kämpfenden Menschen sind, und die werden im Prozeß der Bewegung herausfinden, wie diese Gesellschaft dann aussehen soll – soweit völlig d'accord. Kritik ist aber nicht gleich Kritik: Du selbst hast schon darauf hingewiesen, daß Du jene Form der Kritik nicht teilst, die sich immer an den Mißbräuchen und Mißständen in der Politik festmacht. Ich denke hier vor allem an die – nennen wir's mal – „Marburger Argumentation", die ja von der SPD über die Grün-Alternativen bis zur DKP gepflegt wird und die den Widerspruch zwischen dem „eigentlich" guten Verfassungsanspruch und der ach so schlechten Verfassungswirklichkeit zum Thema hat. Was hältst Du von dieser Form der Kritik und was verstehst Du unter „Kritik der Politik", Deinem theoretischem Gebiet?

Agnoli: Ja, das ist der Widerspruch zwischen Norm und Wirklichkeit. Diese Argumentation hat in der BRD eine Zeit lang eine sehr wichtige Rolle gespielt, auch im Hinblick auf die Kritik des Bestehenden. Das kommt im wesentlichen von Abendroth und spielt auch heute noch eine Rolle, es ist nicht gesagt, daß wir das nicht brauchen. Aber das scheint mir zu wenig zu sein. Vor allem: das ist eine im Grunde zwar kritisch gehaltene, aber nach wie vor affirmative Wissenschaft. Warum? Weil diese Perspektive sagt, daß die Herrschenden in Bonn, also die politische Klasse in der BRD, permanent die Norm verletzten. In dieser Aussage ist aber enthalten, daß die Norm – in diesem Fall der Staat des Grundgesetzes etwas Gutes sei, während nach meiner Auffassung gerade die Norm schon zu kritisieren ist, weil die nicht etwas Schönes, Ideales ist, das gewissermaßen der Verteidigung wert sei. Denn die Norm ist eine in bestimmte Formen, Regelungen gegossene Wirklichkeit. Die Norm ist nicht etwas, was von oben herab die Wirklichkeit formt, sondern sie ist gewissermaßen von der Wirklichkeit heraufgekommen. Nehmen wir zum Beispiel Artikel 20 des Grundgesetzes mit dem rein repräsentativen Charakter der Demokratie, der Republik, des parlamentarischen Systems: das ist doch keine an sich „schöne“ Norm, die leider von den gewählten Vertretern nicht eingehalten, vielmehr permanent gebrochen würde. Der theoretische Fehler liegt nicht darin, daß die Volksvertreter das Volk nicht vertreten, sondern daß das Prinzip der Vertretung nicht in Frage gestellt wird: das Prinzip des „freien Mandats“, das Prinzip der absoluten Trennung also zwischen der politischer Klasse und dem Rest der Bevölkerung. Da muß allerdings auch theoretische Phantasie entwickelt werden, um zu sehen, wie dieses Problem zu lösen ist.

Ich bin nicht der Ansicht, daß man das Problem mit Schlagworten wie „Basisdemokratie“ oder „plebiszitäre Demokratie“ löst, die von den Grünen immer wieder plakatiert werden. Basisdemokratie im Sinne der totalen Dezentralisierung und plebiszitäre Demokratie beißen sich, denn in der plebiszitären Demokratie ist das ganze Volk zur Entscheidung aufgerufen, basisdemokratisch hingegen herrscht das Prinzip der lokalen Einheiten. Das ist also ein Problem, das theoretisch auszudiskutieren ist, wie da eine Lösung gefunden werden kann. Aber wie gesagt: das bloße Stehenbleiben bei der „kritischen Politologie“ scheint mir nicht richtig zu sein, weil die „kritische Politologie“ immer noch nach der besten Form der Herrschaft sucht und nach der Normierung der besten Form von Herrschaft. „Kritik der Politik“ will vielmehr mit Macht und Herrschaft aufräumen. Das mag eine Utopie sein, aber wir dürfen nicht vergessen – wie eine Grüne auf dem Perspektivkongreß es formuliert hat –, das unser alltägliches gesellschaftliches Handeln eine ganz andere Qualität entwickelt, wenn wir uns an dieser Utopie orientieren, als wenn wir von vornherein sagen, daß die Trennung von Regierenden und Regierten sozusagen in der Natur des Menschen begründet sei: Herrschaft als eine Art unausweichlichen Schicksals.

„Kritik der Politik“ ist die Negation dieses sogenannten historischen Gesetzes, das angeblich unabänderlich ist und das manchmal in sehr eigentümlicher Weise verteidigt wird. Man sagt, selbst die Engel hätten eine hierarchische Ordnung, selbst im Hühnerstall gebe es die Hackordnung, aber wir sind in der glücklichen Lage, weder Engel noch Hühner zu sein. Der Unterschied zwischen Engeln und Hühnern auf der einen und Menschen auf der anderen Seite ist, daß der Mensch über Verstand und Vernunft verfügt – die Engel haben nur den heiligen Geist und die Hühner nur die bloße Macht der Natur auf ihrer Seite. Das wäre übrigens wieder ein Zeichen, daß der Mensch zwar ein Naturwesen ist, aber nicht in der Natur aufgeht, denn wenn die Natur die hierarchische Ordnung vorschreibt, so ist es Aufgabe des Menschen, gegen die Natur Stellung zu beziehen. Mensch-Sein ist eben eine andere Natur als die Natur der Pferde, Hühner und Schweine.

AK: Versuchen wir doch gleich 'mal, an der Frage der Natur weiterzumachen im Hinblick auf die Entwicklung der Linken in der BRD und Westberlin, die ja in verdächtige Naturnähe geraten sind nach dem Ende der Protestbewegung und mit dem Aufkommen der „neuen sozialen Bewegung", wo der „Mensch als Teil der Natur" in der Ökologiebewegung oder die „Bedrohung der Gattung Mensch" in der „Friedensbewegung" auf der Tagesordnung standen. Die Linken haben diese keineswegs originär marxistischen Themen aufgegriffen, haben in diesen Bewegungen mitgemacht und bezeichnen dies zum Teil immer noch als einen notwendigen und wichtigen Bereich linker Politik. Wie schätzt Du diese Orientierung der Linken nach der Protestbewegung hin auf die Ein-Punkt-Bewegungen ein?

Agnoli: Die Ökologiebewegung kann nicht als ein Produkt der Studentenbewegung betrachtet werden. Udo Knapp sagt zwar, die Grünen sind die legitimen Erben der 60er Jahre; das stimmt nur insofern, als Udo Knapp in den 60er Jahren mitgemacht hat und nun bei den Grünen gelandet ist. Die Ökologiebewegung kommt ursprünglich aus einer ganz anderen Ecke: man hat vergessen, daß ein CDU-Mann, Gruhl, an den Anfängen stand. Von Bahro kann man auch nicht sagen, daß er etwas zu tun hätte mit der '68er Revolte, wenn man bedenkt, daß Bahros Texte – ich habe einmal mit ihm gesprochen – keineswegs die Schriften von Marx, aber auch nicht von Hegel oder Kant oder der Frankfurter Schule sind; sein „Urtext", wie er einmal sagte, ist das „Stundenbuch" von Rilke, und da ich das Stundenbuch von Rilke kenne, könnte man sagen, Bahro und die Seinen, sie kreisen um Gott, den uralten Turm und sie kreisen jahrtausendelang, und sie wissen noch immer nicht, was sie sind: ein Falke, ein Sturm oder ein großer Gesang. Das „neue Verhältnis zur Natur" ist kein Produkt der '68er-Bewegung; oder, um auf die Frage zurückzukommen und einmal professoral zu sein: der Marxismus ist der Intention, der Ursache und der geschichtlichen Entwicklung nach ein Humanismus, und für den Humanisten macht es keinen Sinn zu sagen: „Die Natur ist ein Wert an sich“ oder gar, wie der neue schleswig-holsteinische Umweltminister neulich auf einer Tagung in Norddeutschland sagte: „Die Natur ist schön, auch wenn kein Mensch darin wohnt“. Vielmehr: Mittelpunkt, Maß aller Dinge, mit Protagoras gesprochen, ist der Mensch. Was das bedeutet, mache ich im negativen Sinne mit einem Wort von Hegel fest. Hegel sagt irgendwo: Der Verbrecher steht höher als die Unschuld der Pflanzen oder die ewige Ordnung der Gestirne, denn das, was im Verbrecher sich irrt, ist immer noch Geist. Das heißt also: Mittelpunkt ist der Mensch. Außerdem: die Schönheit einer Landschaft ist eine ausgesprochen ästhetische Kategorie.

„Ästhetik“ kommt von „aistanomein“ und das heißt „anschauen“, das heißt, es muß jemand da sein, der anschaut, damit die Natur schön ist – sonst ist die Natur überhaupt nichts. Das heißt, anders gefaßt: ich bin der Ansicht, daß die Krisenerscheinung im Marxismus zum Teil darauf zurückzuführen ist, daß viele Marxisten, fasziniert von dieser neuen Art der Naturorientierung, den eigentlich humanistischen Standpunkt verlassen haben. Und in der marxistischen Fassung ist es nun einmal so, daß – und dies ist schon der materialistische Hintergrund – der Mensch dadurch gekennzeichnet ist, daß er ein Naturwesen ist, das zugleich sich der Natur gegenüber konstituiert, während Tiere und Pflanzen Wesen sind, die sich in der Natur konstituieren. Dies ist meines Erachtens der Ausgangspunkt, um dann das Ganze zu behandeln. Neuerdings ist ja die Rede von der „Würde des Tieres“ – ein dummes Gerede, das Halt macht vor dem Ungeziefer und den Ratten: ein instrumentelles Denken im Grunde, denn das Tier, das da geliebt wird, ist das schöne Tier, das uns freut, nicht aber das Tier, das Unfug treibt. Da hat Kant wiederum etwas sehr Richtiges gesagt. Er hat gesagt, daß der Mensch verpflichtet sei, die Tiere gut zu behandeln, aber nicht in Ansehung der „Würde der Tiere“, sondern in Ansehung der Würde des Menschen. Der Mensch ist seiner Würde gegenüber verpflichtet, die Natur gut zu behandeln, nicht der „Würde der Natur“ wegen – das scheint mir ein Punkt zu sein, der wirklich voll in den Marxismus hineingeht.

Der Marxismus ist anthropozentrisch: wenn wir den anthropos als Zentrum aufgeben, so geraten wir allmählich wirklich in diesen Brei der Seele, in dem alles Politische, alles Gesellschaftliche seine präzisen Konturen verliert und aus dem dann wirklich im Trüben gefischt werden kann. Es gibt in letzter Zeit bei den Grünen – nicht nur dort – viele Äußerungen, die darauf hindeuten, daß man wieder dabei ist, die Vernunft zu zerstören. Wir wissen, daß die Zerstörung der Vernunft, auch die ganz antiaufklärerischen Affekte, die da aufkommen, bedeutet, daß das Irrationale voll durchbricht. Was das politisch heißt, das wissen wir, das haben wir in der Geschichte zu Genüge gesehen. Dieser Appell an die Emotionalität vergißt, daß alle Emanzipation immer an die Vernunft appelliert hat und nie an das Gefühl – es ist immer die Restauration und die Reaktion, die auf das Gefühl rekuriert.

AK: Jetzt wollte ich trotzdem noch einmal auf die Neue Linke abstellen. Wenn Du sagst, daß sie die Ökologiebewegung nicht geschaffen hat, so ist das klar. Aber sie hat sie doch wesentlich mitbestimmt, indem dort nicht nur einige seltsame Gestalten wie zum Beispiel Semler irgendwann aufgetaucht sind, sondern, daß beginnend mit der Anti-AKW-Bewegung und später mit der Konstituierung der Grün-Alternativen sehr, sehr große Teile – wirklich in Tausenden zu zählen –, auch mit der fähigsten Leute der Neuen Linken seit Mitte der 70er Jahre in diese „neuen sozialen Bewegungen", also letztlich auch in die Grün-Alternativen hineingeströmt sind. Wie schätzt Du das ein – jetzt im nachhinein, im Jahr '88 kann man ja einen Rückblick wagen –: ist das „Projekt" völlig vor die Hunde gegangen oder siehst Du in dieser Umorientierung weg vom universell emanzipatorischen Anspruch, der die Protestbewegung der 60er Jahre noch bestimmt hat, hin zu Ein-Punkt-Bewegungen, auf bestimmte aufgebrachte Bevölkerungspotentiale auch etwas Positives?

Agnoli: Man kann durchaus etwas Positives darin sehen und zwar deshalb, weil erst dieser Wechsel der Neuen Linken zu den Grünen das antikapitalistische Element in die Ökologie eingebracht hat. Denn diese Grün-Vorstellung, hie Ökologie, da Ökonomie, ist so eigentümlich, daß inzwischen bei den Grünen die Rede von einem „ökologischen Kapitalismus" ist. Und da hat die Linke – ich denke an Ebermann zum Beispiel – wirklich die ganz präzise Aufgabe, diese gespenstische Perspektive eines „ökologischen Kapitalismus" einfach beiseite zu schieben. Ein Kapitalismus mit „menschlichem Gesicht"! Wie kann man auf der einen Seite als Programm und Ziel haben, die Zerstörung der Natur blockieren zu wollen, und auf der anderen Seite eine Produktionsweise akzeptieren, die von der Zerstörung der Natur überhaupt lebt? Insofern hätte die Linke hier durchaus eine Bedeutung. Die Frage an die linken Grünen ist, ob sie ihre linke Position in die Grünen einbringen oder sie aufgeben. Das ist ein Problem, das zum Teil zusammenhängt mit dem Prozeß der Institutionalisierung. Wenn es sich um eine Bewegung handeln würde, eine Bewegung, in die das linke Element eingebracht wird, dann wäre es in Ordnung. Aber es handelt sich hier nicht um eine Bewegung, es handelt sich um ein Verfassungsorgan in der Bundesrepublik, sie ist eine quasi-staatliche Institution. Da sieht die Sache anders aus. Da kommen die ganzen Rücksichten auf die Spielregeln der Demokratie. Die nächsten Wahlen stehen vor der Tür, also muß man da entsprechend opportunistisch, „kompromißbereit" sein. Das magische Wort heißt „Kompromißbereitschaft" – es gibt aber Punkte, in denen die Linke nicht kompromißbereit sein darf. Die Linke kann sich nicht links nennen, wenn sie zum Beispiel die Marktwirtschaft akzeptiert. Das ist jetzt das Problem in Italien. Die italienischen Sozialisten gelten inzwischen für die Linke in Italien nicht mehr als linke Partei, weil sie für die Marktwirtschaft sind und für die Humanisierung des Kapitalismus, die Humanisierung des Arbeitsplatzes zum Beispiel.

Der Arbeitsplatz bleibt aber eine Knochenmühle, da kannst du soviel humanisieren, wie du willst. Nicht, daß ich sage, die Linken sollen die Grünen verlassen, aber die Linken sollen zusehen, in welche widersprüchlichen Situationen sie sich hineinbegeben. Vor allem dürfen sie nicht vergessen, daß einer der großen Vorzüge bürgerlicher Institutionen in ihrer Klebrigkeit liegt. Wenn man hineingeraten ist, dann wird man einfach aufgesogen, in die Klebmasse eingebaut. Wenn ich sage „bürgerliche Institutionen", so meine ich nicht alle Institutionen. Die Schule zum Beispiel ist keine bürgerliche Institution in diesem Sinne, denn Schulen gibt es in allen Gesellschaftssystemen. Ich meine aber die Staatsinstitute. Um ein Beispiel zu bringen: in den 60er Jahren haben einige Studenten meine Thesen über die „Transformation der Demokratie", meine Kritik am Parlamentarismus dahin gewendet, daß sie aufgerufen haben, die AStA-Wahlen zu boykottieren. Das ist natürlich Unsinn, denn das sind nicht die Institutionen, die ich meine. Das sind ganz verschiedene Ebenen, denn AStA-Wahlen sind etwas, was sich auf der gesellschaftlichen Ebene vollzieht und nicht auf der staatlichen. Und das sind eben Unterschiede, die die Linken bei den Grünen beachten müssen. Freilich gibt es auch die Faszination der bürgerlichen Einrichtungen, sie bringen wirklich viele Vorteile mit sich ...

AK: ...Geld und Sicherheit ...

Agnoli: ...nicht nur Geld und Sicherheit ...

AK: ... nicht nur materielle Sicherheit, meine ich ...

Agnoli: ...eben, es gibt bestimmte Rechtsgarantien, und die sind doch wirklich nicht so einfach beiseite zu schieben. Ich will das Recht abschaffen, ich will den Staat abschaffen. Aber das Recht, das ich abschaffen will, konkretisiert sich nicht in den Menschenrechten, denn die Menschenrechte haben mit dem Rechtssystem überhaupt nichts zu tun. Sie sind Ansprüche des Menschen an die Gesellschaft oder an sich selber, während das Rechtssystem ein normiertes Ordnungssystem ist, ein normiertes objektives Zwangssystem, das ist etwas anderes. Die Schwierigkeit liegt darin, daß alles unter dem Wort „Recht" läuft. Es wird „Recht gesprochen", das bürgerliche Gesetzbuch ist ein „Rechtssystem", ich habe das „Recht", frei zu sein, und ich habe das „Recht", gegen das „Recht" vorzugehen.

AK: Gehen wir ruhig einmal über die Grün-Alternativen hinaus zum Thema Parteien als Wahlvereine. Du hast ja immer darauf hingewiesen – und da stehst Du innerhalb der linken Professorenschaft auf alle Fälle ziemlich einsam da –, daß die Partei als Quasi-Verfassungsorgan der BRD zum Beiwerk des Staates geworden ist, daß sie jedenfalls so viele staatliche Aufgaben zu erfüllen hat, daß sich ihre Funktion gewandelt hat. Es fragt sich also, inwieweit für die Linke grundsätzlich – von den Grün-Alternativen jetzt mal völlig abgesehen – ein Parteiprojekt im Sinne von Wahlpartei interessant ist. Ist es möglich, oder glaubst Du, daß es von vornherein und zwangsläufig dort enden wird, worauf es bei den Grün-Alternativen höchstwahrscheinlich hinauslaufen wird?

Agnoli: Ja, das halte ich für einen unvermeidlichen Prozeß, weil die Konstituierung als Partei mit den den Parteien zustehenden Vorzügen, die die Verfassung garantiert, zur Folge hat, daß man sich voll ins System einbringt. Die Beteiligung an Wahlen, das ist eine sehr zwiespältige Sache. Also zunächst über die Partei. Um es ganz kurz zu fassen: ich bin der Ansicht, daß die Partei in der klassischen Form nicht mehr in der Lage ist, Instrument der Emanzipation zu sein. Da muß man sich etwas anderes einfallen lassen. Denn die Partei, so wie sie konstruiert ist, und erst recht, wenn sie sich in den Wahlkampf begibt, muß bestimmte rigide Organisationsstrukturen haben und muß sich den Gesetzen des Staates anpassen, selbst wenn sie ihn bekämpft.

Lenin sagte in „Was tun?" ausdrücklich: Da das zaristische System so ist und nicht anders, müssen wir die entsprechende Gegenorganisation schaffen. Das bedeutet aber, sich dem Handlungsmodell des Gegners anzupassen. Eine linke Partei heute ist gezwungen, eine Partei wie alle anderen zu sein. Wenn sie dazu noch sich an Wahlen beteiligt, dann muß sie sowieso bestimmte Voraussetzungen erfüllen, die durchaus im Sinne des bürgerlichen Staates sind. Das eigentliche Problem ist das der Wahlbeteiligung. Das Wahlrecht ist eine Errungenschaft. Es kommt darauf an, wie diese Errungenschaft nun operativ und konkret institutionell gehandhabt wird. Das Wahlrecht heute in der BRD zwingt gerade Parteien dazu, sich verfassungskonform zu verhalten. Es ist schon bezeichnend, daß sich die KPD/AO seinerzeit an Wahlen beteiligte, obwohl das sinnlos war, bloß um den Status der Partei, das heißt die Parteienprivilegien zu erlangen. Insofern bedeutet schon die Bereitschaft, diese Privilegien zu genießen, Anerkennung des Status Quo, des politisch-formalen Status Quo. Die Frage, die eine Zeit lang in Italien diskutiert wurde und die auch zu einem gewissen Erfolg geführt hatte, war die Frage des Wahlboykotts. Das ist eine Frage, die in Deutschland einfach gegenstandslos ist, denn es gibt kein Potential für einen Wahlboykott. Ich glaube, vor etwa zehn Jahren, Ende der 70er Jahre, war in Italien die Wahlboykottgruppe, das heißt diejenigen, die ungültige Stimmzettel abgaben, die drittstärkste Partei; und das bringt ein System schon durcheinander. Aber das ist in Deutschland nicht möglich.

AK: Du hast jetzt gerade sinngemäß gesagt, daß das Instrument Partei – jedenfalls im bürgerlichen Sinne – für eine wie auch immer geartete revolutionäre Linke versagt. Wie kannst Du Dir gerade in so desolaten Zeiten wie jetzt Ansatzpunkte vorstellen, wie sich eine revolutionäre Linke verhalten kann und sich in irgendeiner Form ja wohl doch organisieren muß?

Agnoli: Da habe ich eine Standardantwort parat. Seit 20 Jahren befasse ich mich mit dem Problem und habe noch keine Lösung gefunden. Aber gerade in dieser desolaten Situation muß man vielleicht doch den Mut haben, den die Autonomen haben. Daß heißt also: nicht unbedingt nach Organisationsformen suchen, sondern sich gewissermaßen um Inhalte herum organisieren. Ich kann mir denken, daß in der heutigen Situation lose miteinander verbundene, aber inhaltlich wirklich geklärte und vernunftbegabte Kollektive (vielleicht Basisgruppen, Zellen, wie man's nennen kann, das Feld ist da sehr weit) den ersten Schritt darstellen, der gemacht werden kann. Nicht etwa in den alten Fehler der K-Gruppen verfallen (zu denen Ihr gehört): zuerst schaffen wir gewissermaßen ein Zentralkomitee, die Massen werden dann kommen. Offensichtlich ist das der falsche Weg. Es ist viel wichtiger, an der Basis zu arbeiten und kleine, in sich konsistente Gruppierungen zu schaffen. Wie sie dann zueinander in Verbindung kommen, das hängt zum Teil auch von der gesellschaftlichen Entwicklung ab.

Ich bin da keineswegs Pessimist. Ich finde, daß die Propheten heute auf der anderen Seite zu finden sind. Zunächst waren wir die Propheten: die Revolution wird kommen! Jetzt sind die anderen zu den Propheten gelaufen und sagen: die Wissenschaft beweist, daß es zu keiner Revolution mehr kommen wird. Und ich sage eben: die Menschheit ist viel flexibler, als die Wissenschaft manchmal glaubt. Auf einmal ist eine Explosion da. Und wenn eine Explosion da ist – ich meine nicht von Bomben und Granaten, sondern eine gesellschaftliche Explosion –, so ist die Möglichkeit dieser Kollektive, miteinander in Verbindung zu treten und tatsächlich etwas gemeinsam zu schaffen, durchaus gegeben. Ein Beispiel, ein geschichtlich gescheitertes Beispiel, ist schon gegeben worden durch die Novemberrevolution in Deutschland. Sie war bestimmt keine sozialistische, oder sie wurde keine sozialistische. Aber wenn man sich überlegt, daß völlig spontan, gegen den Willen den SPD, ohne daß die Gewerkschaften da waren, von Kiel aus ganz Deutschland von Arbeiter- und

Soldatenräten innerhalb einer Woche besetzt wurde, ohne daß jemand einen Befehl dazu gegeben hätte, so kann darin schon eine Richtung begriffen werden, in der gearbeitet werden müßte.

AK: Johannes, Danke für das Gespräch!

1988

[1] Agnoli pflegt in seinen Seminaren und Vorlesungen die Studentinnen und Studenten mit der deutschen Übersetzung von „Kommilitone" anzusprechen: „Waffenbruder" bzw. „-schwester".

[2] OSI: Otto-Suhr-Institut für politische Wissenschaft an der FU Westberlin

Das deutsche '68
Theoretische Grundlagen und historische Entwicklung einer Revolte

I.

Ich bin weder in der Lage noch geneigt, eine distanzierte Analyse dessen zu leisten, was die '68er-Bewegung in Deutschland war; es ist mir praktisch unmöglich, und ich sehe das symbolisch in der roten Fahne dargestellt, die ein wenig müde in der Ecke des Einladungsplakates unserer Konferenz lehnt. Sie erinnert mich an mein Arbeitszimmer in Berlin, wo auch eine leicht erschöpfte rote Fahne in einem Winkel stand. Sie ist eine rote Fahne aus reiner chinesischer Seide. Sie begleitete die studentischen Massen bei ihrem Angriff auf das Springerhochhaus, den Sitz der Presse der westdeutschen Rechten, Ostern 68, nach dem Attentat auf Rudi Dutschke. Um ein wenig pathetisch zu werden: diese Fahne wurde mir von der Bewegung übergeben, um sie zu bewahren und an die Zukunft weiterzugeben. Ein sogenannter Protagonist kann Kritiker und Selbstkritiker sein, aber er kann niemals distanziert sein, vor allem dann nicht, wenn er keine Notwendigkeit sieht, sich abzugrenzen und seine Geschichte zu verleugnen.

Hinzu kommt, daß eine Analyse nur verständlich ist, wenn die Fakten und Hintergründe bekannt sind. Und weil das deutsche '68 in Italien wenig bekannt ist, scheint es mir, daß dann ein etwas merkwürdiger, wenig vermittelter Bericht dabei herauskäme. Deshalb schlage ich eine Art informativer Einführung in die wesentlichen Punkte, zentralen Probleme und Themen der Revolte vor.

Diese Vorbemerkungen sollen nur darauf hinweisen, daß auch die Revolte von 1968 – wie jede andere Revolte, Rebellion und Revolution im Verlauf der gesellschaftlichen Entwicklung – eine Geschichte von weit her besitzt, daß sie sich langfristig vorbereitet hat. Im übrigen hatte auch der „heiße Herbst" des Jahres 1969 in Italien einen langen Anlauf genommen: Er begann schon mit den Konflikten vom Sommer 1960, dann kam „Piazza Statuto“. Die theoretische Arbeit der „Quaderni Rossi“ von Raniero Panzieri ging ihm voran. Während der Anlaufphase in Westdeutschland gab es dort keinen sozialen Wandel, und es schien sich die These einer linearen, krisenfreien Entwicklung zu bestätigen, die in den fünfziger und sechziger Jahren in Mode war. Von Marx und der Revolution, von radikalen Veränderungen sprach man nicht einmal in der Geschichtswissenschaft. Die deutsche Sozialdemokratie huldigte dem Programm und der Praxis des sozialen Friedens und der Zusammenarbeit zwischen den Klassen, und sie schickte sich an, den Marxismus zu „überwinden“. Jedoch an ihren Rändern, ich würde fast sagen: im Untergrund, entwickelte sich eine Proteströmung, zahlenmäßig unbedeutend, aber mit einer besonderen Gabe versehen, mit einer Kraft zum Bruch, die im Verborgenen wirkte: mit dem alten Maulwurf von Marx. Zu ihr zählten Gewerkschafter (vor allem Metallarbeiter), Intellektuelle (man denke nur an Peter Weiss und Heinrich Böll), Studenten und Hochschulassistenten, einige wenige Arbeiter. Ihnen ist es zu danken, daß Karl Marx, der auf dem Godesberger Parteitag von 1959 offiziell zum alten Eisen gelegt worden war, sich im deutschen '68 lebendiger und lebhafter denn je auf den deutschen Straßen wiederfand.

Offenkundig hat sich die Revolte nicht in ganz Westdeutschland einheitlich entwickelt. Es gab regionale Unterschiede, mit denen ich mich nicht aufhalten möchte. Nur eine Anmerkung scheint mir nötig, um diesen Punkt zu klären: Es handelt sich um regionale Unterschiede, die zum Teil mit der unterschiedlichen Auswirkung des religiös-konfessionellen Faktors in der deutschen politischen Kultur zusammenhängen. Man darf nicht vergessen, daß durch alle Spaltungen und Teilungen hindurch, die den schwierigen Weg Deutschlands zur Nation charakterisieren (der Begriff ist heute noch problematisch, man denke nur an die deutsche Schweiz, an Österreich, an das Elsaß, nennen wir ruhig auch Südtirol), das religiöse Schisma immer noch zentral ist. In der DDR ist der Katholizismus entschieden in der Minderheit und befindet sich im Zustand der Diaspora, während in der BRD beide Konfessionen zu gleichen Teilen vertreten sind. Aldo Marchetti hat die Bedeutung der katholischen Protestbewegung für das italienische '68 erwähnt. Für Westdeutschland läßt sich feststellen, daß die katholischen Regionen dem Widerstand und der Revolte gewissermaßen fremd blieben, so daß die revolutionärsten Studenten der Universität München bald nach Berlin 'emigrierten'. In München ließ sich wenig machen, obwohl es doch vieles zu bekämpfen gab.

Es wäre auch zwischen den verschiedenen Universitäten zu unterscheiden: zwischen den großen, die damals schon Massenuniversitäten waren, wie Köln, wo es relativ ruhig blieb, und jenen Universitäten, die zwar ebenfalls Masseneinrichtungen waren, aber doch sehr lebendig und aktiv im Kampf, wie Hamburg (Köln ist katholisch, Hamburg protestantisch). In kleinen Städten mit berühmten Universitäten, wie Tübingen, der Stadt Hegels, Hölderlins und Schellings, hatte die Revolte ihre eigene, unverwechselbare Ausprägung erlangt (dort lehrte Ernst Bloch), während sich im ebenfalls berühmten Erlangen nur ein schwacher Abglanz revolutionärer Ungeduld zeigte. Einen recht bedeutsamen regionalen Einzelfall bildet Hessen: Während sich die Universität in Frankfurt am Main explosionsartig änderte und von Goethe-Universität in Karl Marx-Universität umgetauft wurde, schlief sie fünfzig Kilometer weiter nördlich, in Gießen, ihren Jahrhundertschlaf weiter, ganz wie in dem bekannten Gedicht: „Schlafe, mein Deutschland, was willst du mehr?"

Ich werde nun versuchen, die Haupt- und Kernpunkte eines verwickelten Prozesses ins Licht zu rücken, der zu Anfang überwiegend der Prozeß einer theoretischen Aufklärung war: einer Theorie, die heftig zur Praxis drängte und dem gleichen gewundenen Weg folgte, auf dem die Theoretiker der Bewegung unablässig auf der Suche nach dem wahren revolutionären Subjekt waren.

Ich werde vier grundlegende Punkte behandeln.

Der erste gilt dem methodisch-theoretischen Aspekt der Revolte, ihrem Hintergrund (dem theoretischen, nicht dem ideologischen, wie ich noch einmal betone), um die tieferen Gründe dessen verständlicher werden zu lassen, was die öffentliche, besser: die „veröffentlichte" Meinung als einen so unerwarteten wie unbegründeten Ausbruch von Unmut und Ablehnung gegen die sozusagen bewährte, vom allgemeinen Konsens gestützte Werteordnung betrachtet wurde; eine Revolte, die sich gegen eine reiche, konsumistische und ganz offensichtlich befriedete Gesellschaft richtete, eine Gesellschaft, die als frei von sozialen Problemen und jedweder Form von Konflikten galt, die die institutionellen Grenzen des politisch-parlamentarischen Wettbewerbs hätten in Frage stellen können.

Die Rezession von 1966/67 hatte zweifellos ein Klima wenn nicht des offenen Unmuts, so doch der Unsicherheit hergestellt und einige Wahlerfolge nicht der Linken, sondern vielmehr der neofaschistischen Rechten bewirkt. Aber die Rezession nahm keinen direkten Einfluß auf das Aufwallen des sich formierenden Widerstandes. Nur am Rande sei bemerkt, daß einige Marxisten, indem sie sich der wohlbekannten traditionalistischen Methode bedienten, in ihren Analysen versuchten, die ökonomische Krise in einen direkten Zusammenhang mit der Revolte zu bringen, oder, um genauer zu sein, die Revolte als einen Ausdruck der Krise zu interpretieren. Einige orthodoxe Theoretiker befanden sich daher in der Verlegenheit, eine wirtschaftliche Ursache auszumachen, als sie einen Prozeß erklären und verstehen wollten, der von Anfang an kulturelle Merkmale aufwies.

Der zweite Punkt, der zu behandeln ist, betrifft die inhaltliche Seite, die großen Themen, die die Rebellen interessierten, die sie motivierten und vorantrieben; dies auch, um zu erkennen, ob es Unterschiede zwischen der Bewegung in Deutschland und der in den anderen Ländern gab. Danach werde ich mich einigen der soziopolitischen Erfindungen zuwenden, die versuchten, bestimmte Theorien in die unmittelbare politische Praxis umzusetzen, Theorien, die, wie Blochs „Prinzip Hoffnung“, ursprünglich nur als utopische Vorschläge oder als reine Spekulationen konzipiert worden waren. Und schließlich werde ich auch kurz von den Konsequenzen und den Spaltungen sprechen, die am Ende von ‘68 eintraten und sich dann zwischen 1969 und 1970 konkretisierten.

II.

Auf der theoretischen Ebene lassen sich drei große, übergreifende Richtungen unterscheiden, die sich selbstverständlich bisweilen überschnitten, und die in dem Moment aus dem intellektuellen Untergrund heraustraten, als sie bei der Masse der Studenten auf Resonanz stießen, auf eine erwachende Kritik und eine Reflexion auf eine Wirklichkeit, die als die besondere deutsche, von durchschlagendem Erfolg gekrönte Daseinsform offeriert wurde: das sogenannte „Modell Deutschland“. Dies war eine sehr taugliche Ideologie für Leute, die noch unter dem Alptraum der Niederlage des anderen „Modells Deutschland“ litten; eine gesellschaftliche Realität, die nur Konsens kannte, so daß Konsens und Akzeptanz zum Schlachtruf der Kräfte der Beharrung wurden.

Auch wenn die Protestbewegung ihre Aktivisten vor allem in der Jugend fand (Jugendrevolte“ wurde gewissermaßen der offizielle Name für ‘68), handelt es sich sicher nicht um ein Generationenproblem. Dieser Aspekt ist längst kritisiert worden (übrigens könnte mich ein solcher Ansatz persönlich in Verlegenheiten bringen, da ich ja schon ‘68 der „Opa der außerparlamentarischen Opposition“ genannt worden bin). Ohne Zweifel war es die Jugend, die die Straßen füllte; das ist offensichtlich. Aber an ihrer Seite und zusammen mit ihnen und ihren Organisationen finden wir auch die berühmten Republikanischen Clubs, die in großem Umfang Gewerkschafter, Professoren, Künstler und Intellektuelle organisierten, die auf diese Weise zu einem Teil der Bewegung wurden. Man kann sagen, daß es die Republikanischen Clubs waren, die die Bewegung verallgemeinerten und sie vom Campus hinein in die „Stadt“ trugen.

Aber zurück zum Thema der großen, übergreifenden Richtungen und der theoretischen Quellen. Sie entspringen, wie schon angedeutet, der erneuten Rezeption von philosophisch-intellektuellen Strömungen, die in der mörderischen Zeit des Nationalsozialismus und dann in der antikommunistischen Kontinuität der Nachkriegszeit scheinbar „verschwunden“ waren.

Die bedeutendste Wiederentdeckung war die der Kritik der politischen Ökonomie, das heißt der Marxschen Analyse des Kapitalismus. Hier wäre eine ausführliche Darlegung geboten. Denn es war nicht so, als ob der Marxismus in der Nachkriegszeit ganz und gar abwesend gewesen wäre. Die Rückkehr der überwiegend jüdischen Emigranten bedeutete auch die Rückkehr marxscher Positionen und Reminiszenzen in eine ideologisch feindliche und politisch isolierende Situation. Ein anderer bedeutsamer Beitrag zu dieser politischer Subkultur von links kam von den Flüchtlingen aus Ostdeutschland, die dem gesellschaftlichen und politischen System der neuen DDR ablehnend gegenüberstanden, sich aber sicher nicht zur liberalen Demokratie und zum Kapitalismus bekehrt hatten.

Man denke an Wolfgang Abendroth, der in den fünfziger Jahren in Wilhelmshaven lehrte und zusammen mit Ossip K. Flechtheim einer derjenigen war, die eine marxistische Strömung in der deutschen Politikwissenschaft begründeten. Abendroth zählte später zu den wichtigsten theoretischen Repräsentanten der Revolte. In den fünfziger Jahren fand er wenig Gehör und blieb nahezu unbekannt. In Italien weit bekannter und auf kultureller Ebene auch einflußreicher war die „Frankfurter Schule“, in der der mit Max Horkheimer und Theodor W. Adorno heimgekehrte Marxismus überwintert hatte: Es handelte sich hier um den sogenannten Seminarmarxismus. In den Frankfurter Seminaren wurden jedoch die Kader des Sozialistischer Deutscher Studentenbunds (SDS) herangebildet, der sozialistischen Studentenvereinigung.

Andererseits wäre es falsch, die vielfältigen theoretischen Positionen der Revolte mit denen der Frankfurter Schule zu identifizieren. Nicht zufällig kam es ausgerechnet Anfang '68 zu einem frontalen Zusammenstoß zwischen Adorno und seinen Studenten. Adorno trieb ein marxistisches Denken voran, das voller Kritik und radikaler Negation war, das jedoch in einem gewissen Sinne ohne politisches Potential und von der ökonomischen Wirklichkeit getrennt war. Es bezeichnete den Kapitalismus als den Gegner, den es zu bekämpfen, als den Zustand, den es zurückzuweisen gelte. Es ging jedoch um einen Kapitalismus sui generis, weniger um eine Produktionsweise und ein System der Reproduktion, sondern eher um ein soziales Verhältnis, eine kulturelle und politische Situation, in der das Subjekt unterdrückt und zur Ware gemacht wird. Indem sie sich direkt auf die Kritik von Marx bezogen, überholten die Schüler die Lehrer und formulierten einen Marxismus, den sie für authentisch hielten.

Nicht, daß die Wiedergeburt des Marxismus ein einheitliches, lineares, von inneren Widersprüchen freies Phänomen gewesen wäre. Entschieden orthodoxe, traditionelle Tendenzen, die an den Marxismus nicht so sehr der Dritten als vielmehr der Zweiten Internationale anknüpften, brüteten halb im Untergrund und warteten darauf, wieder ans Tageslicht zu kommen. Und in der Illegalität überlebte auch eine andere Orthodoxie, die Kommunistischen Partei Deutschlands, die 1956 verboten worden war, und die sich jetzt auf Positionen zubewegte, die sehr verschieden von denen waren, die unter den Studenten umsichgriffen. Das wurde sichtbar, als die alte Partei sich unter einem neuen Namen wiedergegründete, als Deutsche Kommunistische Partei (DKP) und nun, unter formaler Beibehaltung der Kapitalismuskritik, versuchte, durch den Staat anerkannt zu werden, indem sie sich dem Grundgesetz der BRD anpaßte.

Mit diesem Wiederaufleben des Marxismus hatte der Leninismus anfangs recht wenig zu tun. Jedenfalls bildet er keine „Quelle" der Revolte; er trat später hinzu und trug beträchtlich zum Zusammenbruch der Großen Weigerung bei. Der Rekurs auf Lenin rief ein halbes Dutzend „kommunistischer Parteien" ins Leben, die sich ziemlich ambitioniert mit den Positionen Mao-Tse-Tungs identifizierten. Ausschlaggebend war dagegen die Wiederentdeckung Rosa Luxemburgs und ihrer Kritik an der politischen Strategie Lenins.

Während die Frankfurter Bewegung sich anschickte, die Frankfurter Schule zu überwinden, dabei jedoch eine kulturrevolutionäre Tendenz verfolgte, die, wenn auch vom Klassenstandpunkt und der Kritik der politischen Ökonomie durchdrungen, doch kulturalistisch blieb, so führte in Berlin die Lektüre der Marxschen „Grundrisse" auf Positionen, die, im dialektischen Verstand des Wortes, viel ausgeprägter negativ waren. Daraus entstand, was man einen häretischen Marxismus nennen könnte, der kühner und unvoreingenommener war als der kritische Marxismus in Frankfurt, stärker auf die unmittelbare politische Praxis orientiert.

Die erneute Rezeption von Marx vollzog sich also auf drei verschiedenen Bahnen: der einer manchmal ins Extrem getriebenen Orthodoxie, der der Kritik und der der Entwicklung einer umfassenden erneuten Reflexion. Aus dieser Differenzierung werden dann die verschiedenen strategischen und politischen Schlußfolgerungen hervorgehen und gegensätzliche politische Perspektiven sich entwickeln. Die orthodoxe Position wird sich paradoxerweise der (in Italien entstandenen) Versuchung annähern, einen „alternativen Gebrauch" der bürgerlichen Verfassungsnormen zu machen; der kritische Marxismus wird vor allem im kulturellen Bereich operieren, indem er die sekundäre Sozialisation als die Grundlage der Verhältnisse benennt, die es zu verändern gelte: „Wenn wir die Schule erobern und verändern, erobern und verändern wir die Gesellschaft". Und schließlich wird der häretische Marxismus in der politischen Praxis versuchen, historische Grenzen zu überwinden, indem er anarchistische Elemente in sich aufnimmt; ein ganz neues Phänomen, vor allem in einer Gesellschaft wie der mitteleuropäischen, in der die Anarchisten kaum je wirklich präsent gewesen waren. So entsteht der „Anarcho-Marxismus", mit seiner (für utopisch gehaltenen) Perspektive der totalen Negation und des radikalen Umsturzes aller ökonomischer, sozialer und politischer Verhältnisse.

Der kritische Nachdruck auf die Ablehnung des Kapitalismus und seiner Zwecke verband sich mit der Kritik des bürgerlichen Staates und des Parlamentarismus. Der stärkste Dissens im spezifisch politischen Sinne manifestierte sich zuerst bereits anfangs der sechziger Jahre als fundamentale Unzufriedenheit mit den Vereinheitlichungstendenzen des Parteiensystems und der Depotenzierung sowohl der gesellschaftlichen wie auch der politischen Widersprüche und Antagonismen. Diese Unzufriedenheit war der Nährboden für das theoretische Nachdenken über die Funktionen und die Funktionsweise des bürgerlichen Verfassungsstaates, der nun nicht mehr nur unter rein formalem Aspekt gesehen wurde, sondern mit dem Interesse, die sozioökonomischen Ursachen seiner Involution zu erkennen.

Auch diese Arbeit, die '68 vorbereitete und in Gang setzte, war ein Indiz zukünftiger Ausdifferenzierungen.

Wolfgang Abendroth, der inzwischen Ordinarius für Politologie in Marburg geworden war, hatte eine Schule begründet, die eine auf sozialistische Produktionsweise gestützte, radikale soziale Demokratie anstrebte, eine Demokratie allerdings, die sich schon als Projekt dem Grundgesetz unterordnete. Der Gegenstand der Kritik war mithin nicht so sehr der Verfassungsstaat und die Verfassung, sondern eine Politik, die sich, dominiert von den Interessen der großen wirtschaftlichen Gruppen und den Klasseninteressen der Bourgeoisie, weigerte, die Verfassungsnormen in die Wirklichkeit umzusetzen. Der „legale Weg zum Sozialismus" bedeutete also den Kampf gegen die politische Klasse und gegen die schlechte Regierung, und zwar nicht im italienischen Sinne des Wortes „malgoverno", sondern verstanden als Opposition gegen die Auflösung des demokratischen Gehaltes des Staates; eine Position, die wir heute bei den Grünen wiederfinden. Im Zentrum der kritischen Reflexion stand also der Bruch zwischen Norm und Wirklichkeit; die Verfassungsnorm war zu verteidigen, die politische Wirklichkeit zu verändern.

Die von Abendroth geleistete Analyse hatte entscheidende Bedeutung erstens für die Bildung einer außerparlamentarischen Bewegung, die auf eine umfassende Erneuerung im Innern der politischen Klasse und der Regierungspraxis zielte und zugleich den Übergang zum Sozialismus im Auge hatte. Zweitens, weil sie in der Lage war, den diffusen Zustand politischen Unbehagens in eine rationale, vernünftige Konzeption zu übersetzen, die bewirkte, daß sich ein breiter reformistischer Sektor der Protestbewegung eingliederte.

Diese Form der Opposition gegen die herrschende Wirklichkeit begann sich schon Anfang der sechziger Jahre zu entwickeln, auch als Antwort auf die Wende der Sozialdemokraten in Bad Godesberg. Auf einer völlig anderen Ebene, nicht als Schule, sondern als Strömung, im Verborgenen sozusagen kam eine weit radikalere Kritik auf die Bahn, die den autoritären Strukturen und der Involution des bürgerlichen Staates hin zum autoritären Rechtsstaat galt; eine Kritik, die die Involution und Rückentwicklung nicht als Konsequenz der Eigenschaften von Personen oder der Absichten der politischen Klasse und ihrer Abhängigkeit vom Kapital sah, sondern als die unvermeidliche Folge der Verbindung zwischen bürgerlichem Staat und kapitalistischer Produktionsweise. Die Argumentation war also nicht auf das politische Ziel gerichtet, die Normen der Verfassung zu beachten, zu schützen und endgültig die soziale Demokratie herzustellen; sie zielte entschieden – auch auf strategischer Ebene, mit ihrer außerinstitutionellen, nicht nur außerparlamentarischen Orientierung – auf die „Utopie" von Marx und Engels einerseits, auf die der Anarchisten (und hier taucht der Anarcho-Marxismus auf) andererseits, die auf die Abschaffung des Staates gerichtet ist, das heißt: der Staat ist weder ein Machtapparat, noch eine Idee oder ein Ideal, sondern die spezifische Form einer gesellschaftlichen Reproduktion, die objektiv auf Gewalt gründet. Gewiß schlug diese Kritik nicht vor, den Staat im abstrakten Sinne, das heißt in der Manier von Barrikadenkämpfen abzuschaffen (wenn auch da und dort bestimmte Visionen oder Revoltehoffnungen nicht fehlten); sondern sie führte konkreter die Möglichkeit vor Augen, die organisatorischen Formen des Zwanges aufzuheben, die die soziale Reproduktion bestimmen und erhalten.

Eine dritte Quelle, die im Grunde die ersten beiden in sich aufnahm, war der Wiederbeginn der Reflexion über den Faschismus. In Wirklichkeit handelte es sich nicht um einen Wiederbeginn im eigentlichen Sinne des Wortes, insofern sich Westdeutschland – dies mag seltsam erscheinen, ist es aber nicht – sich in der Nachkriegszeit um seine nazistische Vergangenheit weder gesorgt noch diese entsorgt hatte. Der Faschismus war etwas zu Vergessendes, etwas Überwundenes: eine Epoche sui generis, die (im Croceanischen Sinne einer zufälligen Krankheit) aus der gewissermaßen linearen und gewöhnlichen Geschichte der deutschen Gesellschaft herausfiel. Man klagte den Faschismus an, man negierte ihn, ohne daraus je einen Gegenstand des Nachdenkens zu machen. Alles in allem betrachtet wurde er für die Bildung des politischen Bewußtseins nicht zum Kernproblem, noch weniger für die Herausbildung einer demokratischen Sensibilität. Das Verfassungssystem der Bundesrepublik der Nachkriegszeit ist keine Antwort auf den Faschismus, wie es etwa für Italien in leicht ideologischem Rückblick scheinen mag, sondern die erneute Option für eine liberale Demokratie, die durch entschieden autoritäre Elemente korrigiert wird, so mittels der „Stärkung der Exekutive“, um die „Fehler“ der Weimarer Republik zu beheben, die (so wurde und wird noch heute behauptet) an einem „Exzeß von Freiheit“ zugrunde gegangen sei. In diesem vermeintlichen Übermaß an Freiheit in der Weimarer Republik, also, um genau zu sein, in der Anklage, die Freiheit sei einer der Gründe für den Erfolg des Faschismus, findet sich eines der Kernelemente, um den Zusammenhang der Reflexion über den Faschismus und der Feststellung zu verstehen, daß die Legierung zwischen kapitalistischer Produktionsweise und bürgerlichem Staat keineswegs eine zufällige darstellt.

Kurz gesagt, im Faschismus wurde etwas sichtbar, das man die symbiotische Komplizenschaft zwischen Staat und Produktionsweise nennen könnte: Nicht ein Übermaß an Freiheit bewirkte das Ende von Weimar, sondern die Unvereinbarkeit zwischen offener Demokratie und Kapitalismus, zwischen radikaler Demokratie, die die politische Form überschreitet und die Gesellschaft einbezieht (der Prozeß umfassender Demokratisierung) und einer historischen Formation der Gesellschaft, die sich nur dank der Systeme des Zwanges und der Beschränkung der politischen Spielräume reproduziert, dank der Beschränkung der Volkssouveränität, das heißt der autonomen Artikulation der Forderungen, Bedürfnisse und vielleicht auch Träume der Massen. Der berühmte Satz Horkheimers, der diese Symbiose zwischen Politik und Ökonomie im Faschismus bezeichnet: „Wer vom Faschismus reden will, darf vom Kapitalismus nicht schweigen" – bekam emblematischen Wert und verwandelte sich in einen der bekanntesten Demonstrationsslogans: „Der Kapitalismus führt zum Faschismus, der Kapitalismus muß weg." Von dieser theoretischen Hypothese ausgehend, beobachtete man die deutschen Ereignisse immer intensiver und gewann schließlich die Gewißheit (ob zu Recht oder zu Unrecht ist eine völlig offene Frage) einer Kontinuität der Entwicklung der deutschen Gesellschaft in ihren wirtschaftlichen Strukturen und ihrer politischen Form: Eine Kontinuität, die den Faschismus in die Geschichte zurückholte. Man sah ihn nicht länger als eine abgeschlossene Epoche an, als zufällige Episode, die man getrost vergessen konnte, sondern als Etappe, die ohne Kontinuitätsbruch aus der Vergangenheit in die Gegenwart führte, die auch die Zukunft bedrohte. Der Bruch der Jahre 1945/49 wurde dabei durchaus nicht ignoriert oder vernachlässigt.

Zwischen dem metahistorischen System der Lager und des Genozids und dem autoritären Rechtsstaat liegt ein himmelweiter Unterschied. Aber das Potential des staatlichen Gewaltmonopols war mehr oder weniger offensichtlich, und den Faschismus in die Geschichte zurückzuholen bedeutet in der Tat, seine wesentlichen, seine nichtakzidentiellen Merkmale zu erfassen, das heißt ihn als Ausdruck der bürgerlichen Gesellschaft unter bestimmten Bedingungen und in bestimmten Krisen ihrer Entwicklung zu begreifen.

Zur Bedeutung der Reflexionen und Diskussionen über den Faschismus sei mir eine persönliche Erinnerung aus den frühen sechziger Jahren gestattet. In einem Seminar zum italienischen Faschismus, das ich, damals noch Assistent, an der Universität Berlin abhielt, waren fünf oder sechs Studenten anwesend. Von Semester zu Semester, während ich vom Seminar zur Vorlesung überging, wurden es dann immer mehr. Als ich im Wintersemester 1967/68 eine

Vorlesung über „Liberalismus, Faschismus, Demokratie: Über die Kontinuität des bürgerlichen Staates" hielt, sagten mir die Studenten, dies sei keine Vorlesung mehr sei, sondern eine Vollversammlung.

Aus diesen theoretischen Verflechtungen entspringt die Thematik der Revolte. Zuerst war sie rein akademisch. Zwar sprach man von autoritären Strukturen, die überwunden werden mußten, aber dies bezog sich in erster Linie auf die Strukturen der Universität. So denunziert das erste kritische Werk, das der SDS publizierte, die Studie „Hochschule in der Demokratie" von 1965 (unter den Autoren finden wir Namen wie Ulrich Preuß und Claus Offe) scharf den antiquierten, traditionell konservativen und unzureichenden Charakter der Universität und schlug mit Verve die Demokratisierung der Strukturen, der Studieninhalte und der Entscheidungsmechanismen vor. Projektiert wurde eine radikale Reform unter Beteiligung der Assistenten, Studenten und Angestellten (Sekretärinnen, Verwaltungspersonal, Arbeiter) an den Fakultätsräten, am Senat, an der Wahl der Dekane und der Rektoren. Die Studie enthält jedoch schon die Kritik der politischen Ökonomie, das heißt die Forderung, die Universität in einem größeren Rahmen zu analysieren und ihre Problematik an die Produktionsverhältnisse, an den Einfluß der herrschenden gesellschaftlichen Gruppen, also an das cui bono eines bestimmten Typs akademischer Strukturen rückzukoppeln. Die Universität wurde als das wissenschaftliche Moment der kapitalistischen Produktionsweise interpretiert.

Das Bewußtsein der innigen Verbindung zwischen den universitären Strukturen und einer wissenschaftlichen Forschung, die von Faktoren bestimmt wird, denen die hochgelobte Autonomie der akademischen Welt (eines der Ruhmesblätter der geistigen Tradition Deutschlands) herzlich fremd ist, das Bewußtsein also, daß es sich nicht um Fragen des Studiums, sondern um allgemeine Probleme der Gesellschaft handelte, bezeichnete den Ausgangspunkt einer Bewegung, die bald den Campus verließ, hinaus in die Gesellschaft ging und in ihrer offenen Attacke gegen den Kapitalismus in allen seinen Ausdrucksformen – wirtschaftlichen, gesellschaftlichen und kulturellen – unvermeidlich zur Auseinandersetzung mit dem Staat gelangte.

III.

Die zwei theoretischen Haltungen der „Neuen Linken", wie sie von nun an hieß, gegenüber dem Staat sind schon angedeutet worden: alternativer Gebrauch oder radikale Negation. Anfangs fließen beide in einer einheitlichen Bewegung zusammen, die besondere Merkmale aufweist und den direkt politischen Flügel der Revolte charakterisiert. Im Schlagwort von der ApO, das zuerst von der Presse geprägt und dann zum Emblem politischer Identität wurde, erhielt sie auch symbolischen Status: Im Angesicht der verfassungsmäßigen Ordnung verläßt die Studentenbewegung den Campus, verallgemeinert sich und wird zu außerparlamentarischen Opposition. Gewiß, dabei handelt es sich um eine Strategie, die allen europäischen Protestbewegungen gemeinsam ist. In Deutschland war die außerparlamentarische Opposition jedoch nicht nur ein Faktum und eine Strategie, die von den Umständen diktiert wurden, sondern ein präzises politisches Programm, das sich auf eine außerordentlich differenzierte theoretische Analyse des Parlamentarismus stützte. Sie agierte nicht allein außerhalb der Institutionen, sondern sie zielte entschieden auf einen Wechsel der politischen Form. In keinem Land Westeuropas war die Diskussion über die neuen Formen der gesellschaftlichen Organisation, über die Organisation der Reproduktionsprozesse, so lebendig wie in Berlin, in Frankfurt und in Hamburg. Der Rätekommunismus, seit Jahrzehnten vergessen, wurde erneut auf die Tagesordnung gesetzt.

Auch die Orientierung auf die Dritte Welt gab es, die sich jedoch erst nach dem Ausbruch der Revolte manifestierte. Unbezweifelbar besaß diese Orientierung eine wesentliche Bedeutung; sie trug zum Prozeß der politischen Identifizierung bei und führte zur Wiederentdeckung der internationalen Dimension. Nicht zufällig erreichte die erste Phase der Revolte ihren Gipfelpunkt im Februar '68 auf dem Berliner Vietnam-Kongreß. Aber auch bei diesem „heißen Februar" von Berlin, an dem zumal auch Franzosen, Italiener und Engländer teilnahmen, war die Substanz des Ereignisses nicht das Thema Vietnam; die politische Spannung galt dem offenen Konflikt mit dem Berliner Senat, der sowohl den Kongreß als auch die große Demonstration, die auf ihn folgte, verboten hatte. Das heißt, der Kern des

Konfliktes und seine beherrschende Thematik waren nach wie vor die Auseinandersetzung mit dem Staat. In den Reden, Vorträgen und Diskussionen des Vietnam-Kongresses bezog man sich unablässig emphatisch und begeistert auf den Kampf gegen den amerikanischen Imperialismus, aber der entscheidende Bezug, den die Tausende von Teilnehmern als den dringlichen empfanden, kreiste immer um das Problem des bürgerlichen Staates, des bürokratisch-parlamentarischen Staates und des repräsentativen Systems.

Die Reaktion der öffentlichen Meinung war außerordentlich bezeichnend: diese jungen Leute – und die paar nicht mehr so jungen – wurden nicht als „Feinde des amerikanischen Imperialismus", sondern als „Verfassungsfeinde" denunziert. Jenseits aller Versuchungen eines alternativen Gebrauchs des bürgerlichen Staates begriffen die radikalsten Strömungen der Bewegung den Staat weder als Norm noch als Wirklichkeit, die die Geschichte transzendiert, sondern als die geschichtliche Form, die einem genau umgrenzten ökonomisch-politischen Inhalt gemäß ist. Es handelte sich also nicht darum, ein politisches System, das in die Legitimationskrise geraten war, zu reformieren, und es wieder „näher ans Volk" zu bringen (wie dies von der politischen Klasse vorgeschlagen wurde, die durch das plötzliche Aufwallen des Protests einigermaßen verunsichert worden war), sondern die Perspektive der Kämpfe war vielmehr, den historischen Zusammenhang zwischen der Form Politik und der Produktionsweise zu brechen und die Hauptgründe des Prozesses einer Involution ausfindig zu machen, die nicht länger (so die Position der Reformisten) als Merkmal bloß der Adenauerzeit gesehen wurde, als überwindbarer Zufall also, sondern als inhärente Bedingung der Reproduktion einer bürgerlich-kapitalistischen Gesellschaft. Die Involution wird hier also als objektiv notwendiger Prozeß begriffen, als Konsequenz einer geschichtlichen Situation und einer genau bestimmten Entwicklung der kapitalistischen Produktionsweise, die, hinter einem liberaldemokratischen Vorhang, von der politischen Form autoritäre Regeln und Institutionen forderte. (Die reformistischen Strömungen hingegen bekämpften die Rückschritte zwar, führten sie jedoch, wie schon angedeutet, auf die Verfälschung der Verfassungsnorm und auf die „schlechte Regierung" zurück).

Allerdings entdeckte man dann gerade in der Analyse von Prozessen, die als objektiv angesehen wurden, eine Thematik neu, die schon in der Vorkriegszeit viel diskutiert und dann vergessen worden war: die subjektiven Ursachen der Involution. Das Problem war um so wichtiger, als nicht nur der „subjektive Faktor" der sozialen Negation wiederentdeckt wurde, also: daß sich die objektiv mögliche soziale Negation nur vermittels der bewußten Subjektivität vollzieht (hier zeigt sich die Bedeutung der erneuten Lektüre von Georg Lukács „Geschichte und Klassenbewußtsein"), sondern weil in Deutschland das wiederentdeckte gesellschaftliche Subjekt – die Arbeiterklasse – den theoretischen Annahmen nicht entsprach: eine Klasse, die gewiß um ihre Subalternität dem Kapital gegenüber wußte, die ihrer sozialen Situation und der Dichotomie zwischen „unten" und „oben" bewußt war, ohne sich jedoch als Subjekt des Bruches zu erkennen. Dies war vielleicht die tragischste Seite, auf jeden Fall das ungelöste Problem der außerparlamentarischen Opposition und des deutschen '68: auf der einen Seite das Bewußtsein der Intellektuellen und Studenten, das revolutionäre Subjekt nicht ersetzen zu können, das in der geschichtlichen Wirklichkeit nur die Arbeiterklasse sein kann (der „Abschied vom Proletariat" stand damals noch nicht auf der Tagesordnung); auf der anderen eine Arbeiterklasse, die jedes Angebot, sich als revolutionäres Subjekt zu konstituieren, schlicht verweigerte.

Die ungelöste Frage war also nicht nur das Zusammenfügen von Bewegung und Klasse, sondern auch von real existierender Klasse und Theorie. Daß es schließlich doch untergründige Einflüsse gab, das heißt, daß die Revolte langfristig sowohl auf die Arbeiterklasse wie auf die politische Realität eingewirkt hat, ist ein anderes Thema. 1968 jedenfalls stehen wir einem revolutionären Subjekt gegenüber, das nicht wußte, daß es eines ist, das heißt aber, daß es keines war. Die Suche nach dem Grund dieser zumindest problematischen Lage brachte die fundamentale Bedeutung der Sozialisation und des Verhältnisses der Subjekte zueinander ans Licht (dies war eine der Quellen der Frauenbewegung, zu der ich mich, sagen wir wegen Unzuständigkeit, nicht äußern werde).

Und damit sind wir beim dritten grundlegenden Aspekt von '68, bei den von der ApO geschaffenen Erneuerungen, ihren Erfindungen, die zum Teil ihren anfänglichen Schwung eingebüßt haben, integriert und zum funktionalen Teil des Systems geworden sind, also nicht länger Elemente des Widerstands bilden; zum Teil jedoch dauern sie als alternative Organisationsformen der gesellschaftlichen Reproduktion fort. Es sind Erfindungen, die sich samt und sonders im Gewebe des sozialen Lebens realisieren: vom Wohnkollektiv zu den selbstverwalteten Handwerkerzentren, von der „Alternativökonomie" zu den „Straßentheatern". Aber die einflußreichste Neuschöpfung, das einschneidendste Experiment, dem es gelang, breite Teile der öffentlichen Meinung in Bewegung zu versetzen und eine ganze geschichtliche Tradition aufzuwirbeln, fand auf der Ebene der Erziehung statt: Die Innovation, die in der Sozialisation mit der sogenannten „antiautoritären" Methode durchgeführt (eine Art Ersatzbegriff für „libertär", damals ein nahezu unbekanntes und heute im deutschen politischen Wortschatz immer noch häufig mißverstandenes Wort). Es handelt sich um die berühmten (oder für die konservative Polemik: berüchtigten) antiautoritären Kinderläden. Die theoretischen Grundlagen waren relativ klar, und ebenso die Ziele: Die Heranbildung von bewußten, freien, und bewußt auf eine radikale Veränderung der Gesellschaft orientierten, das heißt revolutionären Subjekten war nur realisierbar, wenn die gewohnte Erziehung und Sozialisation radikal umgewandelt würden. Zur Rebellion zu erziehen bedeutete an erster Stelle – nach dem von Peter Brückner entworfenen Projekt – zum Ungehorsam zu erziehen, ein Prinzip, das tiefer geht als die einfache abstrakte Weigerung, keinerlei Autorität anzuerkennen, ein Prinzip, das das Programm der Aufklärung transzendiert.

Die Umsetzung der antiautoritären Erziehung war mit einigen Qualen verbunden. Ohne Beeinträchtigung des politischen Zieles, die heiligen Kühe der deutschen Tradition, Gehorsam und Disziplin, aus dem Weg zu räumen, legte die Verwirklichung des „Prinzips Ungehorsam" den dem Projekt inhärenten Widerspruch bloß, ohne jedoch den Wert des Bruches zu schmälern, und ohne den pädagogischen und sozialen Enthusiasmus zu dämpfen, der es begleitete. Wir sehen uns einem Problem gegenübergestellt, das bis heute ungelöst ist, auch wenn sich hinzufügen läßt, daß gerade diese Schwierigkeiten entschieden dazu beigetragen haben, die Diskussion, das Experiment und die Versuche zu verlängern, die historische Grenze der Revolte zu überschreiten: Wie läßt sich das Recht auf Ungehorsam, der libertäre Sozialisations- und Erziehungsprozeß, der sich auf die Erweiterung der subjektiven Rechte und die Erfüllung persönlicher Bedürfnisse gründet, mit dem Versuch versöhnen, erneut ein kollektives Subjekt zu schaffen, das in der Lage wäre, gegen das gesellschaftliche, politische und kulturelle System, das heißt gegen die bestehende Macht selbst zu handeln?

Dies ist ein Gedanke, der alle Elemente einer weiteren Entwicklung in sich trug. Gewiß hat sich seit '68 vieles geändert. Jedoch alle Erfindungen von damals, obwohl sie bisweilen die Form wechselten und auch neue Inhalte, wie zum Beispiel die Umweltthematik, gewannen, bestimmen die neuen sozialen Bewegungen seitdem kontinuierlich.

IV.

Was später die tiefe Spaltung der ApO provozieren wird, ereignete sich bereits im Herbst '68 bei der „Schlacht am Tegeler Weg" zwischen den Demonstranten und der Polizei. Ich muß vorausschikken, daß diese Spaltung über das Problem der Gewaltanwendung gegenüber den Staatsorganen und der unbedingten Militanz unter anderem zur Bildung der Roten Armee Fraktion (RAF) führte, der deutschen Version der Roten Brigaden (BR). An dieser Stelle scheint eine Präzisierung angebracht. Es wäre ein Irrtum – jenseits journalistischer Kombinationen, jenseits proklamierter Allianzen – RAF und BR miteinander zu identifizieren. Auch wenn auf der strategischen Ebene und in der Perspektive einer versuchten theoretischen Rechtfertigung die RAF und die BR viel gemeinsam hatten, weist ihre soziale Verankerung entscheidende Unterschiede auf. Die Roten Brigaden schöpften aus sozialem Protest und aus dem weitverbreiteten Gefühl, mit der Geduld am Ende zu sein, woraus – zumindest bis zur Ermordung Aldo Moros und seiner Leibwache – in einigen Gruppen und am Rande der Gesellschaft eine mindest sympathisierende, zum Teil solidarische Bewegung entstehen konnte. Die RAF der ersten Generation hingegen, diejenige, die zweifellos an '68 gebunden war, blieb eine isolierte Gruppe von Intellektuellen, die von einer ins negative Extrem gesteigerten Analyse der politischen Verhältnisse in der – ihrer Meinung nach schon faschistischen – Bundesrepublik ausgingen; getrieben von einer konkreten Erbitterung und Verzweiflung. Da sie den real existierenden deutschen Staat als faschistischen Staat ansahen (offensichtlich ein schwerer analytischer Fehler), blieb nur der bewaffnete Kampf (mit Reminiszenzen an die französische und italienische Widerstandsbewegung), um eine Befreiungsbewegung voranzutreiben. Auch die Drittwelt-Orientierung (terzomondismo) und die Illusion, den amerikanischen Imperialismus mit dem bewaffneten Kampf in den Metropolen bekämpfen und bremsen zu können, trugen zur Eskalation bei, zur Rechtfertigung und zu ideologischen Konstruktionen. Aber in der RAF wurde nur eine der neuen Tendenz der Revolte ins Extrem getrieben, die eben ein neu erfundener alter Einfall war: der politische Gebrauch der Gewalt.

Kommen wir auf die Episode am Tegeler Weg zurück. Am vierten November 1968 gingen die Demonstranten bei der abermaligen Auseinandersetzung mit der Polizei, aus eher nebensächlichen Gründen, zum ersten Mal zum Gegenangriff und zum direkten Einsatz von Gewalt über. Nicht, daß es bis dahin keine Gewalt gegeben hätte. Seitens der Bewegung wurde nach dem Attentat auf Rudi Dutschke zweifellos Gewalt ausgeübt. Aber es war eine Gewalt, die Unterscheidungen machte. In den sogenannten Osterunruhen von '68 wurden sofort nach dem Attentat Dutzende von Lieferfahrzeugen des Springer-Verlags (einer Symbolfigur der Rechten) in Brand gesetzt, seine Presseagenturen wurden zerstört. Es handelte sich jedoch um „Gewalt gegen Sachen", die als solche legitim war – im Gegensatz zur Gewalt gegen Personen, die als illegitim galt. Hieraus resultierte ein eher passives, ja geradezu opferbereites Verhalten gegenüber dem harten Vorgehen der Polizei. Am 4. November versuchte die Revolte, selbst zu prügeln, statt sich verprügeln zu lassen. Einige zufällige, gleichwohl bezeichnende Umstände trugen zu diesem qualitativen Sprung bei. Den Studenten gelang es, sich mit Gruppen von jungen arbeitslosen Proletariern zusammenzutun, die zum ersten Mal an einer politischen Demonstration teilnahmen. Der Gebrauch von „Gewalt gegen Personen" war weniger ein Einfall der Studenten, er war die aufs Neue erfundene Erfindung des Proletariats selbst, dessen Verhältnis zur Gewalt leichte Unterschiede zum moralistischen

Verhalten bürgerlicher Provenienz aufweist. Der 4. November 1968 bestätigte zwar den Primat der Klassenpolitik (die Drittwelt-Orientierung trat in die zweite Reihe), bewirkte aber die Spaltung der ApO; oder, genauer gesagt, die definitive Spaltung zwischen den beiden Hauptströmungen, den beiden strategischen Richtungen gegenüber dem Staat, während beiden die Perspektive des Antikapitalismus gemeinsam blieb.

Auf der einen Seite ging man entschlossen von der außerparlamentarischen zur außerinstitutionellen Opposition über. Die radikale Kritik an den Institutionen verwandelte sich in Strategie; in eine umfassende Konzeption, die jede Möglichkeit eines alternativen Gebrauchs der staatlichen Institutionen und des Rechtsstaates selbst leugnete. Der Prozeß und die Bewegung zur Emanzipation mußten sich einen eigenen Weg außerhalb der bestehenden Ordnung suchen (und das hieß auch: außerhalb der Verfassung). In die Institutionen einzutreten, bedeutete, sich in das System zu integrieren, sein funktionaler Bestandteil zu werden und damit jede revolutionäre und erneuernde Qualität zu verlieren. Daß die Schlacht am Tegeler Weg hierfür zugleich Ausgangspunkt wie Symbol wurde, zeigt, daß in dieser theoretisch vertretbaren Position, die sich auf Marx bezieht („Die Institutionen werden immer stärker sein als der gute Wille der einzelnen Menschen.“) auch allerhand Euphorie mitspielte, dazu auch eine gewisse übertriebene Siegessicherheit. Ein Flugblatt verkündete: „Wir haben den Arbeitern gezeigt, daß man die Polizei in die Flucht schlagen kann“, und: „Wir können die herrschende Ordnung endgültig destabilisieren.“

Aber trotz der Anwesenheit einiger Proletarier, in der ein neues Element lag, reagierten die Arbeiter als Klasse auch weiterhin nicht. Dies stärkte in beachtlichem Ausmaß die zweite, realistische Richtung, die von der Vertiefung des Gegensatzes zwischen der Bewegung und den Massen, der der wiederentdeckten Gewaltanwendung folgte, bestätigt worden war. Aus ihr entstand eine Strategie, die, die chinesische Entwicklung paraphrasierend, den „Langen Marsch durch die Institutionen“ proklamierte; eine Idee, die von Rudi Dutschke stammte.

Der Lange Marsch bedeutete mehreres. Nur zum Teil war daran gedacht, Parlamentarismus und Parteiensystem zu akzeptieren und die Bewegung zu entmachten; eine Praxis, die dann bei den Grünen breiten Zuspruch finden wird. Man dachte eher an die politisch-kulturellen und gesellschaftlichen Organisationen des bürgerlichen Staates. In diesem Sinne griff der Lange Marsch auf einer anderen, breiteren Ebene das Thema der Sozialisierung wieder auf: Die Gesellschaft ändern, indem man die Menschen ändert. Aber die Menschen konnte man eben nur mit einer kontinuierlichen und geduldigen Arbeit im Innern jener bestehenden Organisationen ändern, die auf die traditionalen gesellschaftlichen und kulturellen Mechanismen einwirken; eine Überwindung der Tradition im Innern der Tradition, die inzwischen auch eine philosophische Bestimmung erfahren hat: Politik im System, um das System zu ändern. Und aus diesem Grund wollte eine große Zahl von Genossen Medizin oder Architektur studieren oder sie wurden Volksschullehrer, um die konservativen und gewaltförmigen Strukturen von unten her auszuhöhlen und den Emanzipationsprozeß voranzutreiben.

Ohne Zweifel eignete beiden Richtungen ein im strengen Sinn des Wortes revolutionäres Ziel, im Sinn einer radikalen Veränderung der Produktionsweise und der sozialen Strukturen. Auf der Ebene der politischen Form, der Frage des Staates, dauert die Spaltung nicht nur fort, sondern die Tendenz geht zur Vertiefung des Risses. Dies beweist Westberlin, wo die Strategie des Langen Marsches die „Alternativen" (so nannten sich, nicht ohne Hintersinn, die Grünen in Berlin) erst ins Abgeordnetenhaus, dann in den Senat (die Berliner Regierung) geführt hat. Und andererseits hat sich eine diffuse, manchmal konfuse Bewegung der radikalen Verweigerung und Autonomie gegen jede staatliche oder parteiliche Organisation und Institution entwickelt, die intensiv bemüht ist, ihre eigene politische Kultur zu schaffen und mit der gleichen Anstrengung auch nach einer theoretischen und strategischen Klärung sucht. Für die Presse handelt es sich um „chaotische Elemente". Der Gegensatz zwischen beiden Lagern ist auch ein Kampf um politische Identität: Wer ist der wahre Erbe von '68?

Auf dieser Konferenz wurde schon von Niederlage und Scheitern gesprochen. Jemand hat bemerkt, es sei „im Grunde ein studentischer Spaziergang" gewesen. In einer Beilage zur „Repubblica" waren sehr seltsame Dinge über '68 in Deutschland, Italien und Europa zu lesen. Für eine Journalistin geht das ganze '68 in einem emblematischen Satz auf, dem es, ehrlich gesagt, spürbar an „der Fähigkeit, unter allgemeine Regeln zu subsumieren" gebricht (ich bitte um Entschuldigung, aber ich zitiere nur Kants Definition der Dummheit): „Diese Epoche, in der unsere Wohnungen von maoistischen Flugblättern verseucht wurden". Für Giorgio Bocca hingegen, eine Art von – übrigens sehr mutigem – Papst des italienischen Journalismus, schien sich das Ganze in dem Versuch kleiner Abenteurer zu erschöpfen, Gefolgschaft zu finden. Die Beliebigkeiten der journalistischen Meinung.

V.

„War es wahrer Ruhm?" – „Fu vera gloria?" – eine Anspielung auf ein Gedicht von Alessandro Manzoni zum Tod Napoleons. Soll diese Frage bedeuten, ob es eine unbedingte Niederlage, ein flüchtiger Versuch oder ein zufälliges Ereignis war? Oder hat '68 das historische Schicksal einer jeden Revolte erlitten, die, auch wenn sie scheitert – und die meisten Revolten scheitern – historische Zeichen setzt, die sich nicht mehr tilgen lassen? Um die Rede auf Italien zu bringen, so kann man sich zum Beispiel fragen, ob es ohne '68 die Volksabstimmungen über das Recht auf Ehescheidung und auf Abtreibung gegeben hätte, ob diese zu den bekannten Ergebnissen geführt hätten. Es gibt in der Geschichte manchmal versteckte, langfristige Folgen. Den Kern des Problems finden wir also nicht im unmittelbaren Erfolg, der natürlich ausblieb. Die Frage stellt sich nicht im Bereich des pragmatischen Erfolges, sondern in der Perspektive einer langsamen und unumkehrbaren Veränderung, die vielleicht damals, 1968, nicht vorhergesehen war. Und hier wechselt das Thema. 1968, auf der Ebene der direkten Revolte gescheitert, findet seine so unvorhergesehene, aber konkrete Fortsetzung in neuen Bewegungen und in neuen sozialen Forderungen: in der Ökologiebewegung, die, vielleicht ohne es zu wissen, die Marxsche Analyse der Entfremdung und der Zerstörung des Verhältnisses von Mensch und Natur in ein politisches Programm übersetzt – man lese hierzu, was Marx im dritten Band des Kapitals schreibt (MEW 25, S. 748) –, in der Frauenbewegung, die ebenfalls vergessen hat, daß „die Emanzipation einer Gesellschaft sich am Grad der Emanzipation der Frau in dieser Gesellschaft mißt“ (Fourier und Marx), aber auch in anderen Versuchen von Rebellion und Revolte, die wir überall in Europa beobachten können.

'68 hat die Gesellschaft also grundlegend verändert: sicher nicht die Produktionsweise (hier liegen die Grenzen einer reinen Kulturrevolution), aber ein gesamtes System von Werten und Verhaltensnormen. Es hat es so tiefgehend verändert, daß die bürgerliche Gesellschaft und die Anhänger des ökonomischen, sozialen und politischen Konservativismus es inzwischen für notwendig halten, zur ideologischen Gegenoffensive überzugehen. „Schluß mit '68“ – und wieviel Reumütige erkennen sich in diesem an Metternich erinnernden Satz? Und wenn heute in Westdeutschland davon gesprochen wird, daß die 1968 und von '68 zerstörten Werte wiederhergestellt werden müßten, so heißt das, daß '68 diese Werte tatsächlich zerstört hatte.

Es ist aber eine Wendung, eine politische Operation, die ohne Erfolg bleiben wird. Die 1968 untergegangenen Werte sind keineswegs von der Revolte zerstört worden. Der Verlust ihrer Substanz und ihrer historischen Konsistenz ist nicht die Schuld irgendwelcher Wünsche nach Negation; die Negation entsprang der Tatsache, daß es keine Werte waren, die das soziale Leben hätten tragen und bestimmen können. Sie waren nicht länger glaubhaft und werden es wahrscheinlich auch in Zukunft nicht sein.

Wir sprechen also weder von Sieg noch von Niederlage und noch viel weniger von Scheitern. Die Veränderung, die Entwicklung, die mit '68 begann, geht weiter, mit anderen Begriffen, mit anderen Prinzipien, aber mit dem gleichen Ziel der Emanzipation.

Um mit der üblichen Moral von der Geschicht' zu enden: Was sind die praktischen Konsequenzen, was das „Was tun?“ in diesem Frühling, zwanzig Jahre danach.

Die angemessene und aktuelle Antwort scheint mir erneut in Westberlin gegeben worden zu sein, seitens der Berliner Studenten. In den letzten Monaten ist in Berlin etwas außergewöhnliches geschehen, das von der Presse vollkommen verschwiegen wurde (in Italien hat nur „Il manifesto“ darüber berichtet). Nach der offiziellen

Feier zum 40sten Jahrestag der Gründung der Freien Universität Berlin und nach dem gewohnten nostalgischen Gedenken an den zwanzigsten Jahrestag von '68 (die Geschichte scheint einem Zwanzig-Jahres-Rhythmus zu folgen) besetzten die Studenten sämtliche Institute und versperrten die Türen. Straßendemonstrationen gab es nicht. Die Studenten blieben in der Universität verbarrikadiert, verwandelten die Hörsäle in Schlafsäle, die Seminare und akademischen Kurse in Protestversammlungen – diesmal auch mit Beteiligung von Professoren, die der staatlichen Einmischungen müde waren. Das Semester, das vom Rektor für ungültig erklärt worden war, ist verloren gegangen, aber gegen eine Politik der Gegenreform, die seit etwa zehn Jahren alle Errungenschaften von '68 wieder beseitigt hatte, wurde die Freiheit zurückerkämpft. Und auf den Flugblättern trägt die FUB, die Freie Universität Berlin, jetzt einen neuen Namen: Befreite Universität Berlin.

Und da sage noch einer, '68 sei endgültig überwunden.

1989

Aus dem Italienischen von Ulrike Hoffmann

Nachweise

„Autoritärer Staat und Faschismus“, zuerst in: *Universität und Widerstand. Versuch einer politischen Universität in Frankfurt*, hrsg. von Detlev Claussen und Regine Dermitzel, Frankfurt: Europäische Verlagsanstalt 1968, S. 45 - 52

„Zur ApO“; Rundfunkmanuskript, gesendet am 2. Dezember 1968 im Süddeutschen Rundfunk, zuerst in: Ad-hoc-Gruppe Extra-Dienst im Republikanischen Club Berlin (Hrsg.), *Journalismus in der Außerparlamentarischen Opposition. Dokumentation und kritische Stellungnahmen zum Berliner Extra-Dienst*, o.0. (Berlin), S. 33 - 49

„Die Schnelligkeit des realen Prozesses. Vorläufige Skizze eines Versuchs über Adornos historisches Ende“, in: Wilfried F. Schoeller (Hrsg.), *Die neue Linke nach Adorno.* München: Kindler 1969, S.193-202

„Zur Parlamentarismus-Diskussion in der Bundesrepublik“, zuerst in: *Sozialistische Politik* 1. Jg./1968, H.1 (April 1969), S. 2 - 4

„Kommunardenhaft und Anarchistenbekämpfung. Zur Verfolgungsstrategie in Westdeutschland“, zuerst in: *Freiheit für Rainer Langhans und Dieter Kunzelmann. Dokumentation.* Hrsg. vom Zentralen Ermittlungsausschuß der TU Westberlin, o.0. (Berlin), o.J. (1969)

„Die Berliner Linke“, zuerst als: *La sinistra berlinese*, in: Unione Emigrati Progressisti Berlino (Hrsg.), *L'emigrante in lotta*, Marzo 1970, S. 7 - 10. Aus dem Italienischen von Ulrike Hoffmann.

„Die Kommune - ein Signal“, zuerst in: *PL. Zentralorgan der Proletarischen Linken*, 1.Jg./Nr.4 (April 1971), S. 16

„Bemerkungen über Spontaneität und Organisation. Rede am 11.5.1971 auf dem Kronstadt-Kongreß in Westberlin“, zuerst in: *Hochschulkampf* Nr. 11 vom 14.6.1971, S. 8 - 9, auch in: Johannes Agnoli/Cajo Brendel/Ida Mett, *Die revolutionären Aktionen der russischen Arbeiter und Bauern. Die Kommune von Kronstadt*, Berlin: Kramer, 2. überarbeitete und ergänzte Auflage, S. X-XV

„Kapitalismus gegen Minderheiten", zuerst in: Angela Davis Solidaritätskomitee (Hrsg.), *Am Beispiel Angela Davis. Der Kongreß in Frankfurt (3./4.6.1972)*, Frankfurt a/M: Fischer, S. 111 - 114 und 140 - 142

„Arbeiter, Studenten und Marxismus in Westdeutschland", zuerst als: *Operai, studenti e marxismo nella Germania occidentale, in: Collettivo di storici c. marx berlino ovest, Guida alla lettura del capitale. Un testo utile all'operai e allo studente per studiare e per comprendere il Primo Libro dell' opera fondamentale di Marx* (Teoria e storia di classe 5), Torino: Musolini Editore 1973, S. III – X als Vorwort zur italienischen Ausgabe von Marx-Arbeitsgruppe Historiker, Zur Kritik der politischen Ökonomie. Einführung in das „Kapital" Band 1, Frankfurt: Europäische Verlagsanstalt 1972. Aus dem Italienischen von Ulrike Hoffmann.

„Rosa Luxemburg heute", zuerst in: Claudio Pozzoli (Hrsg.), *Rosa Luxemburg oder die Bestimmung des Sozialismus*, Frankfurt: Suhrkamp 1974, S. 271 - 279

„An der Schwelle zur Organisationsfrage", zuerst in: *Langer Marsch. Zeitung für eine neue Linke* (Westberlin), Nr. 20 (Februar 1976), S. 7. Auch in: *Neurorientierung, Neuorganisierung. Zur zweiten Organisationsdebatte in der BRD* (Arndthefte 1), Frankfurt a.M: Verlag Arndtstraße 1976,S.59 – 71

„Ein Riß im Modell Deutschland", zuerst als: *Una creppa nel modello germania. Intervista a cura di Marco d'Eramo*, in: *Mondoperaio. Rivista mensile del Partito socialista italiano*, 31. Jg./1978, Nr. 2 (Februar 1978) S. 70 – 74. Übersetzt von Ulrike Hoffmann.

„Gutachten zum Fall 0", zuerst in: *Trotz alledem. Forum für Wissenschaft und Politik*, Nr. 0, o.O. (Berlin) o.J. (1978) S. 26 - 32

„Das September-Treffen in Bologna", zuerst in: *Berliner Hefte. Zeitschrift für Kultur und Politik* Nr. 8 (1978), S. 63 - 72

„Versuch, Strafkammer und Staatsanwaltschaft über Faschistoides und Form Staat aufzuklären", zuerst in: *„Da ist nur freizusprechen". Die Verteidigungsreden im Berliner Mescalero-Prozeß*, Reinbek: Rowohlt 1979, S. 81 - 92

„Deutscher Herbst und italienischer Winter", zuerst in: Theaterprospekt Tübingen 1979/80 zu Dario Fos „Zufälliger Tod eines Anarchisten"

„Zwischen Bewegung und Institution". Ein Gespräch mit Wolfgang Kraushaar, zuerst in: *die tageszeitung* vom 18.2.1983, auch in: Wolfgang Kraushaar (Hrsg.), *Was sollen die Grünen im Parlament?*, Frankfurt: Neue Kritik 1983

„Marx, der Staat, die Anarchie", zuerst unter dem Titel *Das Interview* in: *Schwarzer Faden. Anarchistische Vierteljahresschrift* Nr. 13 (1984), S. 24 - 28

„Lockerungen für ein neues linkes Denken", zuerst in: *die tageszeitung* vom 31.1.1985, S. 12 - 13 (Rezension zu "Die Linke neu denken. Acht Lockerungen", Berlin: Wagenbach 1985.)

„Und immer noch kein Staatsfreund". Gespräch mit Clemens Nachtmann und Justus Wertmüller, zuerst in: Arbeiterkampf Nr. 208 vom 18. 9. 1988, S. 31

Das deutsche '68, zuerst als: *Il '68 tedesco. Fondamenti teorici e sviluppi storici di una rivolte, in: Il Sessantotto. L'evento e la storia.* (Annali della Fondazione Micheletti 4), Brescia 1989, S. 63 – 76. Aus dem Italienischen von Ulrike Hoffmann.

Eine Bibliographie der Veröffentlichungen Johannes Agnolis findet sich in Joachim Bruhn, Manfred Dahlmann, Clemens Nachtmann, Geduld und Ironie. Johannes Agnoli zum 70. Geburtstag, Freiburg 1995, S. 183 ff.

Hans-Georg Backhaus

Dialektik der Wertform

Untersuchungen zur Marxschen Ökonomiekritik

Seit der Studentenbewegung und ihren Versuchen einer avantgardistischen Marx-Lektüre gehören die Arbeiten von Hans-Georg Backhaus mit Abstand zum besten, was man hierzulande an Einschlägigem lesen darf. Dies betrifft insbesondere seine Interpretation der gemeinhin als schwierig bis okkult verschrieenen und zumeist überblätterten ersten einhundert Seiten des *Kapital* von Karl Marx – also der sogenannten „Wertformanalyse" –, von denen schon der alte Bebel behauptete, das sei etwas nur für Philosophen. Backhaus dagegen zeigt, daß die Philosophie in Marx, wird nur das Problem richtig gefaßt, alles andere ist denn esoterisch und vielmehr: Anstiftung zur Gesellschaftskritik, Gegengift gegen den common sense-Begriff der Kritik, wie er etwa im 'kritischen Rationalismus' Anwendung findet."

Es geht um die Kritik einer Marx-Interpretation, „die noch bis vor kurzem zu den wenigen unumstrittenen Bestandteilen der marxistischen Literatur zählte und unangefochten die Rezeptionsweise der marxschen Werttheorie strukturierte: der von Friedrich Engels ausgelösten Fehlinterpretation der ersten drei Kapitel des *Kapital* als Wert- und Geldtheorie der von ihm so getauften 'einfachen' Warenproduktion. Es wird zu zeigen sein, daß von diesem fundamentalen Irrtum her die marxistische Werttheorie das Verständnis der Marxschen Werttheorie blockieren mußte. Sie hat im Grunde recht wenig verstehen können – weder die Erkenntnisintention und die Methode der Marxschen Werttheorie noch die spezifisch Marxsche Fassung solcher Grundbegriffe wie Wert und Arbeit."

Aus dem Inhalt: Zur Dialektik der Wertform • Materialien zur Rekonstruktion der Marxschen Werttheorie, Teil 1 bis 4 • Zur Marxschen „Revolutionierung" und „Kritik" der Ökonomie: die Bestimmung ihres Gegenstandes als Ganzes „verrückter Formen" • Einige Aspekte des Marxschen Kritikbegriffs im Kontext seiner ökonomisch-philosophischen Theorie • Zur logischen Misere der Nationalökonomie • Adorno über Marx und die Grundbegriffe der Gesellschaftstheorie

„...unabdingbar für ein kritisches *Kapital*-Studium."

Rolf Hecker, Neues Deutschland

1997 • 530 Seiten • DM 48 • ISBN: 3-924627-52-5

ça ira verlag
postfach 273
79002 freiburg
tel.: 0761 / 37 939
fax: 0761 / 37 949
eMail: isf-e.v@t-online.de
http://www.isf-freiburg.org

Ilse Bindseil/Monika Noll (Hg.)

Frauen 5: Fatal real

Die Mischung ist, mag es einem passen oder nicht, zweifellos postmodern: Rote Armee Fraktion, Strukturalismus, Ethologie, Psychologie, Frankophonie. Aber ganz in der Tradition der Reihe „Frauen" ist sie zugleich abseitig und prnzipiell; so sind die Frauen nun mal... Ob der gesunde Menschenverstand Inge Vietts oder die Hysterie der Opernsängerin beim Wort genommen, ob Derrida, der Dunkle, skandalösverständlich gemacht oder Luce Irigaray respektlos angemacht, ob das Funktionieren einer Kinderneurose oder das einer afrikanischen Community vorgeführt wird: immer geht es ums Eingemachte, um den rüden Gebrauchswert der Dinge.

„Wer die Weiblichkeit der doppelten – praktischen und theoretischen – gesellschaftlichen Vereinnahmung entreißen will, die sich, nehmen wir mal an, größtenteils hinter dem Rücken der Frauen vollzogen hat, muß das Nichtvereinnahmbare ins Auge fassen. Das es aber nichts einzelnes mehr gibt, das nicht als Ware zu vereinnahmen wäre, kann die Aufmerksamkeit nicht bloß der fix und fertigen Trouvaille, sondern muß vor allem der Herausarbeitung und Beförderung dessen gelten, was am einzelnen irreduzibel gesellschaftlichen Text zugleich irreparabel distanzierend auf die Gesellschaft zeigt."

Es schreiben: Iris Harnischmacher *über Inge Viett, die RAF und die DDR* • Oriane Méricourt *über Luce Irigaray* • Monika Noll *über Jacques Derrida* • Gabriele Raabe *über die Oper und den Wahnsinn der Frauen* • Karin Ludewig *über Don Juan* • Sibongile Sitole *Eine südafrikanische Erzählung* • Claire Mercier *Ein Sommer in Berlin* • Sabine Grosch *über feministische Theorie*

1997 • 200 Seiten • DM 24 • ISBN: 3-924627-51-7

ça ira verlag
postfach 273
79002 freiburg
tel.: 0761 / 37 939
fax: 0761 / 37 949
eMail: isf-e.v@t-online.de
http://www.isf-freiburg.org

Helmut Reinicke

Kryptogramme der Macht

Philosophische Attacken

Seit den Hoffnungen, die sich in der Rede vom „Spätkapitalismus“ noch anmeldeten, keine materielle Gewalt mehr eignet, ist es in der Theorie fade geworden. Das Wursteln in der Positivität ersetzt die Arbeit des Begriffs. Gleichwohl gehört es zu den Schönheiten dieser Zeit, daß eben diese Brunft zur Anpassung sich als „reflexive Moderne“ aufspreizt. Dies Denken ordnet an, sich einzurichten und abzufinden. Auch die Philosophie hat dem Überschuß des Denkens entsagt und verhökert sich als ethische Lebenshilfe für Industrie, Tourismus, Naturheilkunde. Die *Kryptogramme der Macht* attackieren diese Selbstgefälligkeit.

„Die Totalität der Bilderwelt, die die tägliche Produktion von Geschichte sofort ins Vergessen drängt, so als seien die Bilder die Welt selber, vereitelt jeden Versuch historischer Erkenntnis. Die unendliche Zerlegbarkeit sich vollziehender Geschichte macht aus den sozialen Ereignissen austauschbare digitale Quantitäten. Die Bilder lassen die Welt verschwinden; das einst erkennende Subjekt ist auf der Flucht vor sich selber. Dies macht Angst; Freud spricht von frei fluktuierenden Ängsten, die mit Gewalt Halt suchen. Gewalt mag die Flucht der Bilder vielleicht einzudämmen. Wenn eine Gesellschaft große Teile der Bevölkerung durch Arbeitslosigkeit auslagert und durch die Verschiebung der Sexualität auf Gewalt Ökonomie und Phantasie falsch versöhnt, dann ist die Kultur im Nerv getroffen: in der Struktur der Reproduktion selbst. Die Auslagerung der Arbeitslosen als nutzloser Sozialversicherungsballast erheischt eine gigantische Werteproduktion für die ‘heile’ Welt. Die Gewaltförmigkeit von Technik und Kommunikation zeigt die Abenddämmerung der bürgerlichen Gesellschaft an. Das ist das dunkle Afrika, das wir zu entdecken haben.“

170 Seiten • DM 24 • ISBN: 3-924627-54-1

Neu im Herbst 1998

ça ira verlag
postfach 273
79002 freiburg
tel.: 0761 / 37 939
fax: 0761 / 37 949
eMail:
isf-e.v@t-online.de
http://
www.isf-
freiburg.org

Diethard Behrens (Hg.)

Gesellschaft und Erkenntnis

Zur materialistischen Erkenntnis- und Ökonomiekritik

Jenseits traditioneller oder positivistischer Marx-Deutungen hat der kritische Marxismus sich als methodisch reflektierte und erkenntnistheoretisch begründete Betrachtungsweise des Gesellschaftlichen entwickelt. Die Beiträge dieses Bandes arbeiten die zentrale Bedeutung der Marxschen Wertformanalyse heraus.

Inhalt: Harald Kerber: Erkenntnistheorie und materialistische Gesellschaftstheorie • Claus Rolshausen: Die Traditionalisierung der Kritischen Theorie • Kornelia Hafner: Gebrauchswertfetischismus • Diethard Behrens/Kornelia Hafner: Totalität und Kritik • Diethard Behrens: Erkenntnis und Ökonomiekritik • Diethard Behrens: Der kritische Gehalt der Marxschen Wertformanalyse.

1992. 280 Seiten. DM 35. ISBN: 3-924627-34-7

Diethard Behrens (Hg.)

Politik und soziale Praxis

Die Diskussionen der „neuen sozialen Bewegungen“ und ihrer Partei, der „Grünen“, drehten sich nicht allein um die Ökologie im engeren Sinne, sondern auch um das Verhältnis von Demokratie und Politik. Inwieweit es tatsächlich gelang, Konzepte einer grundlegenden Erneuerung zu entwickeln und welchen Wandel dabei die Vorstellungen von Staat und Gesellschaft, von Demokratie und sozialer Mitbestimmung erfahren haben, wird in diesem Buch kritisch reflektiert. Auschlaggebend dabei ist der Blick auf die soziale Praxis einerseits, die Geschichte der Theorie andrerseits.

Jürgen Behre diskutiert die verfassungstheoretische Konstruktion der Rechtsphilosophie G.W. F. Hegels. *Diethard Behrens* erörtert das Demokratieproblem theoriegeschichtlich. *Harald Kerber* und *Arnold Schmieder* handeln über das Theorie-Praxis-Problem bei Marx, vor allem in den ökonomiekritischen Schriften, während *Claus Rolshausen* den Zusammenhang von Ökonomie und Gesellschaftsstruktur darlegt, um daraus einen allgemeinen Begriff von Herrschaft zu entwickeln.

1997. 220 Seiten, DM 35. ISBN: 3-924627-44-4

Ulrich Enderwitz

Die Herrschaft des Wesens: Die Polis

Reichtum und Religion Band 3.2.

Die Untersuchung des Zusammenhangs von Reichtum und Religion schreitet zur Darstellung der antiken Polis fort. Nachgezeichnet wird deren Entwicklung von einer liturgisch-aristokratisch geleiteten Handelsrepublik über eine militärisch-demokratische Hegemonialmacht bis hin zu jenem populistisch-oligarchischen Pattzustand, den die platonische Theorie ebenso vergeblich wie mit zwiespältiger Intention zu heilen versucht. Die Ähnlichkeiten mit Entwicklungen in der Moderne sind alles andere als zufällig. Als ein Gemeinwesen, das sein Entstehen und seine Verfassung wesentlich dem neuen historischen Prinzip der handelskapitalen Akkumulation verdankt, ist die antike Polis ein vexierbildlich aufschlußreicher Vorgriff auf die kapitalistischen Gesellschaften der Gegenwart.

Aus dem Inhalt: Kommerzieller Reichtum • Liturgie • Geldwirtschaft • *Demokratie* • Die Suche nach dem Wesen

Bereits erschienen sind die Bücher *Der Mythos vom Heros* (Reichtum und Religion 1, 1990), *Der religöse Kult,* (Buch2), sowie *Die Herrschaft des Wesens: Das Heil im Nichts* (Buch 3. 1. Band).

500 Seiten • DM 48 • ISBN: 3-924627-49-5

Ulrich Enderwitz

Antisemitismus und Volksstaat

Zur Pathologie kapitalistischer Krisenbewältigung

Zweite, um einen Anhang - *Der revolutionäre Staat - das Paradox der bürgerlichen Gesellschaft* - erweiterte sowie vom Autor mit einem Vorwort zur Neuauflage versehene Auflage

220 Seiten • DM 24 • ISBN: 3-924627-28-2

Ulrich Enderwitz

Die Republik frißt ihre Kinder

Hochschulreform und Studentenbewegung

86 Seiten • 1986 • 86 Seiten • DM 14

ça ira verlag
postfach 273
79002 freiburg
tel.: 0761 / 37 939
fax: 0761 / 37 949
eMail: isf-e.v@t-online.de
http://www.isf-freiburg.org

Neu im Herbst 1998